岳麓書社

读名著　选岳麓

古典名著普及文库

# 列子

黄敦兵　导读　注译

岳麓書社·长沙

国家社科基金重大项目
“古籍保护学科建设与基础理论研究”（19ZDA343）阶段性成果

# 出版说明

中国古典名著是中华优秀传统文化的重要载体，今天人们要学习传统文化，如果说有所谓捷径可寻，那恐怕就是直接阅读古典名著了。长期以来，为大众读者出版古典名著的普及读物一直是本社的重要使命。约三十年前，我们便出版了“古典名著普及文库”，收书五十余种，七十余册，蔚为大观。这套书命名为“普及”，首先是因为采用了简体字横排的排版方式。当时的古典名著图书，以未经整理的影印本和繁体竖排本居多，大众读者阅读有障碍，故本文库的推出，确有普及之效。其次，我们提出要让读者“以最少的钱买最好的书”，定价远低于当时同类型品种。基于此，这套“普及文库”迅速流向读者的书架，销量极大，功在普及不浅。

当年这套书，所收各书都是文言文全本，无注释，不翻译，对于今天的大众读者来说，已经很难起到普及作用了。而且，读者如果仅仅出于品鉴、入门的需要，也无须通读大部头的全本古籍。因而，我们推出这套全新的“古典名著普及文库”，在选目上广泛听取国内名校学者们的建议，收录经、史、子、集四部之中第一流的名著一百余种，邀请学有专攻的学者精心注释、翻译，并加以导读。篇幅大的经典，精选菁华，篇幅适中的出版全本，个别篇幅小的，则将主题相近的品种合刊为一册。

我们希望有更多的人能够买得起、读得懂中国的古典名著，接受中华优秀传统文化的滋养。这一套轻松好读又严谨可靠的普及文库，便是我们努力实践这一理念的结果。

# 前　言

《列子》一书，当为列子及其后学所整理的先秦道家元典，它上承《道德经》，下启《庄子》。《列子》文辞警拔，寓意深辟，被视为可与古希腊《伊索寓言》相媲美的经典。

然而，《列子》原书早佚，《列子》真伪问题，已然成为学术界一大公案。《列子》在被尊为“真经”不久，即遭柳宗元怀疑，遂启千百年来《列子》辨伪史之先河。当前《列子》的相关研究，主要围绕文本辨伪、思想旨趣与学术价值等论域展开。以下主要围绕列子其人、《列子》其书的真伪问题和学术价值问题及相关哲学议题，对学界研究现状略作回顾。

## 一、列子其人与《列子》其书

首先，有没有列子其人？到底诸子文本及思想史话语中的列子是谁？学界对此亦曾多有争论。笔者认为，列子实有其人。因为《庄子》《韩非子》《尸子》《吕氏春秋》《战国策》等先秦典籍均对列子有所讨论。

列子，姓列，名御寇，亦写作“圄寇”“圉寇”或“子列子”，一般将列子视为春秋时期郑国人，笔者认为不妨宽泛地视为周代郑国人。

那么，列子生卒年代究在何时？

学界代表意见至少有四种：（1）刘向认为列子为郑缪公时人，这是在孔子之前；（2）柳宗元认为列子在鲁穆公时；（3）宋代叶大庆认为列子为郑繻公时人，与子阳同时，而小于孔子、子产；（4）马叙伦认为列子与子产同时，略长于孔子，书中的“子阳”实为“子驷”。①

《汉书·艺文志·诸子略》道家类著录“《列子》八篇”，班固注曰：“名圄寇，先庄子，庄子称之。”东汉末年高诱注《吕氏春秋·观世》篇曰：“子列子御寇，体道人也，著书八篇，在庄子前，庄子称之也。”刘向《列子新书目录》道：“列子者，郑人也，与郑缪公同时，盖有道者也。其学本于黄帝、老子，号曰道家。”中唐时，柳宗元著《辨列子》，认为列子是鲁穆公时人，不是刘向《列子新书目录》所言“与郑缪公同时”。成玄英注《庄子·逍遥游》“列子御风而行”时道：“姓列，名御寇，郑人也，与郑繻公同时。”而“缪”“繻”形近，易为手民所混。又有学者研究指出，“郑缪公”或为“鲁缪公”之误。这样看来，因“缪”与“繻”、“缪”与“穆”、“鲁”与“郑”之交叉混杂，带来不少解读的麻烦。但是，列子为处于老子和庄子之间的道家学派代表人物，盖无可疑。

其次，列子与老子、庄子哲学思想之间的关系如何？

自刘向以来，学界一般认为，列子早于庄子，其学源于黄帝、老子。刘向在《列子新书目录》中说：“列子者，郑人也，与郑缪公同时，盖有道者也。其学本于黄帝老子，号曰道家。”宋代叶大庆《考古质疑》：“盖列与庄相去不远。庄乃齐宣梁惠同时，列先于庄，故庄子著书多取其言也。”近人蒙文通以为，“列子先于杨朱，则杨氏之学源于列御寇，而下开黄老”。②而当代著名道家思想研究专家熊铁基等著《中国老学史》时，亦沿袭并固定了这一看法：“列子当是一个传播和发挥关尹、老聃思想的人。”③

关于列子学的思想旨趣，《尔雅疏》引《尸子·广泽》篇云：“列子贵虚。”《吕氏春秋·不二》篇同载“列子贵虚”。《战国策·韩策》：“史疾为韩使楚，楚王问曰：‘客何方所循？’曰：‘治列子圄寇之言。’曰：‘何

① 参吴根友：《道家思想及其现代诠释》，上海交通大学出版社2018年版，第62页。
② 蒙文通：《古学甄微》，巴蜀书社1987年版，第267页。
③ 熊铁基、马良怀、刘韶军：《中国老学史》（第2版），福建人民出版社2005年版，第98页。

贵？’曰：‘贵正。’”此是对列子思想旨趣的较早的高度概括。

尔后，载籍或学人一般均看出《列子》大类属老庄，或又兼具混融性的特点。刘向据“道家者，秉要执本，清虚无为，及其治身接物，务崇不竞，合于六经”，质疑《列子》部分篇章的差异性特征：“而《穆王》《汤问》二篇，迂诞恢诡，非君子之言也。至于《力命》篇，一推分命；《杨子》之篇，唯贵放逸，二义乖背，不似一家之书。”虽然如此，刘向还是指出其“可观”性价值：“然各有所明，亦有可观者。孝景皇帝时贵黄老术，此书颇行于世。及后遗落，散在民间，未有传者。且多寓言，与庄周相类，故太史公司马迁不为列传。”张湛注《列子》时，指出“其书大略”，在于“明群有以至虚为宗，万品以终灭为验；神惠以凝寂常全，想念以着物自丧；生觉与化梦等情，巨细不限一域；穷达无假智力，治身贵于肆任；顺性则所之皆适，水火可蹈；忘怀则无幽不照”；还有混杂性与类属性的特征：“然所明，往往与佛经相参，大归同于老、庄。属辞引类，特与《庄子》相似。”而历史上的重要文献如《庄子》《慎到》《韩非》《尸子》《淮南子》《玄示》《旨归》，亦是“多称其言”。

另外，任继愈所著哲学史指出《列子》中含有“享乐主义和宿命论思想”。①其后，任继愈主编的《中国哲学发展史：魏晋南北朝卷》，把玄学分为正统派、激进派和颓废派三派，对《列子》和张湛的思想进行了区分、梳理，把《列子》用玄学遗忘名教视为颓废派，将《列子》看作玄学贵无论向玄学独化论过渡的环节。詹福瑞认为，庄子和《列子》的生命观表面上看来比较相似，二者都是重生派，都重视养生；但实际上，庄子的生命观与《列子》的生命观有重要的不同：庄子可称为养生派，而《列子》则属于厚生派。②魏义霞指出，庄子与《列子》所讲的梦实际上存在巨大差异，这种差异分别表现在梦与醒觉、现实、道等的关系上。③还有

---

①《中国哲学史》，人民出版社1964年版，第241页。
②《庄子与〈列子〉生命观异同论》，《哲学研究》2005年第3期。
③《异梦：庄子与〈列子〉哲学比较》，《求是学刊》2008年第5期。

李季林论列子“贵虚”的人生哲学[①]，戴建平论《列子》的自然观[②]，高华平论庄子对列子等诸子的批评[③]。严北溟等撰《列子译注》，指出《列子》有“杂纂诸家，代先人言”的特征，构成了“魏晋哲学发展中的一个重要环节”。[④]

## 二、关于《列子》辨伪问题

据吴根友先生研究，从古至今的《列子》真伪问题的说法，可以归纳为“伪书说”和“非伪书说”两大类：持“伪书说”的主要代表者有朱熹、钱大昕、姚鼐、陈三立、马叙伦、顾实、陈旦、梁启超、杨伯峻等；持“非伪书说”的主要代表者有武内义雄、岑仲勉、严灵峰、许抗生、陈鼓应等。[⑤]

关于“伪书说”，最早要上溯到唐代柳宗元的《辨列子》一文。柳氏在怀疑《列子》有些内容不尽真实、似有后人“增窜”的同时，也赞扬《列子》的思想魅力和文字风格。此后，质疑《列子》并非原创的声音，几乎是代不乏人，除上述代表者外，高似孙、叶大庆、黄震、宋濂、姚际恒、钮树玉、吴德旋、俞正燮、何治运、李慈铭、光聪谐、胡适、季羡林等均为怀疑《列子》可靠性的代表者。有学者将其观点整合为五点：(一)《列子》一书乃由抄袭而来；(二)列御寇乃虚构人物；(三)《列子》中的思想，与老庄似是而非；(四)该书糅合了佛教轮回的思想；(五)书中某些用语出现在先秦之后，似汉代的文字；等等。

其中，梁启超因其学术地位，其《古书真伪及其年代》有关于《列子》一书的看法，影响也就极大。比如，他说：“有一种书完全是假的，其毛病更大。学术源流都给弄乱了。譬如《列子》乃东晋时张湛——即《列子注》的作者——采集道家之言凑合而成。”还说：“若不知其然，误以为

①《列子“贵虚”的人生哲学》，《江淮论坛》2000年第6期。
②《〈列子〉的自然观初探》，《中国道教》2002年第1期。
③《试析〈庄子〉对先秦诸子的学术批评》，《哲学研究》2017年第7期。
④ 严北溟、严捷译注：《列子译注》，上海古籍出版社2016年版。
⑤ 吴根友：《道家思想及其现代诠释》，第63页。

真属列御寇所作，而且根据它来讲《庄》《列》异同，说《列子》比《庄子》更精深，这个笑话可就大了。”陈三立根据杨朱“贵身任生之旨”与魏晋清谈家“务藐天下，遗万物，适已自恣”的比较，以及《列子》的《天瑞》《仲尼》两篇与佛经相参的内容为佐证，认为是汉末魏晋之士依托增益而成。①马叙伦《〈列子〉伪书考》，提出《列子》是伪书的二十条证据，认为是书为魏晋好事之徒抄袭《管子》《晏子》《论语》《山海经》《墨子》《庄子》《尸佼》《韩非子》《吕氏春秋》《韩诗外传》《淮南子》《说苑》《新序》和《新论》等而成，其言之凿凿，亦引发随后学界压倒性的一致意见，似乎“《列子》是伪书”一说已成“铁案”。②诚如岑仲勉所说，“《列子》系晋人伪撰说”，“若已成定案，求其谳之所自，虽出多家，要可以马叙伦氏之《〈列子〉伪书考》为总汇”。③

改革开放以后，学界有将《列子》视为“魏晋人伪作”的，甚至直斥其为西晋颓废派名士所作。还有学者将为《列子》作注的东晋人张湛视为伪造《列子》的最大嫌疑人。如季羡林先生通过排比《列子》与佛经的相关段落，推测《列子》成书的年代，以为《列子序》和《列子》都是出自张湛一人之手。④冯友兰基于文本考证，亦认为“现在通行的《列子》出于张湛之手，由他自编自注”。⑤

关于“非伪书说”，日本学者武内义雄针对马叙伦观点，提出相反的意见，认为“向序非伪，《列子》八篇非御寇之笔，且多经后人删改。然大体上尚存向校定时面目，非王弼之徒所伪作”⑥。除前述学者相关观点外，尤其值得注意的是马达先生的《〈列子〉真伪考辨》，力图为《列子》翻案，以还《列子》本来面目。他指出，《列子》书中有大量先秦古

① 陈三立：《读列子》，《东方杂志》第14卷第9号1917年。
② 马叙伦：《〈列子〉伪书考》，《国故月刊》1919年第1—3期。
③ 岑仲勉：《〈列子〉非晋人伪作》，《东方杂志》第44卷第1号，1948年1月。
④ 参见季羡林：《〈列子〉与佛典——对于〈列子〉成书时代和著者的一个推测》，收入《比较文学与民间文学》，北京大学出版社1991年版。
⑤《中国哲学史新编：中卷》，人民出版社2004年版，第587页。
⑥ 参武内义雄：《列子冤词》，见杨伯峻《列子集释》，中华书局2013年版，第322页。

字、古音、古义，该书并非全由列御寇自著，而是列子及其弟子、学派著作的汇编，《列子》汇集整理成书约在战国后期。马达先生认为，不能把《列子》当作伪书而一棍子打死，否则会带来“以真为伪”的危害，造成六大后果：（一）在学术上颠倒了时间先后，抹杀了《列子》在老子之后的承前启后作用，使先秦道家的发展脉络不清；（二）把战国的贵虚学派，误认为是西晋的颓废派名士；（三）抹杀了《列子》提出的最富有创见的宇宙生成四阶段说；（四）抹杀了《列子》中的“天体运动说”“地动说”“宇宙无限说”，而这些学说都远远早于西方的同类学说；（五）忽视了《列子》中所保存的神话传说、音乐史、杂技史等珍贵先秦史料；（六）忽视了《列子》开创融寓言与哲理为一体的浪漫主义文风的首创之功。所以，必须走出现代疑古派的“宁可疑古而失之，不可信古而失之”的偏颇。

另外，1929至1932年，杨伯峻作《列子集释》，以《列子》为伪书，举《力命》篇和《杨朱》篇为证，指出张湛注有不解与误解之处，断定作伪者早于张湛，马叙伦所言符合客观事实，并对马叙伦所引《列子》之说加以补充。杨伯峻在研究《列子》著述年代时，列举“数十年来”“舞”“都”“所以”“不如”五个词语，认为是“汉以后的词汇，甚至是魏晋以后的词汇”，认为“除掉得出《列子》是魏晋人的赝品以外，不可能再有别的结论”。[①]对此，严灵峰《〈列子〉辩诬及其中心思想》一书指出：“这是非常不科学的考证方法。”在此研讨背景下，陈广忠从《列子》张湛注、殷敬顺释文中引证文字、训诂学资料七十余条，论定《列子》非伪。陈广忠在陈鼓应主编《道家文化研究》第十辑上连续刊发《为张湛辨诬——〈列子〉非伪书考之一》《〈列子〉三辨——〈列子〉非伪书考之二》《从古词语看〈列子〉非伪——〈列子〉非伪书考之三》三篇论文。陈广忠先生从异文、异注、古字，张氏对诸家版本的校勘，文义注疏的得失，注释中的错误及存疑诸方面的内证，证明张湛治学严谨，其整理、注释的《列子》是先秦有影响的道家古籍，梁启超等人谓张湛“作伪”一说为无稽之谈。

---

① 杨伯峻：《列子集释》中华书局2013年版，第365页。

以上有关《列子》真伪的研究，挖掘了不少相关史料加以考证，取得了不少成果。但在文本思想内容的研究与史料考证的结合方面，显得不太够。

## 三、关于列子学说的流传与《列子》一书的学术价值

列子曾穷居于郑圃，“四十年人无识者”。刘向说他“其学本于黄帝、老子，号曰道家。道家者，秉要执本，清虚无为”。庄子所称道者，在于他“御风而行，泠然善也，旬有五日而后反”。这与《吕氏春秋·不二》“子列子贵虚”及《战国策·韩策》中“贵正”之旨所揭示，是一致的。清静无为，虚己守正，乃能御风而行。

从《战国策·韩策》等文献中可见，很早就有史疾等人“治列子圄寇之言”。既有治学之人，大概当时已有《列子》的原始文本在民间流播。或可将《列子》成书年代定于战国后期。然而该书列秦始皇焚禁之列，故秦火之后，几近湮灭无闻。

汉初，“孝景时贵黄老术，此书颇行于世”，《列子》曾一度升格为治国之书。西汉武帝“独尊儒术”时，该书再受冷遇。西汉晚期，“博极群书”的刘向奉命校理群书，特整理残卷，去其重复，成书八篇，于汉成帝永始三年（前14）八月而成《列子新书目录》。因藏于石渠、东观，故世所希传。晋永嘉之乱，《列子》再遭厄运，东晋张湛极搜力辑，奠定了今本八篇的规模。其佚失者，当或还有。

《列子》一书开始得以广泛流传，盖始自东晋中后期张湛作注之后。《列子》被刘勰（约465—约532）《文心雕龙》称之为“气伟而采奇”，为《列子》流传起到助推作用，终于迎来唐代《列子》的大盛。李善（约630—689）注《文选》时，即已大量引用《列子》。唐天宝元年（742）设“玄学博士”，《列子》被唐玄宗奉为《冲虚真经》，与《老子》《庄子》《文子》同尊为道家“四子真经”，供士人研习以应试“道举”。宋真宗尊该书为《冲虚至德真经》，宋徽宗时与《内经》《道德经》《庄子》并诏立博士。

《列子》被尊为道家“四经”之一，已成为道教元典之一。今本《列子》共有八卷，杨伯峻先生《列子集释》分为137章，亦有分为134章者。本次注译，依据文义，分为141章，各卷另起章次。《列子》多由寓言故事构成，如列子“御风而行”，“愚公移山”，“杞人忧天”，“夸父逐日”等许多成语、故事情节，已经成为中国思想文化史上的重要议题、隐语与精神象征，对列子、早期道家学说的演变以及道家文化乃至中国传统文化的研究，都有重要的学术价值。

高扬《列子》的，亦是时不乏人。对于《列子》的研究，遍布于“统略”“指归”“释文”“音义”“章句”“笺释”“注”“解”等各类体例中的古代注本，数量早已过百。张湛注《列子》，称“属辞引类，特与《庄子》相似”。刘勰在《文心雕龙》中称其为“气伟而采奇”。柳宗元评价《列子》“其文辞类《庄子》，而尤质厚，少伪作”。刘熙载《艺概》赞“《列子》实为《庄子》所宗本”。钱锺书先生甚至认为《列子》“其手笔驾曹、徐而超嵇、陆，论文于建安、义熙之间”，而愿称列子为“巨擘”。①

不少研究现象，已经同《庄子》相比拟。如将注《列》的张湛比作注《庄》的郭象，将撰《冲虚经解》的卢重玄比况为注《庄》的成玄英。唐人殷敬顺为《列子》作“释文”，以音解字。宋人陈景元继为“补释”，但二人释文多已相混无辨，故合称殷、陈《列子释文》。

不少学人甚至认为《列子》之优，为《庄子》所不能比。比如宋代洪迈《容斋续笔》以为该书“书事简劲宏妙，多出《庄子》之右”。元代高守元集《冲虚至德真经四解》，其《毛麾序》中引儒臣王礼上言，道是“《庄》《列》二书羽翼老氏，犹孔门之有颜孟。微言妙理启迪后人，使黄帝之道粲然复见，功不在颜孟之下”。俞樾亦持类似说法：“《庄子》书……精义微言，尚不及《列子》。即以文论，《庄子》虽汪洋自恣，然不如《列子》之曲尽事理也。”

《列子》一书内蕴如此深厚，辞采如此华美，如何推进相关研究进一步走向深入，需要当前学人重新审视，既辨伪又不局限于辨伪。诚如

---

① 钱锺书：《管锥编》第二册，中华书局1979年版，第468页。

刘咸炘所说："书中有伪，而书固不尽伪也，倘因一节而概疑全体，则过矣。"[①]刘佩德指出，"民国之期的列子研究与时代因素息息相关"，新中国成立后的《列子》研究却部分"陷入了辨伪的误区"，还说："直到今天，对于《列子》真伪的讨论仍在继续。诚然，对于每一位《列子》研究者来说，首先要澄清的便是真伪问题，这也是《列子》研究立论的基础。但是，若将研究重点放在一个到现在为止尚无法确定的悬案之上，而忽视其相关研究著作，则有失偏颇。"[②]他的《〈列子〉学史》研究主要集中在三个方面，（一）对列子本人及《列子》文本的解析，（二）对后世注本、选本、批校本、不同刻本作初步探讨，（三）站在学术史高度探讨《列子》研究历程。对于元代以来将《列子释文》混入张湛注，敦煌古注本节抄将张湛注文羼入《列子》经文等现象，确实需要认真排比、查勘、厘正。

另外，海外的《列子》学研究，亦取得较多成果。

在港台，主要代表者为严灵峰、陈鼓应、南怀瑾等。严灵峰的研究，除了《〈列子〉辩诬及其中心思想》外，还有《无求备斋列子集成》《无求备斋列子集成补编》。南怀瑾的《列子臆说》，是一本漫谈型普及读物，其三卷本于2017年由复旦大学出版社再版。香港中文大学中国文化研究所编著了《列子逐字索引》。萧登福著有《列子古注今译》《列子探微》（均为文津出版社1990年版）。2017年7月至2018年1月，笔者在夏威夷大学访学期间，还读到陶光先生的遗著《列子校释》（河洛图书出版社1975年版），是书列入"河洛文库"，全书分三部分：第一部分，据《四部丛刊》影印常熟瞿氏藏北宋刊本而整理之句读文本，名《冲虚至德真经》（白文）；第二部分，为陶光先生的《列子校释》；第三部分，为赵赓飏等的《刊校后记》及《勘误表》。另外，还读了何淑贞的《走出颓废的列子》（台北：尚友出版社1981年版），该著第二章《贪生、厌世、纵欲、颓废——列子书中人物的悲怆》下分"乱世中颓废的生命""举世扰攘卜问也无从""委屈于高压下的认命""以潜抑心理来处理现实的龃龉""以挥霍

① 刘咸炘：《刘咸炘论目录学》，上海科学技术文献出版社2008年版。
② 刘佩德：《〈列子〉学史》，学苑出版社2015年版，第17页。

的生活填补心灵的空虚”“心神专注于技艺的修习也是避世岩穴”“世路多歧学说多方”等七节，语言之美，读之叹赏，可慰异国游子之心。

在国外，英国汉学家葛瑞汉（Angus Charles Graham，1919—1991）的《中国古代哲学与文献研究》（东亚哲学研究所1986年版）、《列子研究》（哥伦比亚大学出版社1990年版）。当然，葛瑞汉的《〈列子〉：道的经典》（The Book of Lieh-tzu：A Classic of the Tad）是《列子》第一个完整的英译本，影响也很大，被公认为西方世界最具学术价值的版本。该译本于1960年在英国伦敦出版，后被美国哥伦比亚出版公司等多次再版。另外，日本学界除武内氏外，还有山口义男的《列子研究》（东京：风间书房1976年版）和小林胜人的《列子研究》（东京：明治书院1981年版），前者推定《庄子》有取于《列子》，后者则持非伪书论之立场。南郭服元乔在延享本的序言中，指出后世把《列子》视为伪书的原因，在于《列子》与《庄子》同出并行，但太史公只记录《庄子》不传《列子》。服元乔还指出，二书各有所长，现在的版本受注释所影响，有不少后人所加的言说，读者需要自行分辨。

关于《列子》文本的注释导读及普及工作，除了前述《列子集释》《列子译注》《列子校释》《列子古注今译》《列子臆说》外，另有张松辉的《新译冲虚至德真经》（台湾三民书局1997年版），尹协理注译的《白话列子》（三秦出版社2003年版），高晨阳注的《冲虚经》（安徽人民出版社2001年版），陈广忠的《列子评注》（中国少年儿童出版社2004年版），景中译注的《列子》（中华经典藏书，中华书局2007年版），张长法注译的《列子》（国学经典，中州古籍出版社2010年版），中华文化讲堂注译的《列子》（谦德国学文库，团结出版社2017年版）等。值得一提的，是方勇总编纂的《子藏·道家部·列子卷》（附杨朱，国家图书馆出版社2013年版），全二十六册，是当前《列子》学研究的最大的基础工程。

总之，《列子》研究的深入，离不开敦煌等出土文献的挖掘与整理，离不开基本文本的普及与研读，离不开中西比较的视野，离不开对港台学者、外国学者相关研究的消化、吸收和转化。

## 四、《列子》注译与列子学研究之展开

由以上综述可知，《列子》是研究列子与早期道家的宝贵材料，但由于长期以来该书“伪书”说的影响，当前的整理与研究，至少尚存在以下缺憾：

第一，尚未从今注今译角度整合相对完善的版本，在反映近二十年学术前沿的译注专论方面，仍然留有较大的空白。方勇教授在“诸子研究丛书”《总序》中指出，“子学之复兴，当以文献搜集整理为先”，“子学之复兴，不仅仅在于文献资料的建设，更包括子学研究的深入拓展”。在以上两方面，华东师范大学先秦诸子研究中心做出了相当突出的贡献。对于列子学研究，也需要在文本整理与研究工作方面，不断推陈出新。

第二，研究也较少从道家脉络着眼，结合传世文献以及新出土文献的相同或相通之处进行细心比较。现代学者一般都以为《列子》为魏晋人伪托列子所作的“伪书”，一般研究中国哲学史的学者基本上不重视《列子》，也无法欣赏《列子》一书的微言大义。实际上，从老子到关尹子，再到壶子、列子、庄子，这是道家的传承系统。

故而，要想在近二十年研究成果的基础上进一步推进《列子》研究，必须结合出土简帛文献资料，进行文献学与思想史相结合的综合研究，以“促进传统精神资源的创造性诠释和转化，为现代化的精神文化提供营养”①。列子事迹虽屡见于《庄子》《战国策》《吕氏春秋》《韩非子》等先秦典籍，却因语焉不详，而司马迁在《史记》中未能予以立传则更使列子身份阙疑。列子是道家的重要代表人物，这是无疑的；而列子有其著作《列子》，也应该是无疑的。至于今本《列子》成书较晚，不同于《列子》的原本而经过魏晋人的加工整理，这是可能的。但说《列子》完全是伪书，则基本上是今人的臆测之词，并无真凭实据。通过《列子》今注今译及道家早期诠释的比较研究，可以更好地走进道家的脉络，“走出疑古时代”对列子学的“遮蔽”。

---

① 郭齐勇：《中国哲学智慧的探索》，中华书局2008年版，第45页。

本次校释、注译，所据底本为湖北经济学院图书馆藏光绪二年浙江书局据明世德堂本校刻《列子》；参校嘉庆八年江都秦氏开雕《列子卢重元注八卷》、嘉庆癸酉夏萧山陈氏湖海楼雕本，以及清嘉庆十八年（1813）刻《冲虚至德真经释文》（唐殷敬顺撰释文、宋陈景元补遗释文，萧山陈氏湖海楼丛书）；参考了杨伯峻先生《列子集释》、严北溟等《列子译注》等。其中，关于底本，每卷前有“列子卷第某”“张湛处度注”“世德堂本”，卷题有“某篇第某”（如“周穆王第三”），卷末有“列子卷第某”“总校杨文莹，分校吴超、许诵禾校”，今皆去其重沓，顺其章次，改为“第某卷 某某”（如“第七卷 杨朱”）。这样，前有书名《列子》，中有卷次（第某卷），随接篇题（某某），清爽简洁。有缺笔避讳现象，正文中径改，不另出注，如《天瑞》卷之“壶丘子林”、《黄帝》卷之“商丘开”等全书中的“丘”字，缺中间一竖，今则直书其字。有两字或数字，因古文异体相同，今则据意径别，如《仲尼》卷首章之“闲居”“愀然有间”，“闲”“间”两字原本同作“閒”，今直接识别。

围绕国学典籍的研究，才有可能成就有“本”之学。2016年以来，我的研读兴趣集中到中国古典研究的国学经典文本与“文本经典化”、语言与思想等问题上。以此为契机，我成功申报了四项课题：（一）国家社会科学基金一般项目“语言哲学视域中宋明儒学文本经典化架构研究”（19BZX049），（二）湖北省高等学校哲学社会科学研究重大项目、湖北省社科基金前期资助专项马克思主义中青年理论家项目“近代国学意识的兴起与红色基因的生成”（19ZD121），（三）湖北省教育厅重点项目“《孔子家语》整理与早期儒家政治哲学研究”（16D078），（四）校级教研课题“国学经典新诠提升新时代大学生人文素养的路径研究”（2019J14），（五）国家社会科学基金重大项目“古籍保护学科建设与基础理论研究（19ZDA343）。目前，除了2010年出版唐甄的《潜书校释》、2020年出版袁枚的《子不语》选译外，我选译的《孔子家语》已由岳麓书社推出2018、2019、2021年三个版本，《孔子家语》的全注全译本亦马上出版，课题（三）和（四）均早已结项，课题（一）（二）（五）正在全力推进中。

某种意义上，《列子》和《孔子家语》的全注全译本，便成为开展这几个课题过程中较重要的阶段性成果，也为课题的进一步展开积蓄了力量、奠定了典籍基础。

本书从2014年下半年开始校释，到现在已经快7年了。2017—2018年，我在夏威夷大学访学，当时全力注译《列子》，学术心态似乎已合于道家的自然任运。这个《列子》全注全译本，既是前一段读书心得的部分体现，也是本人向所在的校PI团队商务文化与翻译哲学、中国传统哲学与文化研究中心汇报的年度成果。

注译古籍，耗时耗力，即使心无旁骛，时过半日，常常仅可完成一二章。然而，所得常在过程之美。披览群籍，核校众本，厘正文辞，润色今释，常有心炬悄然亮起，又悠然划过古圣心宇之感。

桐柏黄敦兵

2021年4月于汉上落瓠斋

# 目　录

# 《列子》序

湛闻之先父曰："吾先君与刘正舆、傅颖根，皆王氏之甥也，并少游外家。舅始周，始周从兄正宗、辅嗣，皆好集文籍，先并得仲宣家书，几将万卷。傅氏亦世为学门。三君总角，竞录奇书。及长，遭永嘉之乱，与颖根同避难。南行，车重各称力，并有所载，而寇虏弥盛，前途尚远。张谓傅曰：'今将不能尽全所载，且共料简世所希有者，各各保录，令无遗弃。'颖根于是唯赍其祖玄、父咸《子集》。先君所录书中，有《列子》八篇。及至江南，仅有存者。《列子》唯余《杨朱》《说符》目录三卷。比乱，正舆为扬州刺史，先来过江，复在其家，得四卷。寻从辅嗣女婿赵季子家，得六卷。参校有无，始得全备。"

其书大略明群有以至虚为宗，万品以终灭为验；神惠以凝寂常全，想念以着物自丧；生觉与化梦等情，巨细不限一域；穷达无假智力，治身贵于肆任；顺性则所之皆适，水火可蹈；忘怀则无幽不照。此其旨也。然所明往往与佛经相参，大归同于老、庄。属辞引类，特与《庄子》相似。《庄子》《慎到》《韩非》《尸子》《淮南子》《玄示》《旨归》，多称其言，遂注之云尔。

张 湛

# 第一卷　天瑞

## 导读

《列子》各卷篇名，多取自首章首先出现的相关人物、事件，而首卷《天瑞》卷与末卷《说符》卷例外。本卷共十四章，首章谈列子离郑前讲道，却以“天瑞”名篇，大概因为本卷谈论的主要是天道观，而在天道因应、自然生化的过程中亦常有“符瑞”的缘故。末章言国氏深知“为盗之道”，他“盗天地之时利”，那是顺取了“天之所生”，故能“盗天而亡(无)殃”，点明了本卷标题的“天瑞”之意。

本卷主要是谈“天”，至少涉及天命、天道、天机等三个议题。

关于天命，首章提到列子身世，迹类隐者，居郑圃却“四十年人无识者”。第十章提到对列子学说的概括，列子之学虽被人称为“贵虚”，但列子则是提倡“虚者，无贵”，主张辨识“静”与“虚”的名实关系。从荣氏三乐、林类乐生等论述中，可见列子安贫乐道、乐天知命的思想。子贡倦学章，揭示了“生无所息”“仁者息焉，不仁者伏焉”命题背后“大哉死乎”的生死哲学意义。

关于天道，列子认道为“不生”“不化”，认为独体之道“自生自化，自形自色，自智自力，自消自息”，不可终穷。“太易”无形，渐而化生出有形的“太初”之“气”、“太始”之“形”、“太素”之“质”，气、形、质浑沦不离，复变而有清气、浊气、和气，而有天、地、人、万物。第十一章引粥熊论述“运转亡已，天地密移”的天道及其“觉”“省”问题，似揭示了宇宙生命作为过程的连续体的意义。

关于天机，本卷提出了“物有所通”的命题，认为“道”非人所可得而私有，人的身体、性命、子孙均是天道运转气化的结果。万物之间，生死相续，生灭转化，“皆出于机，皆入于机”，而人生亦有婴孩、少壮、老耄、死亡“四大化”。

另外，杞人忧天章，揭示了不同人对天地成毁问题的思考，而列子则站在“坏与不坏，吾所不能知也”的怀疑主义立场，持“彼一也，此一也”的相对论观点。

最后，本卷称列子为“子列子”，且直接列述了《黄帝书》，值得学界重视。对于前者，《四库全书总目提要》称：“此书皆称‘子列子’，则决为传其学者所追记，非御寇自著。”似为确言。而对于《列子》首篇中开始出现的《黄帝书》，则可视为直接引用；而他处出现的“老聃”之言，因所引文字与今见《老子》略有出入，故可视为《老子》文本经典化之前列子及其后学对《老子》的化用。从学术渊源上看，《老子》似对《黄帝书》有所借取化用，而《列子》在引述时也做了继踵增华的工作。

## 原文

1.1 子列子居郑圃[1]，四十年人无识者。国君卿大夫视之，犹众庶也。

国不足[2]，将嫁[3]于卫。弟子曰：“先生往无反期，弟子敢有所谒。先生将何以教？[4]先生不闻壶丘子林[5]之言乎？”

子列子笑曰：“壶子何言哉？虽然，夫子尝语[6]伯昏瞀人[7]，吾侧闻[8]之，试以告女[9]。其言曰：有生[10]不生，

## 译文

列子住在郑国圃田，四十年无人赏识。郑国的国君和公卿大夫看待他，就像看待一般老百姓一样。

郑国发生了饥荒，列子准备离开家前往卫国。他的学生说：“先生这次出门，不知道什么时候才能回来，学生就冒昧请示，先生可有什么用来教导我们的吗？先生没有听过壶丘子林的高论吗？”

列子笑着说：“壶丘先生说了什么呢？即使如此，但他老先生曾经对伯昏瞀人讲过，而我恰从旁边听到了些，就姑且告诉你们吧。他说：派生其他事物的，不能是被其他事物所派生之物；转化其他事物的，不能是被其他事物所转化之物。不被其他事物

有化[11]不化。不生者能生生[12]，不化者能化化[13]。生者不能不生，化者不能不化，故常生常化。常生常化者，无时不生，无时不化。阴阳尔，四时尔。不生者疑独[14]，不化者往复。[往复，][15]其际不可终；疑独，其道不可穷[16]。《黄帝书》[17]曰：'谷神不死[18]，是谓玄牝[19]。玄牝之门，是谓天地之根。绵绵若存，用之不勤。[20]'故生物者不生，化物者不化。[21]自生自化，自形自色，自智自力，自消自息。[22]谓之生化、形色、智力、消息者，非也。[23]"

派生的，才能派生其他事物；不被其他事物转化的，才能转化其他事物。被其他事物派生的，不能不被派生；被其他事物转化的，不能不被转化。所以这些事物经常生灭，经常转化。经常生灭、经常转化的事物，时刻在生灭，时刻在转化。像阴阳呀，四时呀，都是这样一直处在生灭转化之中。那不被派生的事物，是独立自生的；那不被转化的事物，是循环往复的。[由于循环往复，]它的边界便不为所限；由于独立自生，它的规律便不可穷究。《黄帝书》说：'虚空之神不会死亡，它就是幽深微妙的阴户。阴户的大门，就叫作天地的本根。它绵延不断，好像存在着，用它不尽。'所以产生万物的自己没有生死，变化万物的自己没有变化。它自己产生，自己变化；自己形成，自己着色；自己产生智慧，自己产生力量；自己消减衰落，自己生长旺盛。说有使它产生、变化、形成、着色、产生智慧、产生力量、消减衰落、生长旺盛的事物，那是错误的。"

## 注释

1 **郑圃**：古泽名，在今河南中牟西；或作"圃田泽""甫田"，《仲尼》篇有"郑之圃泽"之说。圃，《正统道藏》所收宋徽宗《冲虚至德真经义解》（以下称"宋徽宗本"）作"国"。

2 **不足**：饥荒。

3 **嫁**：往。张湛原注："自家而出谓之嫁。"于鬯《香草续校书》释为"家"。于省吾《双剑誃诸子新证》认为"嫁"乃借字，本应作"家"，与《说文》

"家,居也"相应,"若读嫁如字,以为犹女子之出嫁,则拘文牵义矣"。

4 陶光疑此处"语意不属,疑有脱误"。参陶光撰《列子校释》。

5 **壶丘子林**:列子之师。

6 **语**:告。殷敬顺《冲虚至德真经释文》曰:"语,一本作诏。"

7 **伯昏瞀人**:列子之友。

8 **侧闻**:从旁听到。

9 **女**:通"汝"。

10 **生**:派生。张湛原注:"今块然之形也。"

11 **化**:转化。张湛原注:"今存亡变改也。"

12 **生生**:派生出有形体的事物。

13 **化化**:转化出事物的存亡变化。

14 **疑独**:独立不改。张湛原注:"不生之主,岂可实而验哉?疑其冥一而无始终也。"钱锺书《管锥编》:"'疑独'者'凝独'之谓,定于一而不分也;张乃曲解为疑而不决之'疑'。"于鬯读"疑"为"凝",指专一。陶鸿庆《读诸子札记》读"止","疑独"即"止于独"。陶光《列子校释》读"疑"为"拟","疑独"即"拟于独":"此文不生者不化者皆斥(指)道而言,道家以道块然独立,不偶于物,故谓之独,亦谓之一。"可参张湛对"疑独,其道不可穷"所注。

15 **往复**:二字诸本多无,今据林希逸《列子鬳斋口义》补入。卢文弨曰:"当叠往复二字。"陶光《列子校释》曰:"卢说是,故书叠文多于字旁作二小画,转写脱去耳。不化者往复与不生者疑独为偶,往复其际不可终与疑独其道不可穷为偶。独与复韵,穷与终韵。庄子寓言篇,始卒若环,莫得其伦,即往复之旨。"

16 **疑独,其道不可穷**:张湛原注:"亦何以知其穷与不穷哉?直自疑其'独立而不改,周行而不殆'也。"

17 **《黄帝书》**:据《汉书·艺文志》,有《黄帝四经》四篇,《黄帝铭》六篇,《黄帝君臣》十篇,《杂黄帝》五十八篇,《力牧》二十二篇,久佚。1973 年马王堆汉墓帛书出土,其中《老子》乙本前《经法》《十大经》《称》《道原》四篇,被学界视为成书于战国中晚期的《黄帝四经》。陶光《校释》曰:"本篇所引见于《老子》第六章,盖伪《列子》书者袭老子文也。"

18 张湛原注："至虚无物，故谓谷神；本自无生，故曰不死。"

19 张湛原注："老子有此一章。王弼注曰：'无形无影，无逆无违，处卑不动，守静不衰。谷以之成，而不见其形，此至物也。处卑而不可得名，故谓之玄牝。'"

20 张湛原注："王弼曰：'门，玄牝之所由也。本其所由，与太极同体，故谓'天地之根'也。欲言存邪？不见其形。欲言亡邪？万物以生。故曰：'绵绵若存。'无物不成而不劳也。故曰：'不勤。'"

21 张湛原注："庄子亦有此言。向秀注曰：'吾之生也，非吾之所生，则生自生耳。生生者，岂有物哉？故不生也。吾之化也，非物之所化，则化自化耳。化化者，岂有物哉？无物也，故不化焉。若使生物者亦生，化物者亦化，则与物俱化，亦奚异于物？明夫不生不化者，然后能为生化之本也。'"

22 张湛原注："皆自尔耳，岂有尸而为之者哉？"

23 **谓**：为。俞樾曰："'谓'当作'为'，古书'谓''为'通用。"张湛原注："若有心于生化、形色，则岂能官天地而府万物、赡群生而不匮乎？"

## 原文

1.2 子列子曰："昔者，圣人因阴阳以统天地。夫有形者生于无形，则天地[1]安从生？故曰：有太易，有太初，有太始，有太素。太易者，未见气也；[2]太初者，气之始也；太始者，形之始也；太素者，质之始也。气、形[3]、质具，而未相离，故曰浑沦[4]。浑沦者，言万物相浑沦而未相离也。视之不见，听之

## 译文

列子说："过去圣人凭借阴阳二气来统御天地万物。有形的事物是从无形的事物产生出来的，那么有形的天地万物是从哪里产生的呢？所以说：天地万物的产生过程有太易阶段，有太初阶段，有太始阶段，有太素阶段。所谓太易，是指没有出现元气时的状态；所谓太初，是指元气开始出现时的状态；所谓太始，是指形状开始出现时的状态；所谓太素，是指质量开始出现时的状态。元气、形状、质量具备却没有分离开来，所以叫浑沦。所谓浑沦，说的是万物浑然一片而没有

不闻，循[5]之不得，故曰易也。易无形埒[6]，易变而为一[7]，一变而为七，七变而为九。九变[8]者，究也，乃复变而为一。一者，形变之始也。清轻者上为天，浊重者下为地[9]，冲和气[10]者为人；故天地含精，万物化生。”

分离开来的状态。看它看不见，听它听不到，摸它摸不着，所以叫简易。易没有形状，易变化而成为一，一变化而成为七，七变化而成为九。九是变化的终极，于是反过来又变化而成为一。一是形状变化的开始，清轻之气上浮成为天，浊重之气下沉成为地，中和之气便成为人，所以天地蕴含着精华，万物由此变化而生。”

## 注释

1 **天地**：《乾凿度》作“乾坤”。

2 张湛原注：“易者，不穷滞之称。凝寂于太虚之域，将何所见耶？如《易·系》之太极，老氏之浑成也。”

3 **形**：据陶光《校释》，《太平御览》卷一引文无“形”字。

4 **浑沦**：即“混沌”。张湛原注：“虽浑然一气，不相离散，而三才之道，实潜兆乎其中。沦，语之助也。”于鬯《香草续校书》：“浑沦即混沌，张注以沦为语之助，非。”

5 **循**：王重民以为“‘循’当读如‘揗’”。

6 **埒**：或作“畔”“畤”。殷敬顺曰：“今从乎者转谓误也。”陶光读作“畤”：“张注云：‘不知此下一字。’则张所据本不作‘埒’。今道藏诸本世德堂本作‘埒’者，盖据《淮南子》屡言‘形埒’而改之耳。《淮南子·要略篇》庄达吉校云：埒一本作埒，正宜与此北宋本作畤者为比，皆形误耳。然畤与埒实同字异体。”张湛对本句注：“老子曰，‘视之不见名曰希’，而此曰‘易’，‘易’亦希简之别称也。”误引老子话，原作“视之不见名曰夷，听之不闻名曰希”。

7 “太易”是可变的，前引张湛原注误以其为“冥一而不变”的“万化宗主”，本处注曰：“所谓易者，窈冥惚恍，不可变也；一气恃之而化，故寄名变耳。”

8 **九变**:俞樾曰:“上‘变’字衍文。本作‘九者究也,乃复变而为一’,因涉上文‘一变’‘七变’而误为‘九变’,则于词赘矣。”孙诒让疑其与《易纬》言“九者气变之究也”相同。《法苑珠林》七引作“九者变之究也”。

9 **清轻**:诸文多作“轻清”。**浊重**:《文选》王简栖头陀寺碑文注引、《关尹子·四符篇》、《广雅·释天》、《淮南子·天文训》等均作“重浊”。

10 **和气**:林希逸《列子鬳斋口义》作“气和”。《道德经》第四十二章有“万物负阴而抱阳,冲气以为和”。

## 原文

1.3 子列子曰:“天地无全功[1],圣人无全能,万物无全用。故天职生覆,地职形载,圣职教化,物职所宜。然则天有所短,地有所长,圣有所否[2],物有所通。何则?生覆者不能形载,形载者不能教化,教化者不能违所宜,宜定者不出所位[3]。故天地之道,非阴则阳;圣人之教,非仁则义;万物之宜,非柔则刚:此皆随所宜而不能出所位者也。故有生者,有生生者;有形者,有形形者;有声者,有声声

## 译文

列子说:“天地没有完备的功效,圣人没有完备的能力,万物没有完备的用途。所以天的职责在于生长覆盖,地的职责在于成形载物,圣人的职责在于教育感化,器物的职责在于适合人们使用。这样看来,天有短缺之功,地有擅长之事,圣人有淤塞之时,器物有通达之用。为什么呢?这是因为生长覆盖的不能成形负载,成形负载的不能教育感化,教育感化的不能违背它的适当用途,事物适宜的功用已经确定了的,便不能再超出它所担负的职责。所以天地的运行,不是阴便是阳;圣人的教化,不是仁便是义;万物的本质,不是柔便是刚:这些都是按照它所适宜的功用而不能超出它所担负的职责的。所以有有生死的事物,有使有生之物产生的事物;有有形状的事物,有使有形之物成形的事物;有有声音的事物,有使有声之物发出声音的事物;有有颜色的事物,有使有色之物表现出颜色的事物;有有滋味的事物,有使有味之物呈现出滋味的事物。有生死的事

者；有色者，有色色者；有味者，有味味者。生之所生者死矣，而生生者未尝终；[4]形之所形者实矣，而形形者未尝有；声之所声者闻矣，而声声者未尝发；色之所色者彰矣，而色色者未尝显；味之所味者尝矣，而味味者未尝呈：皆无为之职也[5]。能阴能阳，能柔能刚，能短能长，能圆能方，能生能死，能暑能凉，能浮能沉，能宫能商，能出能没，能玄能黄，能甘能苦，能膻能香。无知也，无能也；而无不知也，而无不能也。”

物所呈现出的生命死亡了，但使有生之物产生的事物却没有终止；有形状的事物所呈现出的形状成就了，但使有形之物成形的事物却没有出现；有声音的事物所呈现出的声音已经被听到了，但使有声之物发声的事物却没有发声；有颜色的事物所呈现出的颜色显明了，但使有色之物现出颜色的事物却没有显露；有滋味的事物所呈现出的滋味已经被尝到了，但使有味之物现出滋味的事物却没有呈现：这些都是‘无’所做的事情。‘无’使事物可以表现出阴的特性，也可以表现出阳的特性；可以表现出柔的特性，也可以表现出刚的特性；可以缩短，也可以延长；可以呈现圆的形状，也可以呈现方的形状；可以产生，也可以死亡；可以暑热，也可以凉爽；可以上浮，也可以下沉；可以发出宫声，也可以发出商声；可以呈现，也可以隐没；可以表现出黑的颜色，也可以表现出黄的颜色；可以呈现出甜的滋味，也可以呈现出苦的滋味；可以发出膻的气味，也可以发出香的气味。它没有知觉，没有能力，却又无所不知，无所不能。”

## 注释

1 **天地无全功**：《列子·汤问》：“然则天地亦物也，物有不足。”张湛注：“全，犹备也。”

2 **圣有所否**：《释文》作“天地所否”。

3 杨伯峻按：“‘不出所位’‘不’下疑脱‘能’字。‘不能出所位’与‘不能形载’等三句句法一律。下句‘不能出所位者也’，有‘能’字，可证。”

4 张湛原注：“夫尽于一形者，皆随代谢而迁革矣；故生者必终，而生生物者无变化也。”

5 张湛原注:“至无者,故能为万变之宗主也。”

## 原文

1.4 子列子适卫,食于道,从者见百岁髑髅,攓蓬而指[1],顾谓弟子百丰曰:“唯予与彼知而未尝生未尝死也。此过养乎?此过欢乎?[2]种有幾[3]。若蛙为鹑[4],得水为继;得水土之际,则为蛙玭之衣[5];生于陵屯[6],则为陵舄[7]。陵舄得郁栖[8],则为乌足。乌足之根为蛴螬[9],其叶为胡蝶。胡蝶胥[10]也,化而为虫,生灶下,其状若脱[11],其名曰鸲掇。鸲掇千日化而为鸟,其名曰乾余骨。乾余骨之沫为斯弥。斯弥为食醯颐辂[12]。食醯颐辂生乎食醯黄軦[13],食醯黄軦生乎九猷[14]。九猷生乎瞀芮[15],瞀芮生乎腐蠸[16]。羊肝化为地皋[17],马血之为转邻[18]也,人血之为野火也。鹞之为鹯[19],鹯之为布谷,布谷久复为

## 译文

列子到卫国去,在路边吃饭,看见道旁已有百年的死人头骨。列子拔起一根飞蓬草指着它,回头对他的学生百丰说:“只有我和他懂得万物既没有生,也没有死的道理。生死果真使人忧愁吗?生死果真使人欢喜吗?物种都有出生与复归的机关。就像青蛙变为鹌鹑,得到水又继续变化;到了水土交会之处,便成为青苔;生长在高土堆上,便成为车前草。车前草得到了粪土,又变为乌足草。乌足草的根变为土蚕,它的叶子则变为蝴蝶。蝴蝶很快就又变为虫子,如果生长在炉灶下,它的形状就会像蜕了皮一样,它的名字叫鸲掇。鸲掇过了一千天,又变化成为鸟,它的名字叫乾余骨。乾余骨的唾沫变成斯弥虫,斯弥虫又变成酒醋上的颐辂虫。酒醋上的颐辂虫再变而化生为黄軦虫,黄軦虫又化生为九猷虫。九猷虫化生为瞀芮虫,瞀芮虫又化生为萤火虫。羊肝变为附在地面上的白气,马血变成能转动的磷火,人血变成在野外流窜的鬼火。鹞鸟变成晨风鸟,晨风鸟变成布谷鸟。时间长了,布谷鸟又反过来变回为鹞鸟。燕子变成蛤蜊,田鼠变成鹌鹑,

鹞也。燕之为蛤也，田鼠之为鹑也，朽瓜之为鱼也，老韭之为苋[20]也。老羭[21]之为猿也，鱼卵之为虫。亶爰之兽，自孕而生，曰类。河泽之鸟视而生曰鶂。纯雌其名大腰，纯雄其名稚蜂。思士不妻而感，思女不夫而孕[22]。后稷生乎巨迹，伊尹生乎空桑[23]。厥昭[24]生乎湿，醯鸡[25]生乎酒。羊奚[26]比乎不笋，久竹生青宁[27]，青宁生程[28]，程生马，马生人。人久[29]入于机。万物皆出于机，皆入于机。"

腐朽的瓜变成鱼，老韭菜变成苋菜。老母羊变成猿猴，鱼的卵又变成虫子。亶爰山上的野兽，［不需要交合就］自己怀孕，它所生的崽儿，叫作类。河泽中的鸟，互相看着就怀孕了，它所生的子，叫作鶂。只有雌性而无雄性的动物，名字叫大腰；只有雄性而无雌性的动物，名字叫稚蜂。单相思的男士不娶妻子而受胎，单相思的女子不嫁丈夫而怀孕。后稷生于巨人的脚印，伊尹生于空旷的桑林。蟨蛁生在潮湿之处，蠛蠓生在酒醋之中。羊奚草与不长笋子的老竹相比美，不长笋子的老竹生出了青宁虫，青宁虫生出了豹子，豹子生出了马，马生出了人。人活久了又复归于［像阴户那样的］机关。万物都从这个机关生出，又都复归于这个机关。"

## 注释

1 **攓**(qiān)：拔取。**蓬**：飞蓬草。

2 **此过养乎？此过欢乎**：《庄子》作"若果养乎？予果欢乎"。陆德明云："元嘉本'果'作'过'，'过''果'声近相假。"俞樾读"养"为"恙"，忧也，与"欢"相对。张湛原注："遭形则不能不养，遇生则不能不欢，此过误之徒，非理之实当也。"

3 **幾**：变化之机，通"杜德幾""善者幾""衡气幾"之"幾"，也作"机"。

4 此句《庄子》无，陶光疑其"盖伪《列子》书者以《墨经》窜入"。

5 **蛙玭之衣**：青苔。《庄子·至乐》："得水土之际，则为蛙玭之衣。"成玄英疏："青苔也。在水中若张绵，俗谓之虾蟆衣也。"或释作车前草。

6 **陵屯**：高洁之处。

7 **陵舄**：车前草。

8 **郁栖**：粪堆。

9 **蛴螬**：金龟子幼虫，俗称“地蚕”“土蚕”。

10 **胥**：少时。俞樾：“千日为鸟，言其久也；胥也化而为虫，言其速也。”张湛原注：“胥，皆也，言物皆化也。”

11 **脱**：通“蜕”。

12 **食醯(xī)颐辂**：虫名，由酒醋霉变而成。醯，醋。

13 **黄軦(kuàng)**：虫名，生于酒醋之上。

14 **九猷**：老虫。九或通“久”，老也。

15 **瞀芮**：小虫名。《释文》：“小虫也，喜去乱飞。”

16 **腐蠸**：小虫名。《释文》：“谓瓜中黄甲虫也。”

17 **地皋**：附于地面上的白气，类似于鬼火。

18 **邻**：通“磷”。转邻，即下文“野火”，均指野外鬼火。

19 **鹯(zhān)**：一种鹞类猛禽，也叫“晨风”。

20 **莧**：一作“莞”。莞蒲可以为席，似韭。

21 **羭(yú)**：黑色母羊。

22 张湛注：“传记云：高辛氏之妃名姜原，见大人迹，好而履之，如有人理感己者，遂孕，因生后稷。长而贤，乃为尧佐。即周祖也。”

23 **伊尹**：商汤时贤相。张湛注：“传记曰：伊尹母居伊水之上，既孕，梦有神告之曰：‘臼水出而东走，无顾！’明日视臼出水，告其邻，东走，十里而顾，其邑尽为水，身因化为空桑。有莘氏女子采桑，得婴儿于空桑之中，故命之曰伊尹，而献其君。令庖人养之。长而贤，为殷汤相。”

24 **厥昭**：即“蠍蛁”，井中赤虫，因潮湿而生。

25 **醯鸡**：蠛蠓虫，古人误以为其由酒醋霉变而生。

26 **羊奚**：一种野草。《释文》引司马彪：“羊奚，草名，根似芜青。”

27 **青宁**：一种虫子。

28 **程**：豹。

29 **久**：严北溟等《列子译注》以“久”为“又”之误，陶光从《庄子》“人又反入于机”而认为“又字以形近误为久”。

**原文**

1.5《黄帝书》曰："形动不生形而生影，声动不生声而生响，无动不生无而生有[1]。"形，必终者也。天地终乎？与我偕终。终进乎[2]？不知也。道终乎本无始，进乎本不久[3]。有生则复于不生，有形则复于无形。不生者，非本不生者也；无形者，非本无形者也。生者，理之必终者也。终者不得不终，亦如生者之不得不生。而欲恒其生，画[4]其终，惑于数也。精神者，天之分；骨骸者，地之分[5]。属天清而散，属地浊而聚。精神离形，各归其真，故谓之鬼。鬼，归也，归其真宅。黄帝曰："精神入其门，骨骸反其根，我尚何存？"

**译文**

《黄帝书》说："形体动不产生形体而产生影子，声音动不产生声音而产生回响，'无'动不产生'无'而产生'有'。"有形之物是一定会终结的。天地会终结吗？和我一样有终结。终结有完尽的时候吗？不知道。道终结于原来没有开始的时候，完尽于原来就没有事物的地方。有生死的事物则回复到没有生死的状态，有形状的事物则回复到没有形状的状态。没有生死的状态，并不是原来就没有生死；没有形状的状态，并不是原来就没有形状。凡是产生出来的事物，按理是必定要终结的。该终结的事物不得不终结，就像该产生的事物不能不产生一样。而要想使它永远生存，制止它的终结，这是不懂得自然之理啊！精神，属于天；骨骸，属于地。属于天的，清明而分散；属于地的，混浊而凝聚。精神离开了形骸，各自回到它原来的地方，所以叫它为鬼。鬼，意思是回归，回归到它原来的老家。黄帝说："精神进入天门，骨骸返回原来的地根，我还有什么留存呢？"

**注释**

1 张湛原注："有之为有，恃无以生，言生必由无，而无不生有，此运通之功必赖于无。"其言"无不生有"与"无生有"存在矛盾。

2 张湛原注："'进'当为'尽'。此书'尽'字例多作'进'也。"

3 张湛原注："'久'当为'有'。无始故不终，无有故不尽。"王叔岷："'久'

当为‘有’,其说是也。‘久’盖‘又’之形误,古多以‘又’为‘有’。”

4 **画**:一作“尽”。张湛注为“亡也”,俞樾《诸子平议》作“止也”。

5 **分**:一作“有”。

**原文**

1.6 人自生至终,大化有四:婴孩也,少壮也,老耄也,死亡也。其在婴孩,气专志一,和之至也;物不伤焉,德莫加焉。其在少壮,则血气飘溢,欲虑充起,物所攻焉,德故衰焉。其在老耄,则欲虑柔焉,体[1]将休焉,物莫先焉;虽未及婴孩之全,方于少壮,间[2]矣。其在死亡也,则之于息焉,反其极矣。

**译文**

人从出生到死亡,大的变化有四个阶段:婴孩,少壮,老耄,死亡。人在婴孩阶段,意气专一,是最和谐的时候,外物不能伤害它,德不能比这再高了。人在少壮阶段,血气飘浮横溢,欲望思虑充斥升起,外物便向它进攻,德也就开始衰败了。人在老耄阶段,欲望思虑不断减弱,身体将要休息,外物也就不和它争先了。这时的德虽然还不如婴孩时的完备,但与少壮阶段相比,已有距离了。人在死亡阶段,那就到了完全休息的时候,返回到出生之前的极点了。

**注释**

1 **体**:一作“礼”,二字繁体形近,古多通用。

2 **间**:读去声,有别。

**原文**

1.7 孔子游于太山[1],见荣启期行乎郕[2]之野,鹿裘带索[3],鼓琴而歌。孔子问曰:“先生所以乐,何也?”

**译文**

孔子在泰山游览,看见荣启期漫步在郕邑的郊外,穿着鹿皮粗衣,系着简陋麻绳,一面弹琴,一面唱歌。孔子问道:“先生这样快乐,有什么原因呢?”

荣启期回答说:“我快乐的原因多得很。

对曰："吾乐甚多。天生万物，唯人为贵，而吾得为人[4]，是一乐也；男女之别，男尊女卑，故以男为贵，吾既得为男矣，是二乐也；人生有不见日月，不免襁褓者，吾既已行年九十矣，是三乐也。贫者，士之常也；死者，人之终也。处常得终[5]，当[6]何忧哉？"

孔子曰："善乎！能自宽者也。"

大自然生育万事万物，只有人是最尊贵的；而我已有幸出生为人，这是我快乐的第一个原因。人类中又有男有女，而男人受尊重，女人受鄙视，所以又以男人为尊贵；而我有幸生为男人，这是我快乐的第二个原因。[人的寿命有长有短，]有的人，刚一出生，还没有见到太阳、月亮，没有离开襁褓就夭亡了；而我有幸活到了九十岁，这是我快乐的第三个原因。至于生活上的贫穷，那是人们常常遭遇的状况；而死亡，也不过是到达了人生的终点。我过着平常的苦日子，静待着人生的终结，还有什么可忧愁的呢？"

孔子说："说得好啊！您可真是个能够自我宽慰的人啊。"

## 注释

1 本节故事又见于《孔子家语·六本》《慎子》《说苑·杂言》。

2 **郕**(chéng)：古地名，周武王弟叔武封地。或作"郕"，《文选》嵇叔夜《琴赋》"于是遁世之士，荣期绮季之畴"句李善注引文，"郕"作"郕"。

3 **鹿裘带索**：粗陋衣服。鹿裘，皮中之粗者。带索，以绳索束腰。

4 疑"得为人"前脱一"既"字。

5 **处常得终**：《说苑·杂言》"得"作"待"。王重民："作'待'是也。盖荣启期乐天知命，既明贫者士之常，死者人之终，故自谓处常以待终，当有何忧，若作得，则非其旨矣。《御览》四六八引正作'待'。《类聚》四十四引作'居常以待终'，文虽小异，'待'字固不误也。"

6 **当**：或作"尚"。杨伯峻："'当'读为'尚'。《史记·魏公子列传》：'使秦破大梁，而夷先王之宗庙，公子当何面目立天下乎？''当'亦应读为'尚'，可以互证。"

**原文**

1.8 林类年且百岁，底春被裘，拾遗穗于故畦，并歌并进。[1]

孔子适卫，望之于野，顾谓弟子曰："彼叟可与言者，试往讯之！"

**译文**

林类的年纪将近一百岁了，到了春天，他还穿着厚皮衣，在别人收割后的稻田里拾取残留的谷穗，一面唱着歌，一面往前拣拾。

孔子到卫国去的途中，远远地望见了田野里的林类，便回头对跟随的学生说："那个老人是个值得对谈的人，你们去请教请教他吧！"

**注释**

1 **底**：到，当。林类乐生事，亦见于《淮南子·齐俗训》《高士传》等。张湛以林类为"书传无闻，盖古之隐者也"，似可商榷。林类，或可视为列子的借喻人物。

**原文**

子贡请行，逆之垅端[1]，面之而叹曰："先生曾不悔乎，而行歌拾穗？"林类行不留，歌不辍。

子贡叩之不已，乃仰而应曰："吾何悔邪？"

子贡曰："先生少不勤行，长不竞时，老无妻子，死期将至，亦有何乐而拾穗行歌乎？"林类笑曰："吾之所以

**译文**

子贡请求前往，在田埂的一头迎面走去，子贡面对着他感叹道："先生，您对这样的生活没有后悔过吗？怎么能在辛苦地拾谷穗时，还能边走边唱着歌？"林类不停地往前走，照样唱歌不止。

子贡再三追问，他才抬起头来答复说："我后悔什么呢？"

子贡说："先生，您年轻时不勤苦做事，长大了又不争名夺利，到老了还没有妻子儿女，孤独地生活，现在又是死期迫近，又有什么快乐值得您拾谷穗时还边走边唱歌呢？"林类笑着说："我所以快乐的原因，人

为乐，人皆有之，而反以为忧？少不勤行，长不竞时，故能寿若此。[2]老无妻子，死期将至，故能乐若此[3]。”

子贡曰：“寿者人之情[4]，死者人之恶。子以死为乐，何也？”林类曰：“死之与生，一往一反。故死于是者，安知不生于彼？[5]故吾知其不相若矣，吾又安知营营而求生非惑乎？亦又安知吾今之死不愈昔之生乎？”

人都有，只不过别人不以为荣，却反以为忧罢了。我年轻时［懂得保养］，不勤苦做事，长大了又不争名夺利，所以才能如此长寿。也正因为到老了还没有妻子儿女，现在又死期将至，我才能够了无牵挂地结束寄寓的一生，所以我才能这样快乐。”

子贡问：“长寿是人人所希望的，死亡是人人所厌恶的。您却把死亡当作快乐，这又是为什么呢？”林类说：“死亡与出生，不过是一去一回罢了。所以，在这儿死去了，怎知不会在另一个地方重生呢？因此，我怎么知道死与生是不一样的呢？我又怎么知道为求生存而忙忙碌碌不是头脑糊涂呢？又怎么知道现在的死不能胜过以前的生呢？”

## 注释

1 **逆**：迎。**垅**：田埂。

2 张湛注：“不勤行，则遗名誉；不竞时，则无利欲。二者不存于胸中，则百年之寿不祈而自获也。”卢重玄解：“勤于非行之行，竞于命外之时，求之不跋，伤生夭寿矣。吾所以乐天知命，而得此寿。”

3 张湛注：“所谓乐天知命，故无忧也。”卢重玄解：“妻子适足以劳生苦心，岂能延人寿命？居常待终，心无忧戚，是以能乐若此也。”

4 **情**：情愿，意愿，可与“欲”互训。杨伯峻：“《汉书·董仲舒传》云：‘情者人之欲也。’又云：‘人欲之谓情。’《后汉书·张衡传》注云：‘情者，性之欲。’古人多以欲恶对文，如《吕览·论威》篇‘人情欲生而恶死’是也。则此‘情’字当训‘欲’。”

5 钱大昕据前两句话，提出疑问：“释氏轮回之说，盖出于此。列子书晋时始行，恐即晋人依托。”见氏著《十驾斋养新录》卷十八“释氏轮回之说”条。

原文

子贡闻之，不喻其意，还以告夫子。夫子曰：“吾知其可与言，果然；然彼得之而不尽者也。”[1]

译文

子贡听了，不明白他的意思，回来告诉了孔子。孔子说：“我就知道，他是个值得对谈的人，果然如此；可是，他对生死观的参悟，还不彻底啊。”

注释

1 张湛原注：“卒然闻林类之言，盛以为已造极矣；而夫子方谓未尽。夫尽者，无所不尽，亦无所尽，然后尽理都全耳。今方对无于有，去彼取此，则不得不觉内外之异。然所不尽者，亦少许处耳。若夫万变玄一，彼我两忘，即理自夷，而实无所遣。夫冥内游外，同于人群者，岂有尽与不尽者乎？”卢重玄：“死此生彼，必然之理也。林类所言‘安知’者，是疑似之言耳，故云未尽。”

原文

1.9 子贡倦于学[1]，告仲尼曰：“愿有所息。”仲尼曰：“生无所息。”

子贡曰：“然则赐息无所乎？”仲尼曰：“有焉耳[2]。望其圹[3]，睪如[4]也，宰[5]如也，坟[6]如也，鬲[7]如也，则知所息矣。”

子贡曰：“大哉死乎！君子息焉，小人伏[8]焉。”

译文

子贡对学习有些厌倦，对孔子说：“真想好好地休息一阵子。”孔子说：“人只要活着就无所谓休息。”

子贡问：“那么我也就找不到休息的地方了吗？”孔子回答说：“有休息的地方啊。你看那空旷的原野上，有高起来的地方，好像是墓穴，又像是土丘，又像是底儿朝上的饭锅，就知道休息的地方了。”

子贡说：“死[后才知道所谓休息的意义，那可]真伟大啊！君子在死后休息了，而小人在死后只是被埋葬了。”

## 注释

1 本节故事,亦见载籍于《荀子·大略》《孔子家语·困誓》等。

2 **耳**:一作"尔",二者古通。

3 **圹**:墓穴,坟地。

4 **睪(gāo)如**:隆起的样子。睪,通"皋"。《荀子·大略》作"皋"。

5 **宰**:释作"冢",坟墓。

6 **坟**:土堆。

7 **鬲(lì)**:陶制或青铜制炊器,有外倾的圆形口,下有三个中空的足。

8 **伏**:《荀子·大略》《孔子家语·困誓》等误作"休"。

## 原文

仲尼曰:"赐!汝知之矣。人胥知生之乐,未知生之苦;知老之惫,未知老之佚;知死之恶,未知死之息也。晏子曰:'善哉!古之有死也,仁者息焉,不仁者伏焉。'死也者,德之徼[1]也。古者谓死人为归人。夫言死人为归人,则生人为行人矣。行而不知归,失家者也。一人失家,一世非之;天下失家,莫知非焉。[2]有人去乡土、离六亲[3]、废家业、游于四方而不归者,何人哉?世必谓之为狂荡[4]之人矣。又有人钟

## 译文

孔子说:"赐!你现在已经明白了。人们都知道活着的快乐,却不知道活着的劳苦;都知道老年的疲惫,却不知道老年的安逸;都知道死亡的可恶,却不知道死亡是休息。晏子说过:'真好啊,自古以来就有死亡!仁慈的人在那时休息了,不仁的人在那时被埋葬了。'死亡是德所求取的事情。古人把死人叫作'归人'。说死人是'归人',那么活着的人就是'行人'了。一直在外面行走而不知道回家,那是抛弃了家庭的人。一个人抛弃了家庭,所有世上的人都反对他;天下的人都抛弃了家庭,却没有人知道反对。有人离开了家乡,抛弃了亲人,荒废了家业,到处游荡而不知道回家,这是怎样的人呢?世上的人一定会说他是放荡而疯狂的人。又有人钟心于盛世之治,自以为聪明能干,于是

贤世[5],矜巧能,修名誉,夸[6]张于世,而不知已者,亦何人哉?世必以为智谋之士。此二者,胥失者也。而世与[7]一、不与一,唯圣人知所与、知所去。”

博取功名,到处夸夸其谈,却不知道停止,这又是怎样的人呢?世上的人一定会认为他是有智慧谋略的人。这两种人都是错误的,而世上的人却赞扬一个,反对一个。[实际上,]只有圣人才知道什么该赞扬,什么该反对。”

## 注释

1 **徼**(yāo):求取,通“邀”。张湛注:“德者,得也。徼者,归也。言各得其所归。”

2 张湛于此加注曰:“晏子儒墨为家,重形生者,不辨有此言,假托所称耳。”盖将此一段亦误为晏子所言。

3 **六亲**:据《汉书·贾谊传》颜师古注引应劭注,指父、母、兄、弟、妻、子,泛指各种亲属或所有的亲属。

4 **狂荡**:遑遽而行。狂,或同“俇”。

5 **钟贤世**:钟心于盛世。张湛原注:“‘钟贤世’宜言‘重形生’。”本篇第11章有“损盈成亏,随世随死”,可相参。

6 **夸**:《释文》作“跨”,与“夸”的繁体“誇”形近。

7 **与**:赞许。

## 原文

1.10 或谓子列子曰:“子奚贵虚?”[1]

列子曰:“虚者,无贵也。”[2]

子列子曰:“非其名也[3],莫如静,莫如虚。静也,虚也,得其居矣;取也,与也,失其

## 译文

有人对列子说:“您为什么以虚无为贵呢?”

列子说:“虚无[之名],没有什么可贵的。”

列子又说:“[虚无的可贵之处]不在于其名,而在于清静本身,在于虚无本身。清静本身啦,虚无本身啦,才是虚无之名所居之所;如果仅停留在对虚无之名的取择与赞

所矣。事之破毁，而后有舞仁义者，弗能复也。”

许的层面，反而丧失了虚无的精义。事物已被破坏，而后出现了舞弄仁义的人，却不能修复了。”

## 注释

1 《尸子·广泽》《吕氏春秋·不二》均有“列子贵虚”的断语。虚，清静无为，虚无恬淡。

2 张湛注：“凡贵名之所以生，必谓去彼而取此，是我而非物。今有无两忘，万异冥一，故谓之虚。虚既虚矣，贵贱之名，将何所生？”

3 张湛注：“事有实者，非假名而后得也。”

## 原文

1.11 粥熊[1]曰：“运转亡已，天地密移，畴[2]觉之哉？故物损于彼者，盈于此；成于此者，亏于彼。损盈成亏，随世[3]随死。往来相接，间不可省，畴觉之哉？凡一气不顿进，一形不顿亏；亦不觉其成，不觉其亏[4]。亦如人自世至老，貌色智态，亡日不异；皮肤爪发，随世随落，非婴孩时有停而不易也。间不可觉，俟至后知。”

## 译文

鬻熊说：“万物运动转移永不停止，天地在悄然地移动，谁感觉到了呢？所以事物在那里减损了，就会在这里有盈余；在这里成长了，就会在那里有亏缺。减损、盈余、成长、亏缺，随生随灭。[这样的生与灭，]一往一来，头尾相接，一点间隙也看不出来，谁感觉到了呢？所有的元气都不是突然增长，所有的形体都不是突然亏损，所以我们也就不觉得它在成长，也不觉得它在亏损。这也像人们从出生到衰老一样，容貌、肤色、智慧、体态，没有一天不发生变化；皮肤、指甲、毛发，随时生长，随时脱落，并不是在婴孩时就停顿下来而不变化了。[在随生随灭的过程中]一点也觉察不到变化，等到衰老来到了才明白。”

## 注释

1 **粥熊**:亦作“鬻熊”,周代楚的祖先,文王之师。《汉书·艺文志》道家载有《鬻子》二十二篇。今传《鬻子》一卷,不见此书所引诸言。粥熊言论,本书又见于《天瑞》《黄帝》《力命》《杨朱》诸篇。

2 **畴**:通“谁”。

3 张湛原注:“此‘世’亦宜言‘生’。”

4 **不觉其亏**:林希逸本作“亦不觉其亏”,可取。

## 原文

1.12 杞国[1]有人,忧天地崩坠,身亡所寄,废寝食者。

又有忧彼之所忧者,因往晓之,曰:“天,积气耳,亡处亡气。若屈伸呼吸,终日在天中行止,奈何忧崩坠乎?”

其人曰:“天果积气,日月星宿,不当坠耶?”晓之者曰:“日月星宿,亦积气中之有光耀者;只使[2]坠,亦不能有所中伤。”

其人曰:“奈地坏何?”晓者[3]曰:“地,积块耳,充塞四虚,亡处亡块。若躇步跐蹈[4],终日在地上行止,奈何忧其坏?”

## 译文

杞国有个人,因担忧天会崩塌,地会陷落,自己的身体因此无可寄托,以至于睡不着觉,吃不下饭。

又有一个人,他替那个担忧天塌地陷的人担忧,于是前去化解他的忧虑,对那人说:“天,不过是气的积聚罢了,无处不充满着气。就像你弯腰挺身、呼气吸气,整天在天中生活,为什么要担忧它会崩塌呢?”

那人说:“天果真是气的积聚,那日月星辰就不会掉下来吗?”去开解他的人回答说:“日月星辰,也只是气积聚起来的那些有光辉的物体,即使掉下来了,也不会伤害到什么。”

那人说:“那地坏烂了怎么办呢?”去开解他的人回答说:“地,也只是土块的积聚罢了,土块充满了四方空间,无处不充塞着土块。就像你来往踩踏,整天在地上走走停停,[并没有发现它坏烂陷落,]为什么要担忧它会坏烂陷落呢?”

其人舍然[5]大喜，晓之者亦舍然大喜。

那人放下心来，十分高兴；那个为他担心的人也放下心来，十分高兴。

## 注释

1 **杞国**：周初姒姓诸侯国，封地在雍丘（今河南杞县），后迁缘陵（今山东昌乐东南），再迁淳于（今山东安丘东北），后被楚国所灭。

2 **只使**：即使，纵使。

3 **晓者**：据上文，疑二字间脱“之”字。

4 **躇步跐（cǐ）蹈**：来往踩踏。

5 **舍然**：如释重负的样子。张湛原注：“‘舍’宜作‘释’，此书‘释’字作‘舍’。”

## 原文

长庐子[1]闻而笑之曰：“虹霓[2]也，云雾也，风雨也，四时也，此积气之成乎天者也。山岳也，河海也，金石也，火木[3]也，此积形之成乎地者也。知积气也，知积块也，奚谓不坏？夫天地，空中之一细物，有中之最巨者。[4]难终难穷，此固然矣；难测难识，此固然矣。忧其坏者，诚为大[5]远；言其不坏者，亦为未是。天地不得不坏，则会归于坏。遇其坏时，奚为不忧哉？”[6]

子列子闻而笑曰：“言

## 译文

长庐子听说后，不禁笑着说：“虹霓呀，云雾呀，风雨呀，四季呀，这些都是由天上的积气形成的。山岳呀，河海呀，金石呀，火木呀，这些都是由土块积聚而形成的地上的有形之物。知道它们是气的积聚，是有形之物的积聚，为什么说它们不会毁坏呢？像那天地啊，不过是宇宙中的一个小物体，却是有形之物中最巨大的东西。本无终极，难以穷究，这是必然的；又难以观测，难以认识，这也是必然的。担忧它会崩陷，确实离正确的认识太远；说它绝对不会崩陷，也是不正确的。天地不可能不崩坏，最终总会崩坏的。遇到天地崩坏之时，怎么能不担忧呢？”

列子听说后，笑着说：“说天地会崩

天地坏者亦谬，言天地不坏者亦谬。坏与不坏，吾所不能知也。虽然，彼一也，此一也。故生不知死，死不知生；来不知去，去不知来。坏与不坏，吾何容心哉？”

坏，是荒谬之言；说天地不会崩坏，也是荒谬之言。天地坏与不坏，不是我所能测知的。虽然如此，天地崩坏是一种情形，天地不崩坏又是一种情形。所以生无法了解死，死无法了解生；来不知道去，去不知道来。天地崩坏与否，我又何必把它放在心上呢？”

## 注释

1 **长庐子**：楚国人，“庐”也作“卢”。

2 **虹霓**(ní)：即霓虹，亦称副虹。

3 **火木**：一作“火水”。

4 此处言“空”“有”，为马叙伦认为《列子》“取资于浮屠之书”的三例证之一。佛教所言“空”，即事物虚幻不实，理性空虚；其所言“有”，为“十二因缘”之一，又有“假有”“实有”“妙有”之分。《列子》言“有”，盖取于《道德经》“有，名万物之母”。

5 **大**：通“太”。

6 张湛注：“此知有始之必终、有形之必坏，而不识休戚与阴阳升降、器质与天地显没也。”

## 原文

1.13 舜问乎烝曰：“道可得而有乎？”[1]曰：“汝身非汝有也，汝何得有夫道？”

舜曰：“吾身非吾有，孰有之哉？”曰：“是天地之委形也[2]。生非汝

## 译文

舜问烝道：“道可以获得并据为己有吗？”烝回答说：“你的身体都不是你所据有的，你怎么能据有这个道呢？”

舜又问：“我的身体不属于我所有，那是谁据有了它呢？”烝回答说：“［你的身体］是天地托付给你的形体。出生不属于你所有，那是天地托付给了你中和之气的结果。

有，是天地之委和也[3]。性命非汝有，是天地之委顺也[4]。孙子[5]非汝有，是天地之委蜕也[6]。故行不知所往，处不知所持，食不知所以。[7]天地强阳[8]，气也；又胡可得而有邪？”

性命不属于你所有，那是天地托付给了你聚散顺序的结果。子孙也不属于你所有，那是天地托付给了你蜕变功能的结果。所以你行走不知道要到哪儿去，居住不知道要拿些什么，吃饭不知道要什么味道。天地的运动，那是气的作用；[道、你的身体、生命的存在与延续]又怎么能获得并据为己有呢？”

## 注释

1 **烝**：人名，一本作“丞”，《庄子·知北游》作“丞”。**道可得而有乎**：张湛原注：“舜欲明群有皆同于无，故举道以为发问之端。”此注与张湛注《列》之《序》中“其书大略明群有以至虚为宗，万品以终灭为验”之义相应，但与文义似有不合。本节故事，又见载籍于《庄子·知北游》。

2 张湛原注：“是一气之偏积者也。”

3 张湛原注：“积和故成生耳。”

4 张湛原注：“积顺故有存亡耳。郭象曰：‘若身是汝有，则美恶、死生当制之由汝。今气聚而生，汝不能禁也；气散而死，汝不能止也。明其委结而自成，非汝之有也。’”

5 **孙子**：子孙。下文张湛原注：“子孙何委蜕？”

6 张湛原注：“气自委结而蝉蜕耳。若是汝有，则男女多少亦当由汝也。”

7 张湛原注：“皆在自尔中来，非知而为之也。”食不知所以，或为“食不知所味”。俞樾指出《庄子·知北游》篇作“食不知所味”。王叔岷：“宋徽宗《义解》：‘食不知所味。’范致虚《解》：‘食安知所味。’是所见本‘以’并作‘味’，与《庄子》同。”

8 **强阳**：运动。张湛原注：“强阳，犹刚实也。”《庄子·知北游》郭象注：“强阳犹运动耳。”《庄子·寓言》：“彼来则我与之来，彼往则我与之往，彼强阳则我与强阳。”郭象注：“直自强阳运动，相随往来耳。”王重民：

“《庄子·知北游》篇‘天地’下有‘之’字，此不可省。疑《列子》本有‘之’字，而今本脱之也。郭注云：强阳犹运动耳。”

**原文**

1.14 齐之国氏大富。宋之向氏大贫，自宋之齐，请其术。国氏告之曰：“吾善为盗。始吾为盗也，一年而给，二年而足，三年大壤[1]。自此以往，施及州闾[2]。”

向氏大喜，喻其为盗之言，而不喻其为盗之道，遂逾垣凿室，手目[3]所及，亡不探也。未及时，以赃获罪，没其先居[4]之财。

**译文**

齐国的国氏非常富有。宋国的向氏，却非常贫穷，向氏从宋国到齐国，向国氏请教致富的方法。国氏告诉他说：“我善于为盗。我开始偷盗时，一年就够自用，二年便很富足，三年就家资丰厚了。从此以后，我还施舍州里乡亲。”

向氏听了非常高兴，但他只理解了国氏偷盗致富的话，却没有了解国氏偷盗的方法。于是他跳墙打洞，凡是手摸到的，眼睛看到的，没有一件不探取。没过多久，赃物被查获，他也被问罪，连做盗贼之前积蓄的财产也一齐被没收了。

**注释**

1 **壤**：宜作“穰”，成熟，丰收。

2 **闾**：里巷。古代以二十五家为闾。

3 **目**：疑作“自”，与“亡不探”相应。

4 **居**：积蓄。俞樾：“居犹畜也，谓其先所蓄之财也。《论语·公冶长》篇：‘臧文仲居蔡。’皇侃《义疏》曰：‘居犹蓄也。’是其义。”《太平御览》四八五引作“君”，盖据意改者。

**原文**

向氏以国氏之谬[1]己也，往而怨之。国氏曰：“若为盗若何？”向氏言

**译文**

向氏认为国氏欺骗了自己，便再到齐国来埋怨国氏。国氏问：“你是怎样偷盗的？”向氏便叙述了他偷盗的情形。

其状。

国氏曰："嘻！若失为盗之道至此乎？今将告若矣。吾闻天有时，地有利。吾盗天地之时利，云雨之滂润，山泽之产育，以生吾禾，殖吾稼，筑吾垣，建吾舍。陆盗禽兽，水盗鱼鳖，亡[2]非盗也。夫禾稼、土木、禽兽、鱼鳖，皆天之所生，岂吾之所有？[3]然吾盗天而亡殃。夫金玉珍宝，谷帛财货，人之所聚，岂天之所与？[4]若盗之而获罪，孰怨哉？"

国氏说："唉！你对偷盗方法的错误理解竟然到了这种程度！现在让我来告诉你吧。我听说天有其时，地有其利。我盗取的天时地利，如云雨的滋润，山泽的特产，都用来生育我的禾苗，繁殖我的庄稼，夯筑我的围墙，建造我的房屋。在陆地上盗取禽兽，在水泊中盗取鱼鳖，没有一样不是盗取而来的。这些禾苗、庄稼、土地、树木、禽兽、鱼鳖，都是天之所生，哪一样是我所拥有的？然而，因我盗取的是天所赐予大家的东西，所以没有灾殃。至于金玉珍宝、谷布财物，那是别人辛苦积聚所得，哪里是天所赐予你的呢？你盗取属于别人的东西而被问罪，能怨谁呢？"

**注释**

1 **谬**：欺骗。

2 **亡**：本书此字多处可与"无"通。

3 张湛原注："天尚不能自生，岂能生物？人尚不能自有，岂能有物？此乃明其自生自有也。"其注与原文"皆天之所生"义不相合。

4 张湛原注："天尚不能与，岂人所能聚？此亦明其自能自聚。"其注与原文"人之所聚"义不相合。

**原文**

向氏大惑，以为国氏之重罔[1]己也，过[2]东郭先生问焉。东郭先生曰："若

**译文**

向氏听了十分迷惑，以为国氏又在欺骗自己，于是到东郭先生那里去请教。东郭先生说："你全身的东西难道不都是盗

**一身庸非盗乎？盗阴阳之和，以成若生，载若形；况外物而非盗哉？诚然，天地万物不相离也；仞[3]而有之，皆惑也。国氏之盗，公道也，故亡殃；若之盗，私心也，故得罪。[4]有公私者，亦盗也；亡公私者，亦盗也。公公私私，天地之德。[5]知天地之德者，孰为盗邪？孰为不盗邪？”**

取得来的吗？盗取阴阳中和之气，来成就你的生命，充塞你的形体，又何况身外之物，哪一样不是盗取来的呢？诚然，天地和万物都是不能完全分开的，把它们认作自己私有，那都是糊涂的想法。国氏的偷盗，是基于公道，所以没有灾殃；你的偷盗，是出于私心，所以被问罪。不管是基于公道，还是出于私心，这类行为都是偷盗。但把公共的东西视为公共共有，把私人的东西视为私人所有，这是天地的德行。明白天地德行的人，谁是偷盗者呢？谁又不是偷盗者呢？”

## 注释

1 **罔**：欺骗。

2 **过**：到，经过。一作“遇”，古籍二字多因形近而误。

3 **仞**：一作“認”，即“认”的繁体，二字可通。

4 张湛原注：“公者对私之名，无私，则公名灭矣。今以犯天者为公，犯人者为私，于理未至。”此注显然不同意东郭先生的观点。

5 张湛以为“事无公私”：“生即天地之一理，身即天地之一物。今所爱吝，便是爱吝天地之间生身耳。事无公私，理无爱吝者也。”卢重玄：“知公知私而无私焉，与物同例而不怪者，是天地之德也。”

# 第二卷　黄帝

## 导读

本卷共二十一章，由十九个神话和寓言故事组成，因以黄帝梦游华胥氏之国开篇，故以“黄帝”名篇。

本卷主要阐述修身之道与治物之法。首章黄帝梦游，标揭随顺自然、“斋心服形”的“养身治物之道”。列子问关尹章进一步指出，固守“纯气”的“至人”，能做到“壹其性，养其气，含其德，以通乎物之所造”。津人操舟章还揭示“重外者拙内”的道理，主张物我两忘；商丘诚信章揭示“心一而已，物亡迕者”的道理，心智专一，才能“不知形体之所措，利害之所存也”；梁鸯养虎章心无逆顺的休养论，与列子御风、伯昏临渊、海上沤鸟、吕梁济水及痀偻承蜩等章同样都强调自然因应的道理。赵襄狩山、壶丘示法、列子之齐、杨朱之沛、杨朱过宋等章，推阐了虚静含容，韬光养晦的处世原则。

另外，华胥氏国民的自然无为，列姑射山神人治下的丰足恬淡，与惠盎论政主张“贤于勇有力”并期望四境之内“皆得其利”等，都从不同侧面表现了列子关于理想国的政治观点。

## 原文

2.1 黄帝即位十有五年，喜天下戴己，养正命[1]，娱耳目，供鼻口，焦[2]然肌色皯[3]黣[4]，昏然五情爽惑[5]。

## 译文

黄帝登天子位的第十五年，因天下百姓拥戴自己而心怀喜悦，便保养身心性命，兴歌舞以娱悦耳目，烹美味以供养鼻口，然而却弄得面孔黑瘦，憔悴不堪，又十有五年，忧天下之不治，竭聪明，进智力，营百姓，焦然肌色皯䵟，昏然五情爽惑。

黄帝乃喟然赞[6]曰："朕之过淫[7]矣。养一己，其患如此；治万物，其患如此。"于是放万机，舍宫[8]寝，去直侍，彻[9]钟悬，减厨膳，退而闲居大庭之馆[10]，斋心服形[11]，三月不亲政事。

神情错乱，心绪恍惚。又过了十五年，因忧虑治理不好天下，便竭尽全部精力，增进智慧和体力，来管理百姓，然而同样弄得面孔黑瘦，憔悴不堪，神情错乱，心绪恍惚。

黄帝长叹道："我的过失，真是太大了啊！光顾保养自己，后患是这样；竭力治理万物，其后患也是这样。"于是他抛开纷繁的政务，舍弃华丽的宫寝，摈退贴身侍卫，撤掉钟磬，削减膳食，退而闲居在宫外简朴的大庭之馆，清除内心杂念，降伏形体欲望，静心忘我，整整三个月没去过问政务。

## 注释

1 **正命**：性命。张湛原注："'正'当为'性'。"俞樾《诸子平议》："'正'当为'生'。古字'生'与'性'通，《周官・大司徒职》：'辨五地之物生。'杜子春读'生'为'性'，是其例也。《列子》原文本作'养生命'，盖假'生'为'性'，因误为正耳。张注曰：'正当为性'，虽得其字，而古字亡矣。"陶光《列子校释》："张说是。古书多以生为性，疑字本作生，形误为正耳。"

2 **燋**：下文作"焦"，二字音同，宜统一。

3 **皯**(gǎn)：面色枯焦黝黑。

4 **䵟**(měi)：面色黧黑。肌色皯䵟，指皮肤皴黑而枯槁。

5 **五情**：喜、怒、哀、乐、怨。**爽惑**：错乱。

6 张湛原注："'赞'当作'叹'。"

7 **淫**：过度。张湛原注："'淫'当作'深'。"下文有"因复指河曲之淫隅"，义同。

8 **宫**：世德堂本作"官"。

9 **彻**：通"撤"，除去。

10 **大庭之馆**:外廷的接待处,在大门(库门)内、中门(雉门)外。

11 **斋心服形**:静心忘我。张湛原注:“心无欲则形自服矣。”斋,殷敬顺《释文》作“齐”,二字繁体形近。

## 原文

昼寝而梦[1],游于华胥氏之国。

华胥氏之国在弇州之西,台州之北,不知斯齐[2]国几千万里;盖非舟车足力之所及,神游而已。其国无帅[3]长,自然而已。其民无嗜欲,自然而已。不知乐生,不知恶死,故无夭殇;不知亲己,不知疏物,故无爱憎;不知背逆,不知向顺,故无利害。[4]都无所爱惜,都无所畏忌。入水不溺,入火不热。斫挞无伤痛,指擿无痟痒[5]。乘空如[6]履实,寝虚若处床。云雾不碍[7]其视,雷霆不乱其听,美恶不滑其心[8],山谷不踬[9]其步,神行而已[10]。

## 译文

[于是有一天,]黄帝白天小睡时,梦游了华胥氏之国。

华胥氏之国,在弇州的西方、台州的北方,不知离中国有几千万里,并不是乘船、坐车和步行所能到达的,只能是精神漫游而至了。那个国家没有君主官长,一切都听其自然。那里的百姓没有嗜好和欲望,一切都顺其自然。那里的人们既不懂得以生存为快乐,也不懂得以死亡为可恶,因而没有长寿和夭殇的观念;既不懂得私爱自身,也不懂得疏远外物,因而就无所谓爱憎;既不懂得反对与叛逆,也不懂得赞成与顺从,因而也就没有利害观念。因为无所偏爱吝惜,也就无所畏惧忌惮,所以,他们若进入水中也不怕淹死,钻到火里也不怕烧死;即使刀砍鞭打不顾伤痛,指甲抓搔也不觉酸痒。他们乘云升空就像脚踏实地,寝卧虚气就像安卧木榻。云雾障碍不了他们的视线,雷霆震乱不了他们的听觉,美丑汩乱不了他们的心志,山谷绊倒不了他们的脚步,一切都是神气运行而了无痕迹。

## 注释

1 **昼寝而梦**：白天小睡中做梦。张湛原注以为“圣人无梦”：“将明至理不可以情求，故寄之于梦。圣人无梦也。”

2 **斯齐**：《尔雅·释言》：“斯，离也。”“齐，中也。”

3 **帅**：一作“师”。

4 **憎**：一作“惜”。张湛原注：“理无生死，故无所乐恶；理无爱憎，故无所亲疏；理无逆顺，故无所利害也。”

5 **擿**(zhì)：搔。**痟**(xiāo)：酸痛。

6 **如**：一作“而”。

7 **硋**(ài)：同“碍”。

8 **滑其心**：汩乱其心。滑，通“汩”。

9 **踬**(zhì)：绊倒。

10 林希逸《列子鬳斋口义》：“‘神行’者，其行无迹也。”

## 原文

黄帝既寤，悟[1]然自得，召天老、力牧、太山稽，告之，曰：“朕闲居三月，斋心服形，思有以养身治物之道，弗获其术。疲而睡，所梦若此。今知至道不可以情求矣。朕知之矣！朕得之矣！而不能以告若矣。”

又二十[2]有八年，天下大治，几若华胥氏之国。而帝登假[3]，百姓号之，二百余年不辍。

## 译文

黄帝醒来后，自以为醒悟有得，便把天老、力牧和太山稽三个大臣叫来，告诉他们说：“我安闲地在家中住了三个月，清除了心中的杂念，降伏了形体的欲望，专心考虑能够保养身心和治理外物的大道，却不得其方。后来我因疲倦而睡觉，做了一个这样的梦。现在我才懂得最高的道是不能用主观的欲望去追求的。我明白了！我得到了！却不能用语言来告诉你们。”

又过了二十八年，天下大治，几乎和华胥氏之国一样。黄帝逝世后，老百姓为之悲痛大哭，两百多年都不曾中断过。

## 注释

1 **悟**:一作"恰"。

2 **二十**:一作"三十"。

3 **登假**:帝王去世。《礼记·曲礼下》:"告丧,曰天王登假。"张湛原注:"'假'当为'遐'。"

## 原文

2.2 列姑射山,在海河洲中,山上有神人焉[1],吸风饮露,不食五谷[2];心如渊泉[3],形如处女;不偎不爱,仙圣为之臣;不畏不怒,愿悫为之使;[4]不施不惠,而物自足;不聚不敛,而己无愆[5]。阴阳常调,日月常明,四时常若[6],风雨常均,字育[7]常时,年谷常丰;而土无札伤,人无夭恶[8],物无疵厉[9],鬼无灵响[10]焉。

## 译文

列姑射山在海河洲中,山上住着神人,呼吸清风,饮用露水,不吃五谷;心灵似深山的泉水,形貌似闺房的少女;不偏心不私爱,仙人和圣人做他的群臣;不威严不愤怒,诚实与忠厚的人任他指使;不施舍不恩惠,人们的财物都自然丰足;不积聚不搜括,自己的用度从未匮乏。阴阳二气恒常调和,太阳月亮常年明亮,春夏秋冬年年有序,风霜雨雪季季适当,孕育生长时时合节,五谷杂粮岁岁丰收;而那里的土地未被伤害,人民不会夭殇,万物没有疠疫之灾,鬼魅不逞怪异响动之妄。

## 注释

1 此文关于神人的描述,与《庄子·逍遥游》《山海经·海内北经》所载相似。

2 张湛原注:"既不食谷矣,岂复须吸风饮露哉?盖吐纳之貌,不异于物耳。"质疑正文所言之神人的"吸风饮露"。

3 **渊泉**:《释文》:"'渊'字读为'深'字。"陶光《校释》按:"殷敬顺唐人,避马(高)祖讳读如是。唐人避高祖讳者多书渊作泉。此书以唐尊老庄列为经,故不改字而但改读,亦犹晚近读儒书者读丘为某耳。黄丕烈跋北宋本云：涧蘋且为余言。殷敬顺乃宋人而托名唐人者，如此本字句释文所云一本作某某皆与此合，则此本之在释文未行以前可知。今以此读验之，敬顺的是唐人，顾氏涧蘋之言非也。盖北宋刊本所据即敬顺所见诸本之一。（北宋本与释文所言一本作某不尽合，知殷所见之本不一。其言一本亦非专斥某一本而言也。）必谓此刊本即敬顺所云之一本凿矣。”

4 张湛原注：“畏，威也。若此岂有君臣役使之哉？尊卑长短，各当其分，因此而寄称耳。”

5 **愆**：一作“蹇”。张湛原注：“愆，蹇乏也。”

6 **若**：《尔雅·释言》：“若，顺也。”

7 **字育**：养育。字，生养。

8 **恶**：或作“丧”，与“夭”相应。陶光《校释》云：“恶疑当作丧。丧字故书作亵，其形与恶近，故致误。”

9 **疵厉**：灾疫，亦作“疵疠”“訾厉”。

10 **灵响**：灵异响动。

**原文**

2.3 列子师老商氏，友伯高子，进[1]二子之道，乘风而归。

尹生闻之，从列子居，数月不省[2]舍。因闲请蕲[3]其术者，十反而十不告。尹生怼而请辞，列子又不命[4]。尹生退，数月，意不已，又往从之。

列子曰：“汝何去来之频？”尹生曰：“曩章戴[5]有请于子，子不我告，固有憾

**译文**

列子拜老商氏为师，以伯高子为友，把两人所有的本领都学到了手，然后乘风而归。

尹生听说了，便来跟列子学习，并和列子住到一起，好几个月都不回去看望家人。他趁列子闲暇时，请求学习他的法术，往返十次，列子十次都没有告诉他。尹生有些生气，请求离开，列子也不表态。尹生回家了。几个月后，尹生不死心，又去跟列子学习。

列子问：“你为什么来去这么频繁呢？”尹生说：“以前我向您请教，您不告

于子。今复脱然[6],是以又来。”

诉我,本来有些怨恨您。现在又不恨您了,所以又来了。”

## 注释

1 **进**:通“尽”。

2 **省**(xǐng):探视。

3 **蕲**:请,通“祈”。

4 **不命**:《释文》作“不与命”。

5 **章戴**:盖即尹生名。

6 **脱然**:放下,不在意。

## 原文

列子曰:“曩吾以汝为达,今汝之鄙至此乎?姬[1]!将告汝所学于夫子者矣。自吾之事夫子、友若人也,三年[2]之后,心不敢念是非,口不敢言利害,始得夫子一眄[3]而已。五年之后,心庚[4]念是非,口庚言利害,夫子始一解颜而笑。七年之后,从心之所念,庚无是非;[5]从口之所言,庚无利害,夫子始一引吾并席而坐。九年之后,横心之所念,横口之所言,亦不知我之是非利害欤,亦不知彼之是非利害欤;

## 译文

列子说:“以前我还以为你通达事理,现在你竟浅薄到了如此程度吗?坐下!我要告诉你我从老师那里学来的东西。自从我拜老商氏为师、以伯高子为友,三年之后,心中不敢计较是与非,嘴上不敢谈论利与害,然后才勉强赢得先生斜看了我一眼而已。五年之后,我心中开始计较是与非,嘴上开始谈论利与害,才勉强博得先生会心的一笑。七年之后,我从心所念,并没有什么是与非;随口而论,也不引发什么利与害;先生这才叫我和他并席而坐。九年之后,任由我心中所虑,口中所论,但所虑与所论的,不知道是我的是非利害呢,还是别人的是非利害;并且也不知道老商氏是我的老师,伯高子是我的朋友:这时身心亦不知夫子之为我师，若人之为我友：内外进矣。[6]而后眼如耳，耳如鼻，鼻如口，无不同也。心凝形释，骨肉都融；不觉形之所倚，足之所履，随风东西，犹木叶干壳。竟不知风乘我邪？我乘风乎？[7]今女居先生之门，曾未浃时[8]，而怼憾者再三。女之片体，将气所不受；汝之一节，将地所不载。履虚乘风，其可幾[9]乎？"

尹生甚怍，屏息良久，不敢复言。

内外都全然忘怀，浑然一体了。从此以后，眼睛就像耳朵一样，耳朵就像鼻子一样，鼻子就像嘴一样，各种官能无不相通。心神凝聚，形体消失，骨肉全部融化了；感觉不到身体依靠着什么，两脚踩着什么，随风飘游四方，就像枯叶与干燥的皮壳一样。竟然不知道是风驾驭着我呢，还是我驾驭着风呢？现在你投在我的门下当学生，才过了多长时间，便已怨恨了好几次。这样的话，你的肤体不会被元气所接受，你的肢节也不会被大地所容纳。想要脚踏虚气，驾驭风云，又怎么能办得到呢？"

尹生听罢，非常惭愧，好长时间不敢大声出气，也不敢再说什么。

## 注释

1 **姬**：停下，通"居"。

2 以下所载三年、五年等言，又见于本书《仲尼》第六章。

3 **眄**(miǎn)：一作"盼"，侧目而视。

4 张湛原注："庚，当作'更'。"陈直《摹卢丛著七种》之《读子日札·列子》按："汉有更甲壶，盖取先庚三日先甲三日之义。本文假庚作更，与汉壶正同。"

5 张湛原注："夫心者何？寂然而无意想也；口者何？默然而自吐纳也。若顺心之极，则无是非；任口之理，则无利害。道契师友，同位比肩，故其宜耳。"此与湛《序》"神惠以凝寂常全，想念以着物自丧"相合，然似与文义不合。

6 张湛原注："心既无念，口既无违，故能恣其所念，纵其所言。体道穷宗，为世津梁。终日念而非我念，终日言而非我言。若以无念为念，无言为言，未造于极也。所谓无为而无不为者如斯，则彼此之异，于何而求？师资之义，将何所施？故曰内外尽矣。”

7 张湛原注：“夫眼耳鼻口，各有攸司，令神凝形废，无待于外，则视听不资眼、耳，臭味不赖鼻、口，故六藏七孔，四肢百节，块然尸居，同为一物，则形奚所倚？足奚所履？我之乘风，风之乘我，孰能辨也？”

8 **浃时**：一季，或释为一个时辰，形容时间不长。

9 **幾**：希望。

## 原文

2.4 列子问关尹[1]曰：“至人潜行不空[2]，蹈火不热，行乎万物之上而不栗。请问何以至于此？”

关尹曰：“是纯气之守也，非智巧果敢之列。姬！鱼[3]语女。凡有貌像声色者，皆物也。物与物何以相远也？夫奚足以至乎先？是色[4]而已。则物之造乎不形，而止乎无所化。夫得是而穷之者，焉得为正[5]焉？彼将处乎不深之度，而藏乎无端之纪，游乎万物之所终始。壹其性，养其气，含[6]其德，

## 译文

列子问关尹说：“道术最高的人在水中潜行不会窒息，站在火中不觉烧灼，腾空行走在万物之上也不至于战栗。请问他们为什么能做到这种地步呢？”

关尹说：“这是积聚了纯真之气的结果，而不是聪明、技巧和果敢所能办到的。坐下！我给你讲。凡是有外貌、形象、声音和颜色的，都是物。物与物之间为什么会有很大差别呢？是什么使某些物比其他物高出一头呢？不过是形貌与声色罢了。而那些事物都是产生于无形无象的道，最后又消散于不被他物所化的道。对于窥知道体而通晓道术者而言，外物又怎能阻碍和宰制他呢？他总是自处于适宜的限度内，隐藏于循环无际的变化之中，畅游于万物的本原之域。纯化他的本性，涵养他的元气，持存他的德性，由此来贯通自然。如果能这样，那他天赋的纯真之气就会积聚完

以通乎物之所造。夫若是者，其天守全，其神无郤[7]，物奚自入焉？夫醉者之坠于车也，虽疾不死。骨节与人同，而犯害与人异，其神全也。乘亦弗知也，坠亦弗知也，死生惊惧，不入乎其胸，是故遻物而不慑[8]。彼得全于酒而犹若是，而况得全于天乎？圣人藏于天，故物莫之能伤也。”

整，他的心神就不会有亏缺，外物又怎么能侵入并影响他呢？喝醉酒的人从车上跌落下来，虽然有伤却一般不会死亡。他的骨骼筋节与别人相同，而损伤却比别人轻，原因即在于他的心神纯全。他乘车时没有知觉，从车上跌落下来时也同样没有知觉，死亡、生存、惊恐、惧怕等观念都侵入不到他的心中，因而遇到危险也都不会感到害怕。他因为醉酒而使心神纯完尚且如此，更何况得到了天赋纯全的元气呢？圣人把心神隐藏在天赋的纯真之气中，所以没有任何外物能伤害到他。”

## 注释

1 列子问关尹事，又见《庄子·达生》。

2 **潜行**：水中穿行。**不空**：实有。陶光读“空”作“窒”。

3 **鱼**：予，余，通“吾”。

4 **色**：多疑为“形色”二字之脱落。

5 **正**：《庄子》之《达生》篇作“止”：“物焉得而止焉。”张湛注：“寻形声欲穷其终始者，亦焉得至极之所乎？”

6 **含**：一作“舍”，《庄子》作“合”。

7 **郤**：通“隙”。

8 **遻**(è)：相遇，同“遌”。一作“遌”“忤”。《说文》：“遻，相遇惊也。”**慑**：恐惧。

## 原文

2.5 列御寇为伯昏瞀人[1]射，引之盈贯[2]，措杯水其肘上，发之，

## 译文

列御寇为伯昏瞀人表演箭术，只见他拉满了弓弦，把装满水的杯子放在握弓的那只手的肘上，然后射出箭去，一支支箭连续飞

镝矢复沓，方矢复寓[3]。当是时也，犹象人[4]也。

伯昏瞀人曰："是射之射，非不射之射也。当与汝登高山，履危石，临百仞之渊，若能射乎？"于是，瞀人遂登高山，履危石，临百仞之渊，背逡巡，足二分垂在外，揖御寇而进之。

御寇伏地，汗流至踵。伯昏瞀人曰："夫至人者，上窥青天，下潜黄泉，挥斥八极，神气不变。今汝怵然有恂目之志，尔于中也殆矣夫！"[5]

出，后面的箭镞紧追着前面的箭尾，前一支箭刚射出，后一支已箭在满弦。此刻的列子，全神贯注，就像泥塑木雕一样，纹丝不动。

伯昏瞀人说："你这是有心的为射箭而射箭，还没有达到无心的为射箭而射箭的地步。如果我和你登上高山，走在摇晃的岩石上，面临着万丈深渊，你还能射吗？"于是，伯昏瞀人便同他一起登上高山，自己走上摇晃的岩石。当临近万丈深渊时，伯昏瞀人背对着深渊缓缓后退，双脚三分之二已经悬空，他拱手作揖，请列御寇上来。

再看列御寇，早已吓得趴伏于地，汗水都流到了脚后跟。伯昏瞀人说："道术最高的人，朝上能看到青天，往下能潜入黄泉，他能纵游八方，而精神和真气都不会改变。现在你全身发抖，心志动摇，你的内心也太缺乏定力了！"

注释

1 **伯昏瞀人**：列子友，一作"伯昏无人"。

2 **引**：拉弓。**盈贯**：弓弦拉满的样子。

3 **矢**：将箭射出。**寓**：寄托，借指搭箭在弦。

4 **象人**：木偶。

5 **挥斥**：纵情游览。**八极**：八方，四方（东、南、西、北）和四隅（东南、东北、西南、西北）的统称。**恂**(xún)：恐惧，或通"眴"(xuàn)，眴，通"眩"，目眩。本段关于"至人"形象的描述，又见《庄子·田子方》。

## 原文

2.6 范氏有子，曰子华，善养私名[1]，举国服之；有宠于晋君，不仕而居三卿之右[2]。目所偏视，晋国爵之；口所偏肥[3]，晋国黜之。游其庭者，侔[4]于朝。子华使其侠客以智鄙相攻，强弱相凌；虽伤破于前，不用介意。终日夜以此为戏乐，国殆成俗。

禾生、子伯，范氏之上客。出行，经坰[5]外，宿于田更[6]商丘开之舍。中夜，禾生、子伯二人相与言子华之名势："能使存者亡，亡者存；富者贫，贫者富。"商丘开先窘于饥寒，潜于牖北[7]听之。因假粮荷畚，之子华之门。

## 译文

范家有个叫子华的名人，喜欢私自蓄养游士侠客，全国人都畏服于他；他很得晋国国君的宠爱，虽然没有做官，实际地位却居于朝廷的三公之上。他要是高看谁，国君就会给谁爵位；他要是特别地鄙薄谁，国君就会罢免谁。到他家走动的人，同晋国朝廷上的人一样多。子华叫他的侠客中的智者与愚者相互攻击，强者与弱者互相凌辱，虽然打得伤残流血的人躺在他面前，他也毫不放在心上。他每天通宵达旦地以此游戏取乐，一国之人当时几乎都以这种残杀游戏为风俗。

禾生和子伯两人，是范家高级门客。有一天出外游玩，途经荒郊野外，在老农商丘开的茅舍里借宿。半夜时分，禾生与子伯两人谈到子华的名声与势力："能使活着的人死去，该死的人活下来；富有的人贫穷，贫穷的人富有。"商丘开当时正为饥寒所困，躲到北边窗下偷听到了他们的这番谈话。于是，他就借了口粮，挑上畚箕，投往子华的家门口。

## 注释

1 **私名**：私客，帮闲。张湛原注以子华为"游侠之徒"，似可商榷。许维遹："'名'疑为'客'之坏字。注'游侠之徒也'，则原文本作'客'明矣。又下文'子华使其侠客'。正承此而言。"于省吾《双剑誃诸子新证》云："私应训为隐匿。自私与隐匿之义本相因，故隐亦训为私为匿。《吕览·圜道》：'分定则下不相隐。'高注：'隐，私也。'《国语·齐语》：'则事可以隐。'韦注：'隐，匿也。'私名谓隐匿名字，即亡命之徒。《史记·张耳陈馀列传》：'张耳尝亡命游外黄。'《索隐》引晋灼曰：'命者，名也，谓脱名籍而逃。'崔浩曰：'亡，无也；命，名也。逃匿则削除名籍，故以逃为亡命。'《文选》陆士衡《谢平原内史表》：'张敞亡命。'李注：'命，名也。谓所犯罪名已定，而逃亡避之，谓之亡命。'"黄按：士人游历，甚至逃籍别仕，非游侠可限。

2 **右**：古代以右为贵。本处指子华贵居三卿之上。

3 张湛原注："音鄙，肥，薄也。"杨伯峻疑其为"音鄙，薄也"，可从。段玉裁："古肥与非通，'口所偏肥'犹云'口所偏非'耳。"严北溟等读"肥"为"鄙"音，释"偏肥"为"特别地鄙薄"，意近可从。

4 **侔**(móu)：相等。

5 **坰**(jiōng)：远郊。

6 **更**：张湛以"更"当为"叟"，杨慎训"更"为"老"。

7 **北**：《太平御览》卷四三〇引文无"北"字，或疑为"外"之误。王重民云："北外二字易乱，疑北或外字之讹。"

**原文**

子华之门徒皆世族也，缟衣乘轩[1]，缓步阔视。顾见商丘开年老力弱，面目黎黑，衣冠不检，莫不眲[2]之。既而狎侮欺诒[3]，挡扰挨扰[4]，亡所不为。商丘开常无愠容，而诸客之技单。

惫于戏笑，遂与商丘开俱乘高台，于众中漫言曰："有能自投下者赏百

**译文**

子华的门徒，都出身于世家大族，身穿绸缎，乘坐高车，缓迈方步，眼睛向天，趾高气昂。他们瞧见商丘开年老体弱，面色黑黄，衣冠不整，没有不小瞧他的。接着又是戏弄、侮辱、欺骗他，推摔捶打，无所不为，商丘开却没有一点不高兴的样子。

门客们的手段用尽了，戏弄、嘲笑也开始倦而无趣了，便同商丘开一起登上高台，人群中有人随意说："有能从高台上跳下去的，奖赏他一百金。"大家都假装争先

金。”众皆竞应。商丘开以为信然,遂先投下,形若飞鸟,扬于地,肌[5]骨无碼[6]。

范氏之党以为偶然,未讵[7]怪也。因复指河曲之淫隈[8]曰:“彼中有宝珠,泳可得也。”商丘开复从而泳之,既出,果得珠焉。众昉[9]同疑。子华昉令豫肉食衣帛之次。

恐后地响应。商丘开信以为真,于是首先从台上跳了下去,身形像一只飞鸟,飘落到了地上,肌肤与骨骼都没有损伤。

范家的门徒以为只是碰巧成功,因而没有觉得太奇怪。于是,他们又指着河湾的深水处说:“那水里有宝珠,游下去就可以摸到。”商丘开听了,就跳到水中,潜入深水。当他再游出水面时,果然得到了宝珠。大家这才开始觉得奇怪,子华从此便让他加入食肉穿绸缎的高级门客之列。

## 注释

1 **缟衣**:白色生绢做的衣服。**轩**:一种华贵的车,设有围棚或帷幕。

2 **眲**(nè):轻侮。

3 **诒**(dài):欺诈,通“绐”。

4 **挡**:推打。**柲**(bì):击倒。**扰**(dǎn):击。

5 **肌**:同“肌”。或作“朒”,同“骫”(wěi),骨弯曲。或作“膭”(gǔ),《说文》云:“膝病也。”

6 **碼**:败坏,同“毁”。

7 **讵**:通“巨”,大。陶光《校释》校为“巨”,假为“遽”。

8 **淫隈**(wēi):水流急弯处。“隈”,一作“隅”。

9 **昉**(fǎng):开始。

## 原文

俄而,范氏之藏大火。子华曰:“若能入火取锦者,从所得多少赏若。”商丘开往无难色,入火往还,埃[1]不漫,身不焦。

## 译文

没过多久,范家的仓库失火了。子华说:“你们如果能钻进火中取出绸缎,我就按取出东西的相当价值赏赐你们。”商丘开面无难色地钻进大火,往还几次,烟尘没有迷漫他的视线,他的身体也没被大火烧焦。

范氏之党以为有道，乃共谢之曰："吾不知子之有道而诞[2]子，吾不知子之神人而辱子。子其愚我也？子其聋我也？子其盲我也？敢问其道。"

商丘开曰："吾亡道。虽吾之心，亦不知所以。虽然，有一于此，试与子言之。曩子二客之宿吾舍也，闻誉范氏之势'能使存者亡，亡者存；富者贫，贫者富'。吾诚之无二心，故不远而来。及来，以子党之言皆实也，唯恐诚之之不至，行之之不及，不知形体之所措，利害之所存也。心一而已，物亡迕者，如斯而已。今昉知子党之诞我，我内藏猜虑，外矜观听，追幸昔日之不焦溺也，怛然[3]内热[4]，惕然震悸矣，水火岂复可近哉？"

自此之后，范氏门

范家的门徒们以为他有什么道术，于是一齐向他道歉说："我们不知道您有道术而欺哄过您，我们不知道您是神人而侮辱过您。您对我们毫无怨言，大概是把我们看作傻瓜吧？或者把我们当作聋人吧？或者把我们看作盲人吧？我们大胆地向您请教您的道术。"

商丘开说："我没有什么道术。就是在我心里，也不知道这是怎么回事。虽然这样，我心中还是有一个感觉，姑且跟你们说一说。先前，你们中有两个门客住在我的家中，我无意中听到他们夸耀范家的势力，道是：'能够使活着的人死去，该死的人活下来；富有的人贫穷，贫穷的人富有。'我对此深信不疑，毫无二心，所以不怕路途遥远而前来相投。我来了后，又对你们的话深信不疑，唯恐我的诚心不够彻底，行动得不够及时，所以并不知道我的形体到了哪里，也不知道利害在什么地方，只是心志专一罢了。心志专一，外物也无法阻碍它，如此而已。今天我才知道你们在欺哄我，我内心便不免隐藏猜忌与疑虑，身外也不免会注意所见所闻，回想过去才觉得侥幸没有被烧焦、淹死，现在也不免后怕得内心焦灼，恐惧得全身发抖。今后哪里还敢再靠近水火呢？"

从此以后，范氏的门客在路上遇到乞

徒路遇乞儿马医，弗敢辱也，必下车而揖之。

丐和马医之类的贫贱之人，再也不敢进行侮辱了，一定要下车行礼。

**注释**

1 **埃**：一作“焌”。《广韵》：“焌，火盛也。”又“焌，热甚也”。

2 **诞**：欺骗。

3 **怛(dá)然**：惊愕的样子。

4 **内热**：内心焦灼。内，一作“白”。

**原文**

宰我闻之，以告仲尼。

仲尼曰：“汝弗知乎？夫至信之人，可以感物也。动天地，感鬼神，横六合[1]，而无逆者，岂但履危险、入水火而已哉？商丘开信伪物犹不逆，况彼我皆诚哉？小子识之！”

**译文**

宰我听说了这件事，就转告了孔子。

孔子说：“你不知道吗？那些心最诚的人，是可以感动万物的。至信之人甚至可以感动天地，感动鬼神，横行天下而没有违逆，何止是身赴危险、出入水火而已呢！商丘开相信假话尚且不会遭到阻碍，更何况你我都诚心诚意呢！同学们，这点你们要牢牢记住啊！”

**注释**

1 **六合**：天地四方，泛指天下或宇宙。

**原文**

2.7 周宣王之牧正[1]，有役人梁鸯者，能养野禽兽，委食于园庭之内，虽虎、狼、雕、鹗之类，无不柔驯者。雄雌在前，孳尾[2]成群，异

**译文**

周宣王时负责饲养禽兽的官吏手下有个仆役叫梁鸯，他能够饲养野生的鸟兽，在园庭中喂养它们，即使是猛虎饿狼、大雕鱼鹰之类，无一不被驯养得柔柔顺顺的。雌雄禽兽交配繁殖，生育的禽兽成群结队；不同类的禽兽混杂聚居在一起，也不互相打斗

类杂居，不相搏噬也。

王虑其术终于其身，令毛丘园传[3]之。梁鸯曰："鸯，贱役也，何术以告尔？惧王之谓隐于尔也，且一言我养虎之法。凡顺之则喜，逆之则怒，此有血气者之性也。然喜怒岂妄发哉？皆逆之所犯也。夫食虎者，不敢以生物与之，为其杀之之怒也；不敢以全物与之，为其碎[4]之之怒也。时其饥饱，达其怒心。虎之与人异类，而媚养己者，顺也；故其杀之，逆也。[5]然则吾岂敢逆之使怒哉？亦不顺之使喜也。夫喜之复也必怒，怒之复也常喜，皆不中也。今吾心无逆顺者也，则鸟兽之视吾，犹其侪也。故游吾园者，不思高林旷[6]泽；寝吾庭者，不愿深山幽谷，理使然也。"

撕咬。

周宣王担心他的饲养技术失传了，便命令毛丘园学习传承他的技术。梁鸯对毛丘园说："梁鸯我呀，不过是一个低贱的仆役，哪有什么可以告诉你的技术呢？但又怕大王说我对你有隐瞒，姑且和你谈谈饲养老虎的方法。大概顺着它就高兴，逆着它就发怒，这是有血气的动物的本性。但高兴与愤怒难道是随便发作的吗？这都是因顺遂或违逆它的习性才触发的。喂养老虎，不能用活的动物喂它，怕它因要杀死活物而引发怒气；不能用整个动物喂它，也是怕它因要撕碎动物而引发怒气。要弄清它什么时候饿了，什么时候饱了，也要摸透它为什么会发怒。虎与人不是一类，虎讨好喂养它的人，是因为喂养的人顺着它的缘故；如果虎咬死了人，那就是因为人违逆了它的本性。既然这样，那我哪里还敢逆着它而引它发怒呢？当然也不能一味顺着它使它高兴。因为啊，高兴过度之后必然是愤怒，愤怒过度之后常常是高兴，两者都不是适中的态度。如果现在我的心里没有违逆或顺从它们的想法，那么鸟兽对待我，就像对待它们的同类一样了。所以，在我的园中游玩的禽兽，不眷恋高大的树林和空旷的水泽；在我的庭园中睡觉的禽兽，不向往深山和幽谷，这是由前面所说的道理使它们这样的。"

## 注释

1 **周宣王**：周厉王子，公元前827年至前782年在位。**牧正**：牧官之长，负责畜牧。

2 **孳尾**：生殖抚育。一作"雌雄"。

3 《释文》曰："传下有'受'字。"

4 **碎**：一作"决"。

5 以上四句，见载籍于《庄子·人间世》。

6 **旷**：《释文》作"广"，二字古通。

## 原文

2.8 颜回问乎仲尼[1]曰："吾尝济乎觞深之渊矣，津人操舟若神。吾问焉，曰：'操舟可学邪？'曰：'可。能游者可教也，善游者数[2]能。乃若夫没人，则未尝见舟而谡操[3]之者也。'吾问焉，而不告。敢问何谓也？"

仲尼曰："譆[4]！吾与若玩其文也久矣，而未达其实，而固且道与[5]？能游者可教也，轻水也；善游者之数能也，忘水也。[6]乃若夫没人之未尝见舟也，而谡操之也，彼视渊若陵，视

## 译文

颜回问孔子说："我曾坐船渡过像觞深这样的深潭，摆渡的船夫撑船的技术简直是出神入化。我就问他：'撑船的技术可以学吗？'他说：'可以。只要是能游泳的人就可以教会，那些善于游泳的人很快就学会了。至于那些能在深水中潜泳的人，即使从未见过船，只要拿起舵桨便能划船而行。'我再追问他细节，他就没再告诉我了。请问他说的是什么意思呢？"

孔子回答说："唉！我和你在书本上玩味这个道理已经很久了，却并没有付诸实践，又怎么能够真切地讲述它呢？能够游泳的人可以教会他，是因为他不怕水；善于游泳的人不需要学习自己就会，是因为他忘了那是水。至于那些能在深水中潜泳的人，即使从未见过船，只要拿上船桨便能划船，这是因为他把深渊看作山陵一般，把翻船看作如同车子从山坡上倒退一般。即使

舟之覆犹其车却也。覆却万物，方陈乎前，而不得入其舍。恶往而不暇？以瓦抠[7]者巧，以钩抠者惮，以黄金钩抠者惛。巧，一也，而有所矜，则重外也。凡重外者拙[8]内。”

千万件翻船、倒车一类的事摆在他面前，也不放心上，那么做什么事他还能不优游淡定呢？以瓦片作赌注的人，藏摸技巧发挥得很好；以银钩作赌注，内心便有些害怕；以黄金作赌注，内心就不免紧张昏沉了。进行藏摸的博戏技巧是一样的，而一有所顾惜，那就是看重身外之物了。凡是看重身外之物的人，心里的智谋一定很拙劣。”

## 注释

1 本章颜回问仲尼事，并见载籍于《庄子·达生》。

2 **数**：通“速”。

3 **谡操**：拿起舵桨便操舟。谡，张湛据《尔雅·释言》释为“起”。章太炎《膏兰室札记》卷一据《庄子》作“便”，《诗经·楚茨》笺“稷之言即也”，以“谡”当借为“稷”，取“即”义，比“起”义更切，可从。

4 **譆**：发语词，同“噫”。

5 **而固且道与**：张湛释为“今且为汝说之也”；陶鸿庆释为“固不足以知道也”，引下文壶子言“吾与汝无其文，未既其实，而固得道与”与向秀注语“夫实由文显，道以事彰”结合，以为“正得其旨”，遂疑此文“且”当作“得”，乃其古体坏其下半而误。陶光亦持此观点，其《校释》按：“此句义不可解，‘且’当作‘得’。古文‘得’作‘㝵’，坏烂其下半，因讹作‘且’。自‘譆’至‘轻水也’至此，《庄子》无此数句。此二句盖袭《庄子·应帝王》之文。《应帝王》字正作‘得’，此书下文有神巫自齐来一事，与《庄子·应帝王》全同，字亦作‘得’，是其证。”

6 疑“能游者”后当有“之”字。陶鸿庆：“‘能游者’下当有‘之’字。”下文“善游者”后亦有“之”，恰相呼应。忘，一种无畏的境界。张湛注：“忘水则无矜畏之心。”

7 **抠**：一种博戏的藏匿动作，指代博戏。

8 **拱**:一作“拙”“共”,取“拙”。《庄子》作“拙”。张湛原注:“唯忘内外,遗轻重,则无巧拙矣。”

**原文**

2.9 孔子观于吕梁[1],悬水三十仞[2],流沫三十里,鼋鼍鱼鳖之所不能游也。见一丈夫游之,以为有苦而欲死者也,使弟子并流而承[3]之。数百步而出,被发行歌,而游于棠行[4]。

孔子从而问之,曰:“吕梁悬水三十仞,流沫三十里,鼋鼍鱼鳖所不能游,向吾见子道[5]之,以为有苦而欲死者,使弟子并流将承子。子出而被发行歌,吾以子为鬼也。察子,则人也。请问蹈水有道乎?”曰:“亡,吾无道。吾始乎故,长乎性,成乎命[6],与赍[7]俱入,与汩[8]偕出。从水之道而不为私焉,此吾所以道之也。”

孔子曰:“何谓始乎故,长乎性,成乎命也?”曰:“吾生于陵安于陵,故也;长于水而安于水,性

**译文**

孔子在吕梁山游览,看见瀑布有三十仞高,流水的泡沫溅出三十里,即使鼋鼍鱼鳖也不能游渡而过。他却看见一名男子在那里游泳,以为他是因痛苦而想自杀的人,便叫弟子顺着水流去救他。谁知这个人游了几百步就出来了,披着头发唱着歌,在河堤下漫步。

孔子赶上去问他说:“吕梁瀑布有三十仞高,流水的泡沫溅出三十里,即使鼋鼍鱼鳖也不能游渡而过,但刚才我看见你在水里面潜游,以为是有痛苦而想自杀的人,便叫弟子顺着水流去救你。你出来后披着头发,一面走一面唱歌,我以为你是鬼怪。但仔细看你,仍然是人。请问你能游泳如履平地有道术吗?”那人说:“没有,我没有什么道术。我不过始乎故,长乎性,成乎命罢了。能与翻涌的漩涡一起进入水流的中心,与涌出的水花一起浮出水面。顺从水的流动规律而不自作聪明,这就是我游泳如履平地的方法。”

孔子问:“什么叫始乎故,长乎性,成乎命?”那人说:“我生在河坝边就安心地住在河边,这就是‘故’;成长在水里

也；不知吾所以然而然，命也。”

就安心于水中游戏，这就是‘性’；不知道我为什么会成功却成功了，这就是‘命’。”

## 注释

1 孔子观于吕梁事，又见于本书《说符》第十一章，另见于《孔子家语·致思》《庄子·达生》《说苑·杂言》。可参黄敦兵导读、注译《孔子家语》，岳麓书社 2018 年版，第 49—50 页。

2 **仞**：古代长度单位。一仞八尺或七尺，每尺约合二十三厘米。

3 **承**：同“拯”。《庄子·达生》作“拯”。

4 **棠行**：一作“塘下”，指塘埂、河堤。陶光《校释》按：“《庄子》亦作‘塘下’。然张注云：‘棠当作塘，行当作下。’是张本作‘棠行’。此书多有假借字其音悬隔者，盖伪书者故为艰涩以惑人耳。”

5 **道**：一作“蹈”。张湛原注：“‘道’当为‘蹈’。”《庄子·达生》作“蹈”。形容游泳如履平地。

6 张湛原注：“故犹素也。任其真素，则所遇而安也。顺性之理，则物莫之逆也。自然之理不可以智知，知其不可知，谓之命也。”卢重玄解：“习其故，安其性，忽然神会，以成其命，得之不自知也。”“命者，契乎神道也。”

7 **赍**：通“齐”，假为“脐”，中间；借指漩涡，其外形似脐。

8 **汩**(gǔ)：涌出的泉水。

## 原文

2.10 仲尼适楚[1]，出于林中，见痀偻[2]者承蜩[3]，犹掇之也。

仲尼曰：“子巧乎！有道邪？”曰：“我有道也。五六月，累垸[4]二而不坠，则失者锱铢；累三

## 译文

孔子前往楚国，经过一片树林，看见一位驼背老人用竿在取蝉，就像随手捡东西一样容易。

孔子问：“老先生您可真灵巧啊！您有道术吗？”那人答道：“我有道术。经过五六个月的训练，我能把两个泥丸摞在竹竿头上而不会掉下来，取蝉失手的次数就

而不坠，则失者十一；累五而不坠，犹掇之也。吾处[5]也，若橛株驹；吾执臂，若槁木之枝。虽天地之大，万物之多，而唯蜩翼之知。吾不反不侧，不以万物易蜩之翼，何为而不得？”

孔子顾谓弟子曰：“用志不分，乃凝[6]于神。其痀偻丈人之谓乎！”丈人曰：“汝逢衣[7]徒也，亦何知问是乎？修[8]汝所以，而后载[9]言其上。”

很少了；练到摞三个而不会掉下来时，取蝉失手的次数只有十分之一；练到摞五个而不会掉下来时，取蝉就像捡东西一样了。我站在地上，像残断的树桩；我伸出手臂，像枯槁的树枝。虽然天地很大，万物很多，而我心中却只有蝉的翅膀。我不回头不侧视，不容任何事物分散我对蝉的翅膀的注意力。这样，为什么还会取不到蝉呢？”

孔子回头对弟子们说：“用心专一而不分散，就会达到神妙境界。说的就是这位驼背老翁所说的道理吧！”老人说：“你这个穿长袍大褂的儒者，怎么想起来问这件事呢？好好修正一下你的学说，然后再来谈前面我所说的这些道理吧。”

### 注释

1 孔子适楚事，又见于《庄子·达生》。

2 **痀**(gōu)**偻**(lóu)：诸本多作“痀偻”，弯腰驼背。

3 **蜩**：蝉。

4 **累**：堆叠得有条理。**垸**：一作“丸”“垸”“垷”。

5 **处**：处身。《庄子·达生》作“处身”。

6 **凝**：凝神。一作“疑”，通“拟”，拟度。

7 **逢衣**：儒者所穿的宽大之服。

8 **修**：修除。

9 **载**：通“再”。

## 原文

2.11 海上之人有好沤鸟者[1],每旦之海上,从沤鸟游,沤鸟之至者,百住[2]而不止。

其父曰:"吾闻沤鸟皆从汝游,汝取来,吾玩之。"明日之海上,沤鸟舞而不下也。

故曰:至言去言,至为无为;齐智之所知,则浅矣。[3]

## 译文

海边有个喜欢鸥鸟的人,每天早上都会到海上去,跟鸥鸟一起玩耍,前来同玩的鸥鸟有成百只以上。

他的父亲说:"我听说鸥鸟都爱跟你游玩,你抓一只来,我玩玩。"第二天他来到海上,鸥鸟却都只在空中飞翔而不下来了。

所以说,最高深的语言是摈弃语言,最卓越的作为是无所作为。只限于一般智力所知的言行范围,那是浅陋的啊。

## 注释

1 《吕氏春秋·精谕》载故事与本章同,只是"沤鸟"作"蜻"。

2 **百住**:上百,"住"当作"数"。《吕氏春秋·精谕》、《艺文类聚》九十二引文、《世说新语》注均作"百数",《文选》注作"数百"。王重民云:"作数者后人所改也。考《列子》多声误字。《叙录》云'以盖为进以贤为形'是也。《杨朱》篇'宾客在庭者日百住',亦当作'数',是其例也。"陶光《校释》亦认为"数"为后人所改。

3 本段又见于本书《说符》《庄子·知北游》《淮南子·道应训》。《庄子》"无为"作"去为"。可参《道德经》"圣人处无为之事,行不言之教""吾是以知无为之有益"等语。

## 原文

2.12 赵襄子[1]率徒十万,狩[2]于中山,藉芿[3]燔林,扇[4]赫百里,有一人从石壁中出,随烟烬上下,

## 译文

赵襄子率领仆从十万人,在中山国大举狩猎,践踏杂草,烧毁树林,烈火烧及百里之远。忽然有个人从石壁中走出来,跟随着烟火上下飘飞,大家见了都以为是

众谓鬼物。火过，徐行而出，若无所经涉者。

襄子怪而留之，徐而察之：形色七窍，人也；气息音声，人也。问："奚道而处石？奚道而入火？"其人曰："奚物而谓石？奚物而谓火？"

襄子曰："而向之所出者，石也；而向之所涉者，火也。"其人曰："不知也。"

鬼。火势过去以后，那人徐徐走出，好像刚才什么也没有经历过一样。

赵襄子感到奇怪，便留住他，慢慢地观察，只见他的形貌、肤色与七窍是人，气息声音也是人，于是就问他："你凭什么道术而能住在石壁中？又凭什么道术而能进入火焰中？"那人反问说："什么东西叫作石壁？什么东西叫作火焰？"

赵襄子说："你刚才出来的地方就是石壁，你刚才所踩过的东西就是火焰。"那人说："我不知道。"

## 注释

1 **赵襄子**：春秋末晋国大夫毋恤（一作无恤），赵鞅子。曾联合韩、魏二卿击败知伯，三家分晋，为战国初赵国国君。

2 **狩**：张湛注："火畋为狩。"《尔雅·释天》："宵田为獠，火田为狩。"郭璞注："放火烧草猎亦为狩。"

3 **藉芿**(réng)：踩踏乱草。

4 **扇**：通"煽"，扇起。

## 原文

魏文侯[1]闻之，问子夏[2]曰："彼何人哉？"子夏曰："以商所闻夫子之言，和者大同于物，物无得伤阂[3]者，游金石，蹈水火，皆可也。"

文侯曰："吾子奚不为之？"子夏曰："刳心[4]去智，

## 译文

魏文侯听说后，问子夏说："那是个什么样的人？"子夏说："据我从孔子那里听来的话可知，中和之人与万物完全混同，因而万物不能伤害与阻碍他，在金石中游玩，在水火中行走，都是可以的。"

魏文侯又问："你为什么不这样做呢？"子夏说："挖掉心肺，抛弃思虑，我

商末之能。虽然，试语之有暇矣。”

文侯曰：“夫子奚不为之？”子夏曰：“夫子能之，而能不为者也。”[5]文侯大说[6]。

还办不到。即使这样，姑且说一说还是可以的。”

魏文侯又问：“那么孔子为什么不这样做呢？”子夏说：“他老人家能办得到，但是他不愿意这样做。”文侯听罢，十分高兴。

## 注释

1 **魏文侯**：姬姓魏氏，名斯，一名都，战国初魏国的开国之君。

2 **子夏**：孔子弟子，姓卜，名商，字子夏。

3 **阂**：阻塞。

4 **刳(kū)心**：摈弃计虑思谋。刳，从中间破开再挖空。

5 《列子 · 仲尼》：“知而忘情，能而不为，真知真能也。”

6 **说**：通“悦”。

## 原文

2.13 有神巫自齐来[1]，处于郑，命[2]曰季咸，知人死生、存亡、祸福、寿夭，期以岁、月、旬、日如神。郑人见之，皆避而走。

列子见之而心醉，而归以告壶丘子，曰：“始吾以夫子之道为至矣，则又有至焉者矣。”壶子曰：“吾与汝无其文，未既其实，而固得

## 译文

有一名神巫从齐国来到郑国，他的名字叫季咸，能知道人的生死存亡、祸福夭寿，所预言的年、月、旬、日，无不应验如神。郑国人见了他，［害怕他说出不祥的话，］都避开他走得远远的。

列子见到他，佩服得如痴如醉，并回来把这事告诉了壶丘子，说：“原来我以为您的道术是最高的了，那现在我又碰到了比您还要高深的人。”壶子说：“我和你没有获得其人道术的外表虚文，也没有掌握到它的内在真情，怎么能够说得清楚［谁高谁低］呢？只有许多雌性动物而没有雄性动物，又怎

道与？[3]众雌而无雄，而又奚卵焉？[4]而以道与世抗[5]，必信[6]矣，夫故使人得而相汝。尝试与来，以予示之。”

么能生出卵来呢？你自以为他这点小道术就能与世上的人周旋，就打算让人都相信他的道术。也因此，使得他趁你相信他神奇而来为你相面。你试着把他请来，就让他给我看看相。”

## 注释

1 本章故事，又见于《庄子·应帝王》。

2 **命**：命名。

3 张湛释前文“固且”为“姑且”，“道”为“说”，其注云：“见操舟之可学，则是玩其文；未悟没者之自能，则是未至其实，今且为汝说之也。”陶鸿庆《读诸子札记》：“张注……殊谬。仲尼之意，言吾与汝但玩习道理之文，而未尝取验于事实，固不足以知道也。下文‘壶子曰：“吾与汝无(俞氏以无为毋字之误，毋即贯习字)其文，未既其实，而固得道与。”’注引向秀曰：‘夫实由文显，道以事彰’云云，正得其旨。疑此文‘且’亦当作‘得’。古文‘㝵’字坏其下半，遂误为‘且’矣。”无，一作“既”。陶光《校释》按：“作‘既’作‘无’并无义，字当作‘玩(翫)’，坏烂其左半，形与‘既’近，因致讹误。或径存其半，转写讹为‘无’，又转写为‘無’。然此书本袭《庄子》，今本《庄子》字亦作‘既’，惟江南古藏本作‘無’，知旧本《庄子》有作‘无’者，即殷敬顺所本矣。世德堂本以释文合刻，则又据殷本改为‘無’，遂与江南古藏本《庄子》合。本篇上文‘颜回问操舟’章亦有此语，句作‘吾与若玩其文也久矣而未达其实’，字正作‘玩’，是其证已。”王叔岷：“上文颜回问津人操舟章作‘吾与若玩其文也久矣，而未达其实’，‘玩’字义长。疑‘既’即‘玩’之误，下‘既’字亦当作‘玩’。其作‘无’者，‘玩’坏为‘元’，传写因易为无耳。”

4 张湛原注：“向秀曰：夫实由文显，道以事彰。有道而无事，犹有雌无雄耳。今吾与汝虽深浅不同，然俱在实位，则无文相发矣；故未尽我道之实也。此言至人之唱，必有感而后和者也。”卵，卵育。或为“化”字之形误。陶光《校释》以“卵”“与‘化’字篆书形近，故致误也”。

5 **抗**:匹敌。《庄子》作“亢”。

6 **信**:相信。

**原文**

明日,列子与之见壶子。出而谓列子曰:“嘻!子之先生死矣,弗活矣,不可以旬数矣!吾见怪焉,见湿灰焉。”

列子入,涕泣沾衾[1],以告壶子。

壶子曰:“向吾示之以地文[2],罪[3]乎不誫[4]不止,是殆见吾杜德幾[5]也。尝又与来!”

**译文**

第二天,列子带着季咸来见壶子。季咸出去后对列子说:“唉!您的老师快要死了,不能活了,过不了十天了。我看他形色怪异,面如死灰。”

列子进来后,哭得衣服都湿了,把此话告诉了壶子。

壶子说:“刚才我显示给他看的是阴胜阳的地文,在不动不静中生存,所以他看见的是我杜塞了生机的形体,[以为我活不多久了。]你再请他来一趟吧!”

**注释**

1 **衾**:一作“衿”,通“襟”。陶光《校释》按:“‘衾’假为‘襟’,转写为‘衿’。《庄子》作‘襟’。”

2 **地文**:大地阴胜阳的表象。张湛注:“向秀曰:块然若土也。”

3 **罪**:“萌”字的误写。张湛原注:“罪或作萌。”陶光《校释》按:“作‘萌’是也。‘萌’字隶书作‘萌’,坏烂其三边,形与‘罪’近,故致讹误。‘萌’读为‘盲’。《韩非子·解老》篇:‘目不能决黑白之色则谓之盲。’引伸而为盲昧之义。故《论衡·谢短》篇:‘夫知今不知古谓之盲瞽。’书籍‘盲昧’之‘盲’多以‘芒’为之。(字亦作‘汒’。《庄子·天地》篇:‘葂也汒若于夫子之所言矣。’《释文》云:‘或作“芒”。’)《庄子·齐物论》:‘人之生也固若是芒乎?其我独芒而人亦有不芒者乎?盗跖目芒然无见。’是其例。《庄子·大宗师》篇、《达生》篇:‘芒然彷徨乎尘垢之外,而逍遥乎无事之业。’(《淮南子·精神》篇亦有此文。)《淮南子·俶真》

篇：'至伏羲氏，其道昧昧芒芒然。'即此文之义。《庄子》字正作'萌'，是其证。"

4 **譲**：通"震"。《庄子・应帝王》："萌乎不震不正。"

5 **杜**：杜塞。**德幾**：生机。幾，通"机"，枢机，机窍。

## 原文

明日，又与之见壶子，出而谓列子曰："幸矣！子之先生遇我也，有瘳[1]矣。灰[2]然有生矣，吾见杜权矣。"

列子入告壶子。

壶子曰："向吾示之以天壤，名实不入，而机发于踵，此为杜权[3]，是殆见吾善者幾[4]也。尝又与来！"

## 译文

第二天，季咸又同列子一起来见壶子。出去后就对列子说："您的老师遇到我真是太幸运了！可以治愈了。他全身都有生气了，我看见他闭塞的生机在萌动了。"

列子进来把这话告诉了壶子。

壶子说："刚才我显示给他看的是阳胜阴的天壤，虚名实利都不入于心，只有一点生机从脚后跟发动起来，这实际上就是那闭塞的生机开始萌动了，所以他看到了我好转的生机。再请他来一趟吧！"

## 注释

1 **瘳**（chōu）：病愈。

2 **灰**：同上文"湿灰"相应。《庄子》作"全"。张湛原注："'灰'或作'全'。"

3 陶光《校释》按："此句隔断文义，疑是注文释上文'吾见杜权矣'之义而羼入正文者。《庄子》正无此句，是其证。"陈鼓应："权，变，动。谓闭塞中有变动。"

4 **善者幾**：好转的生机。严北溟等据《庄子・应帝王》宣颖注"善，即生意"，释为"发动生气的枢机"。陶光《校释》按："'善者幾'，义不可解，疑'者'当作'道'，其左半坏阙，又形误耳。寻此文与上文'杜德幾'、下文'衡气幾'相比，示以'地文'而见'杜德幾'，示以'天壤'而见'善道幾'，示以'太冲莫朕'而见'衡气幾'，义正相衔。"

## 原文

明日，又与之见壶子，出而谓列子曰："子之先生，坐不斋[1]，吾无得而相焉。试斋，将且复相之。"

列子入，告壶子。

壶子曰："向吾示之以太冲莫眹，是殆见吾衡气幾也。[2]鲵旋[3]之潘[4]为渊，止水之潘为渊，流水之潘为渊，滥水之潘为渊，沃水之潘为渊，氿水[5]之潘为渊，雍水之潘为渊，汧[6]水之潘为渊，肥水之潘为渊，是为九渊[7]焉。尝又与来！"

## 译文

第二天，季咸又同列子来见壶子。出去后对列子说："您的老师，因为他坐在那里心神恍惚，所在我现在不能给他看相。等他心神安定下来，我再给他看。"

列子进来后，告诉了壶子。

壶子说："刚才我显示给他看的是阴阳相和的太冲之象，所以他看到了我阴阳二气平衡的生机。鲸鲵盘旋之处成为深渊，水流停积之处成为深渊，水流运动之处成为深渊，水流涌出之处成为深渊，水流陡落之处成为深渊，水流决口之处成为深渊，水流回拢之处成为深渊，水流入泽之处成为深渊，水流会合之处成为深渊，这些就是九渊。你再请他来一趟相相看吧！"

## 注释

1 **坐不斋**：因为心神恍惚。张湛原注曰："或无'坐'字。"《庄子·应帝王》无"坐"字。《庄子·人间世》之论"祭祀之斋"与"心斋"处，可参。

2 卢重玄《解》："太冲莫眹，亦观名也。太冲，太虚也；莫眹，不见端倪也。衡者，平也，半也。气机之动，至于衡平一半之地而止，则是半动半静也。神巫以为不斋，言其半动半静而不定也。"太冲莫眹，太虚之境，混沌不分。眹，一作"朕"，《庄子》作"胜"，通"朕"。《淮南子·兵略训》："凡物有朕，惟道无朕。"太冲，《淮南子·诠言训》："神贵于形也，故神制则形从，形胜则神穷。聪明虽用，必返诸神，谓之太冲。"

3 **旋**：《庄子》作"桓"，二字音近，可假。

4 **潘**：通"蟠"，盘旋。奚侗疑"潘"当为"沈"。

5 **氿(guǐ)水**:侧面流出的泉水。

6 **汧(qiān)**:流水停积处。

7 **九渊**:深渊。俞樾《诸子平议》疑此处五十八字乃“它处之错简”。陶光《校释》按:“《庄子》无此文,而有‘渊有九名,而此处三焉’二句。三盖斥上文所以示巫季咸者而言。此书袭取《庄子》之文而故示异同。因彼文有‘渊有九名’之语,遂杂取《尔雅》之文以足九渊之名,并割去‘此处三焉’一句,殆不可读矣。”

## 原文

明日,又与之见壶子。立未定,自失而走[1]。壶子曰:“追之!”

列子追之而不及,反以报壶子,曰:“已灭矣,已失矣,吾不及也。”

壶子曰:“向吾示之以未始出吾宗。吾与之虚而猗移[2],不知其谁何,因以为茅靡[3],因以为波流[4],故逃也。”

## 译文

第二天,列子又带季咸来见壶子。季咸进门还没有站稳,就失魂落魄般地逃走了。壶子说:“追上他!”

列子追赶不上,就回来报告壶子,说:“已经不见了,已经消失了,我追不上他了。”

壶子说:“刚才我显示给他看的并没有超离我的大道。我无所执而随着他变化,他便搞不清我是怎么回事,于是我又像草一样跟着他颠倒,像水一样跟着他流动,他不能窥测,所以就逃走了。”

## 注释

1 **自失而走**:失魂落魄地逃走。

2 **猗移**:委曲顺从的样子。张湛注:“向秀曰:无心以随变也。”《庄子》作“委蛇”。

3 **茅靡**:应变不穷的样子。

4 **波流**:随波逐流。或释为“波随”“波堕”“波隋”。陶光按:“今本《庄子》字作‘波流’者,盖本或作‘波沱’,形近而误,伪《列子》书者即据袭之耳。”

## 原文

然后，列子自以为未始学而归，三年不出，为其妻爨，食豨[1]如食人，于事无亲，雕瑑[2]复朴，块然独以其形立；㤄然而封戎[3]，壹以是终。

## 译文

列子这时才明白自己还没有学到什么，便返回到家中，三年不出门，替他妻子烧火做饭，喂猪像伺候人一样周到，对任何事物都没有偏爱，不事雕琢而复归真朴，像土块一样独立而不受干扰，在纷繁的琐事中却心神一致，终生如此持守。

## 注释

1 **豨**(xī)：猪，古同“豨”。《释文》：“楚人呼猪作豨。”陶光《校释》按：“豨当从豕作豨。《方言》八：猪，关东西或谓之彘，或谓之豕，南楚谓之猪。《庄子》字作‘豕’，义同。”

2 **瑑**(zhuàn)：在玉器上雕刻花纹。诸本多作“琢”，义同。

3 **㤄然**：纷乱。《庄子》作“纷而”，“㤄”“纷”音近可通。**封戎**：散乱。

## 原文

2.14 子列子之齐[1]，中道而反，遇伯昏瞀人。

伯昏瞀人曰：“奚方而反？”曰：“吾惊焉。”

“恶乎惊？”“吾食于十浆，而五浆先馈。”[2]

## 译文

列子到齐国去，走到半道返回来时，遇到了伯昏瞀人。

伯昏瞀人问：“为何这么早就回来了？”列子说：“我感到震惊。”

“为什么震惊呢？”“因为我在有十家酒店的小镇吃饭，刚到那里就有五家酒店免费赠送给我酒菜。”

## 注释

1 本章故事，亦见于《庄子·列御寇》。

2 林希逸《口义》：“食于十浆，而五浆先馈，其人敬己不待买而馈之，和顺积中，英华发外，此圣门之言。”

## 原文

伯昏瞀人曰："若是，则汝何为惊已？"

曰："夫内诚不解，形谍成光[1]，以外镇人心，使人轻乎贵老，而整[2]其所患。夫浆人特为食羹之货，多余之赢；其为利也薄，其为权也轻，而犹若是。而况万乘之主，身劳于国，而智尽于事；彼将任我以事，而效我以功。吾是以惊。"

伯昏瞀人曰："善哉观乎！汝处已[3]，人将保[4]汝矣。"

## 译文

伯昏瞀人问："原来是这样啊，那你为什么要感到震惊呢？"

列子说："如果你内心的情欲没有消融，便会举止浮露，空有威仪，靠这样的外貌来镇服人心，就会使人轻于尊重老者，而招致祸患。那些卖酒浆的人只不过做些羹食之类的小生意，赚点盈余小利；他们的盈利这样微薄，他们的势力如此轻微，尚且能这样地敬待我酒菜饭食。更何况那些拥有万乘兵车的君主呢？他们的身体为了国家而劳瘁，他们的智能为了政事而耗尽；他们一定会任用我去办事，并希望我取得功效的。我就是因为想到这些才感到震惊。"

伯昏瞀人说："你的体察真是入微啊！你只要静居下来，自然会有人来归附你的。"

## 注释

1 据陶光《校释》，孙诒让曰："'谍'疑借为'渫'。'内诚不解'，谓积成于中；'形渫成光'，谓形宣渫于外为光仪也。"

2 整：陶光隶作"齍"，读为"济"，有成就义；严北溟等释为"乱"。疑或为"赍"形近之误，意即带来，文义通。

3 **处**：止，停。**已**：语助词，或作"已"，形近之误。

4 **保**：信任，归附。

## 原文

无几何而往，则户外之屦满矣。伯昏瞀

## 译文

没过多久，伯昏瞀人去看望列子，只见门外的鞋子都摆满了。伯昏瞀人面向北站

人北面而立，敦杖蹙之乎颐[1]，立有间，不言而出。

宾者以告列子。列子提履[2]徒跣而走，暨乎门，问曰："先生既来，曾不废药[3]乎？"

曰："已矣！吾固告汝曰'人将保汝'，果保汝矣。非汝能使人保汝，而汝不能使人无汝保也，而焉用之感[4]也？感豫出异。且必有感也，摇而本身[5]，又无谓也。与汝游者，莫汝告也。彼所小言，尽人毒也。莫觉莫悟，何相孰[6]也？"

着，用竖着的拐杖抵住下巴，站了一会儿，没有说话就走了。

接待宾客的人告诉了列子。列子慌忙提着鞋子，光着脚就赶了出来，追到大门口，问道："先生既然来了，怎么不指教我一下就走呢？"

瞀人说："算了吧！我原来就告诉你说要含藏静处，不露形迹，自然有人归附你，果然归附你了吧。这并非是你有能力使别人归附于你，而是你没有能力使别人不归附于你，哪里还用得着以言行去感动别人呢？你事先就应当知道，以言行感化别人的结果会使自己与众不同。而且这一定感化别人之念，会动摇你的本性，这就更没有意义了。同你交往的人，没有人会告诉你意义何在。他们所说的闲言碎语，不过都是毒害人的话。相处而不能启发觉悟，又怎么能相得益彰呢？"

## 注释

1 **敦**：竖立。**蹙**：支撑。**颐**：下巴。

2 **履**：鞋。一作"屦"。

3 **废**：通"发"。

4 《庄子》无"感"字。

5 **本身**：本性。王重民曰："身有性义。盖身、性古通用。本身，犹本性也。"

6 **相孰**：即相得益彰。孰，一训作"善"，或以"孰"为"熟"之本字，释为"相亲爱"。皆可通。

## 原文

2.15 杨朱南之沛[1]，老聃西游于秦。邀[2]于郊，至梁而遇老子。

老子中道仰天而叹曰："始以汝为可教，今不可教也。"[3]杨朱不答。

至舍，进涫漱巾栉[4]，脱履户外，膝行而前，曰："向者夫子仰天而叹曰：'始以汝为可教，今不可教。'弟子欲请夫子辞，行不闲，是以不敢。今夫子闲矣，请问其过。"

老子曰："而睢睢，而盱盱，而谁与居？[5]大白若辱，盛德若不足。"杨朱蹴然变容曰："敬闻命矣！"

其往也，舍者[6]迎将家，公执席，妻执巾栉，舍者避席，炀者避灶。其反也，舍者与之争席矣。

## 译文

杨朱向南到沛地去，老聃西游到秦地去。杨朱抄郊野的小路，走到梁国境内时遇到了老子。

老子在半路上仰天长叹道："起初我以为你是可以教导的，现在看来不可教导了。"杨朱没吭声。

到了旅舍，杨朱给老子送上洗脸水、漱口水、毛巾和梳子，把鞋子脱在门外，跪着走到老子面前，说："刚才您老人家仰天长叹道：'起初我以为你是可以教导的，现在看来不可教导了。'学生想请教您原因，但路上您没有空闲，所以不敢问。现在您有空了，请指教我哪里做错了。"

老子说："你仰面向天，故作姿态，谁还愿意和你相处呢？最洁白的东西好像十分黑暗，最道德的人好像有所不足。"杨朱立刻变得神情恭肃地说："敬听您的教诲了！"

杨朱往沛地去，走到旅舍的时候，店主人十分客气地对他迎进送出，老板安排坐席，老板娘拿来毛巾和梳子，旅舍的客人主动为他让出坐席，在灶前烤火的人让出了灶门。当他从沛地回来的时候，旅舍的客人们已开始同他争抢坐席了。

## 注释

1 本章故事，亦见于《庄子・寓言》，"杨朱"作"阳子居"。

2 **邀**：《释文》："邀……抄也，遮也。"

3 张湛注："与至人游而未能去其矜夸，故曰不可教者也。"

4 **涫**(guàn)：通"盥"。**栉**(zhì)：梳篦之类。

5 **睢**(suī)：仰视。**盱**(xū)：直视。

6 杨伯峻："《道藏》各本'舍'下有'者'字，惟《四解》本无'者'字，汪本亦无'者'字，是也。"俞樾："舍与舍者不同。下云'舍者避席'，又云'舍者与之争席矣'，皆谓同居逆旅者。此云'舍'，则谓逆旅主人也。主逆旅者即谓之舍，犹典市者即谓之市，主农者即谓之田。"

## 原文

2.16 杨朱过宋，东之于逆旅。[1] 逆旅人有妾二人，其一人美，其一人恶；恶者贵而美者贱。

杨子问其故。逆旅小子对曰[2]："其美者自美，吾不知其美也；其恶者自恶，吾不知其恶也。"

杨子曰："弟子记之！行贤而去自贤之行[3]，安往而不爱哉！"

## 译文

杨朱经过宋国，向东行至一家旅店。旅店主人有两个小老婆，其中一人美丽，另一人丑陋，丑陋的受尊宠而美丽的受冷落。

杨子问这是什么缘故。旅店的伙计回答说："那美丽的自以为美丽，我并不觉得她美丽；那丑陋的自以为丑陋，我并不觉得她丑陋。"

杨子说："同学们请记住！能做好事但又不自我炫耀，这样的人，到哪里会不受人爱戴呢？"

## 注释

1 本章故事，亦见于《庄子·山木》《韩非子·说林上》。《庄子·山木》作："阳子之宋，宿于逆旅。"《韩非子·说林上》作："杨子过于宋东之逆旅。"

2 《韩非子·说林上》作"逆旅之父答曰"。小子，晚辈或年轻人。黄按：此处"小子"，或与上文"逆旅人"同指年轻的店主人。古代的旅店，一般规模不大，店主人经常兼任伙计。

3 **行**：或作"心"。王叔岷："《韩非子·说林上》篇'之行'作'之心'，审文意，当从之。"

## 原文

2.17 天下有常胜之道，有不常胜[1]之道。常胜之道曰柔，常不胜之道曰强。二者亦[2]知，而人未之知。故上古之言：强，先不己若者；柔，先出于己者。先不己若者，至于若己，则殆矣。先出于己者，亡所殆矣。以此胜一身若徒[3]，以此任天下若徒，谓不胜而自胜，不任而自任也。

粥子[4]曰："欲刚，必以柔守之；欲强，必以弱保之。积于柔必刚，积于弱必强。观其所积，以知祸福之乡。强胜，不若己，至于若己者，刚；柔胜，出于己者，其力不可量。"

老聃曰："兵强则灭，木强则折。柔弱者，生之徒。坚强者，死之徒。"[5]

## 译文

天下有经常取胜的方法，有经常不能取胜的方法。经常取胜的方法叫作柔弱，经常不能取胜的方法叫作刚强。这两种方法显而易见，但人们却多不懂得。所以上古有句话说：自夸刚强者，以为外界事物都不如自己；自示柔弱者，以为外界事物都超过了自己。自以为外界事物不如自己，一旦碰到与自己力量相当的事物[相争]，那就危险了。以为外界事物都超过了自己[而自示柔弱]，就没有危险了。以柔弱战胜一个人，正是这类道理；以柔弱统治天下人，也是这类道理。这叫作不想取胜而自然取胜，不想统治而自然统治。

鬻子说过："要想刚硬，必须要坚守柔软；要想强大，必须要保持弱小。柔软积聚多了一定刚硬，弱小积聚多了一定强大。看他所积聚的是什么，就可以知道他祸与福的发展方向。刚强能战胜力量不如自己的人，一旦碰到力量与自己相当的人就会受挫折；柔弱能战胜力量超过自己的人，他的力量便不可估量。"

老聃说："刚强的军队会被消灭，刚强的树木会被折断。柔弱的东西属于得以生存的一类，坚强的东西属于走向死亡的一类。"

## 注释

1 **不常胜**:疑作“常不胜”,与下文“常不胜之道曰强”相应。

2 张湛原注:“‘亦’当作‘易’。”

3 **徒**:此等,此类。

4 **粥子**:即本书他处所引之“鬻子”“鬻熊”,或可写作“《鬻子》”。《汉书·艺文志·诸子略》道家著录有《鬻子》二十二篇,班固自注:“名熊,为周师,自文王以下问焉,周封为楚祖。”

5 此二人所言之内容,亦见于《淮南子 · 原道训》。

## 原文

2.18 状不必童[1]而智童;智不必童而状童。圣人取童智而遗童状,众人近童状而疏童智。状与我童者,近而爱之;状与我异者,疏而畏之。有七尺之骸,手足之异,戴发含齿,倚而趣者,谓之人,而人未必无兽心。虽有兽心,以状而见亲矣。

傅翼戴角,分牙布爪,仰飞伏走,谓之禽兽;而禽兽未必无人心。虽有人心,以状而见疏矣。庖牺氏、女娲氏、神农氏、夏后氏,蛇身人面,牛首虎鼻,此有非人之状,而有大圣之德。夏桀、殷纣、鲁桓、楚穆,状

## 译文

状貌不一定相同而智慧相同,智慧不一定相同而状貌相同。圣人选取相同的智慧,而不选取相同的状貌;一般人选取相同的状貌而不选取相同的智慧。状貌与自己相同的,便亲近而喜爱它;状貌与自己不同的,便疏远而害怕它。有七尺长的身躯,手与脚不一样,头上长头发,口中生牙齿,能直立快走的,叫作人,而人未必没有禽兽之心。即使有禽兽之心,也因为人的状貌相同而能被他人亲近。

身上长翅,头上生角,龇着牙齿,张着脚爪,抬着头飞,低着头跑的,叫作禽兽,而禽兽未必没有人心。即使有人心,也因为它们禽兽的状貌而被人疏远。庖牺氏、女娲氏、神农氏、夏后氏,或是蛇身人面,或是牛头虎鼻,他们的状貌与人不同,却有大圣人的道德。夏桀王、殷纣王、

貌七窍，皆同于人，而有禽兽之心。而众人守一状以求至智，未可幾也。

黄帝与炎帝战于阪泉之野，帅熊、罴、狼、豹、貙[2]、虎为前驱，雕、鹖、鹰、鸢为旗帜，此以力使禽兽者也。尧使夔典乐，击石拊石，百兽率舞；箫韶九成，凤皇[3]来仪，此以声致禽兽者也。

然则禽兽之心，奚为异人？形音与人异，而不知接之之道[4]焉。圣人无所不知，无所不通，故得引而使之焉。禽兽之智，有自然与人童者，其齐欲摄生，亦不假智于人也。牝牡相偶，母子相亲，避平依险，违寒就温；居则有群，行则有列；小者居内，壮者居外；饮则相携，食则鸣群。

太古之时，则与人同处，与人并行。帝王之时，始惊骇散乱矣。逮于末世，隐伏逃窜，以避患害。今

鲁桓公、楚穆王，他们的状貌和人一样，却有禽兽之心，而人们却坚信他们因有和人一样的状貌而可以有很高的智慧，这是办不到的。

黄帝在阪泉的郊野与炎帝作战时，曾统率熊、罴、狼、豹、貙、虎为前驱，以雕、鹖、鹰、鸢为旗帜，这是用力量役使禽兽的例子。尧使用夔主管音乐，敲击着石磬，各种野兽跟着节拍跳舞；箫韶乐曲演奏了九阕，连凤凰也来朝拜，这是用乐声吸引禽兽的例子。

既然如此，为什么禽兽之心与人心有不同呢？只是由于它们的状貌声音与人不同，一般人便不知道与它们交往的方法。圣人没有什么不知道，没有什么不通晓，所以能吸引并能役使它们。禽兽的智慧有生来就与人相同的，它们都要争取生存，这方面的智慧并不比人低。雌雄互相匹配，母子互相亲爱；避开平地，依托险峻；逃离寒冷，寻求温暖；居住时成群结队，出行时依次成列；幼弱的住在里面，强壮的住在外面；喝水时互相提携，吃食时呼朋引伴。

上古的时候，禽兽同人类一起居处，和人类一同出行。到了有帝王统治的时候，禽兽才开始见人就惊骇逃散。等到了末世时，它们更是隐藏逃窜，以避免祸

东方介氏之国，其国人数数[5]解六畜之语者，盖偏知[6]之所得。

太古神圣之人，备知万物情态，悉解异类音声。会而聚之，训而受之，同于人民。故先会鬼神魑魅，次达八方人民，末聚禽兽虫蛾，言血气之类心智不殊远也。神圣知其如此，故其所教训者无所遗逸焉。

患。现在东方有个介氏之国，那里的人民一般都能听懂马、牛、羊、猪、狗、鸡等六畜的语言，大概是有异常智慧的缘故。

上古的圣人，对万物的性质状貌全都明白，对异类的语言声音全都了解。圣人能把它们会合聚集起来，对它们进行培训，就像对待人民一样。所以先会合鬼神妖怪，然后通达八方人民，最后聚集禽兽虫蛾。说明那时凡是有血气的动物，它们的头脑智慧相差得并不太远。上古圣人明白这个道理，所以他们能培训所有的动物而不会有什么遗漏。

## 注释

1 **童**：相同。张湛原注："'童'当作'同'。"黄按："童"与"同"声同可通。

2 **貙**(chū)：似狸而大的猛兽。

3 **凤皇**：即"凤凰"。

4 **而不知接之之道**：当作"而人不知接之之道"。

5 **数**(shuò)**数**：常常。

6 **偏知**：异常见识，与下文"备知"相对。

## 原文

2.19 宋有狙公者[1]，爱狙；养之成群，能解狙之意；狙亦得公之心。损其家口，充狙之欲。

俄而匮焉，将限其食。恐众狙之不驯于己

## 译文

宋国有个饲养猴子的老人，很喜欢猴子；他养了一群猴子，能理解猴子的想法；猴子也能懂得他的心意。他还减少家里人的生活费用，以满足众猴的需要。

不久家里贫困起来，他打算限制众猴的食物，又怕众猴不听自己的话，便先欺

也，先诳之曰："与若芧[2]，朝三而暮四，足乎？"众狙皆起而怒。

俄而曰："与若芧，朝四而暮三，足乎？"众狙皆伏而喜。

物之以能鄙[3]相笼，皆犹此也。圣人以智笼群愚，亦犹狙公之以智笼众狙也。名实不亏，使其喜怒哉！

骗它们说："喂你们橡栗，早上三个，晚上四个，够吗？"众猴子都跳起来发了怒。

过了一会儿，他又说："喂你们橡栗，早上四个，晚上三个，够吗？"猴子们听了，都趴在地上十分欢喜。

众物所以能用智巧或鄙俗的方法进行笼络欺骗，都与上面这个事例同理。圣人用智慧来笼络那些愚笨的众人，也就像养猴人用智慧笼络众猴一样。名义与实际都没有亏损，却能使它们时而欢喜时而发怒啊！

## 注释

1 本章故事，亦见于《庄子·齐物论》。狙(jū)，猕猴。

2 **芧**(xù)：栎树，借指栎实、橡栗。

3 **能鄙**：或作"智鄙"。本书《黄帝》篇第六章有"使其侠客以智鄙相攻"。陶光《校释》、杨伯峻之疑，同。

## 原文

2.20 纪渻子为周宣王养斗鸡[1]，十日而问："鸡可斗已乎？"曰："未也，方虚骄而恃气。"

十日又问。曰："未也，犹应影响。"

十日又问。曰："未也，犹疾视[2]而盛气。"

## 译文

纪渻子为周宣王饲养斗鸡。过了十天，周宣王就问他："鸡可以斗了吗？"回答说："不行，还没有真本领，只知依仗骄傲之气。"

过了十天又问。回答说："不行，它看到别的鸡的影子、听到别的鸡的鸣叫就想应战。"

过了十天又问。回答说："不行，还瞪着眼睛，气势旺盛。"

十日又问。曰："几矣。鸡虽有鸣者，已无变矣。望之似木鸡矣，其德全矣。异鸡无敢应者，反走耳。"

过了十天又问。回答说："差不多了。即使别的鸡大声鸣叫，它的情绪也不会变动了。看上去像只木头鸡了，这时它的德性就已经完备了。别的鸡没有敢应战的，看见它就转身逃跑了！"

## 注释

1 本章故事，亦见于《庄子·达生》。渻(shěng)，一本作"消"。

2 **疾视**：怒目而视。

## 原文

2.21 惠盎见宋康王[1]。康王蹀足謦咳[2]，疾言曰："寡人之所说[3]者，勇有力也，不说为仁义者也。客将何以教寡人？"

惠盎对曰："臣有道于此，使人虽勇，刺之不入；虽有力，击之弗中。大王独无意邪？"

宋王曰："善！此寡人之所欲闻也。"

惠盎曰："夫刺之不入，击之不中，此犹辱也。臣有道于此，使人虽有勇，弗敢刺；虽有力，弗敢击。夫弗敢，非无其志也。臣有道于此，使人本无其志

## 译文

惠盎拜见宋康王。宋康王跺着脚咳嗽着，急切地说："我所喜欢的，是孔武有力的人，不喜欢空谈仁义道德的人。你打算拿什么来指教我呢？"

惠盎回答说："我这里有一种道术，能使别人虽然勇敢，也刺不进我；能使别人虽然有力量，也打不中我。难道大王对此不感兴趣吗？"

宋康王说："好！这正是我所想要领教的。"

惠盎说："刺不进我，打不中我，这对我而言还是在受侮辱。我这里还有一种道术，能使人虽然勇敢却不敢刺我，虽有力量却不敢打我。不过，不敢并不等于不想刺、不想打。我这里还有一种道术，能使人根本就不想刺、不想打。不过，不想刺、不想打还没有爱护帮助你的思想。

也。夫无其志也，未有爱利之心也。臣有道于此，使天下丈夫女子莫不欢然皆欲爱利之。此其贤于勇有力也，四累[4]之上也。大王独无意邪？”

宋王曰：“此寡人之所欲得也。”

惠盎对曰：“孔、墨是已。孔丘、墨翟，无地而为君，无官而为长；天下丈夫、女子莫不延颈举踵而愿安利之。今大王，万乘之主也；诚有其志，则四竞[5]之内，皆得其利矣。其贤于孔、墨也远矣。”

宋王无以应，惠盎趋而出。

宋王谓左右曰：“辩矣，客之以说服寡人也！”

我这里还有一种道术，管教天下的男男女女无不高高兴兴愿意前来爱护并帮助你。这种道术，比勇敢、有力量要高明，远比上述四种道术都要好。难道大王对此没有兴趣吗？”

宋康王说：“这正是我所想要得到的。”

惠盎说：“孔子、墨子就是这样啊。孔丘、墨翟没有土地却被视为君主，没有官职却成为官长；天下的男男女女没有不伸着脖子、踮着脚地盼望他们，希望得到安养和帮助。现在大王是一个拥有兵车万乘的君主，如果真有这样的志向，那么国境之内，百姓都会得到好处。这与孔丘、墨翟相比，要好得多了。”

宋康王无话可说，惠盎快步走了出去。

宋康王就对身边的人说：“真是个善辩之士啊，这位客人竟然用这样的辩说把我给说服了！”

## 注释

1 本章故事，亦见于《吕氏春秋·顺说》《淮南子·道应训》。

2 **謦(qǐng)咳**：咳嗽。

3 **说**：通“悦”。“不说为仁义者也”中“说”同。

4 **四累**：四层。陶鸿庆：“累，层累也，犹言四层之上也。”张湛原注：“处卿大夫、士、民之上，故言四累也。”陶光《校释》按：“张说非是。上文‘使人虽勇，刺之不入；虽有力，击之弗中’，一也；‘使人虽有勇，弗敢刺；虽有力,弗敢击',二也;'使人本无其志',三也;'使天下丈夫女子莫不欢然皆欲爱利之',四也。"陶说是。

5 **竟**:通"境"。

# 第三卷　周穆王[1]

## 导读

本卷共九章，因首章以“周穆王”开头，故作卷名。

本卷主要旨趣在于揭示幻梦与神游。首章“周穆神游”，明幻术之妙，述人间奢华，赞神游之乐。“老成学幻”章，指出“有生之气，有形之状，尽幻也”的幻化观，揭示了“其道密庸，其功同人”的幻术思想。“觉梦征候”章，揭示了梦由“神交”“感变”而生，描述了众多的梦境与事实的关系，点出“神遇为梦，形接为事”“昼想夜梦，神形所遇”这个中国梦文化的一般特征。“西极之南”章，叙述了古莽国、中央国、阜落国不同的气候特征、生活习惯和人们的梦觉真妄观念。“尹氏治产”章，揭示了梦醒相反为“数之常也”的道理。“郑人得鹿”章，揭示了“彼梦我梦”“梦与不梦”真梦与实境等多层面复杂的梦幻观，点出“觉梦”难辨的困境，真是较早发出“大梦谁先觉”之问。“华子病忘”章，从侧面揭示了中国古代治疗健忘症的高超医术，而华子念健忘之乐一节，尤令人低回于忘悟得失之间。卷末“燕人还燕”章，揭示了欺诳及其回到诚实后对当事人的心理情感的影响。

本卷还突出了造化大道“其巧妙，其功深”，“古之真人，其觉自忘，其寝不梦”，而浮生若梦，芸芸众生溺于世情，不辨真妄，恰恰说明了现实人生的虚幻不实。这一人生困境，正如“逢子迷罔”章所言之“天下尽迷”的假设，恰恰提供了审视人间的另一种视角。张湛原注中有“生灭之理均，觉梦之途一”之语，似乎正可视为本卷的思想主旨。

## 原文

3.1 周穆王时[2]，西极[3]之国有化人[4]来，入水火，贯金石；反山川，移城邑；乘虚不坠，触实不硋[5]。千变万化，不可穷极。既已变物之形，又且易人之虑。穆王敬之若神，事之若君。推路寝以居之[6]，引三牲以进之，选女乐以娱之。

## 译文

周穆王在位时，最西方的国家有个会幻化之术的异人来到中国，他能进入水火之中，穿过金属岩石；能翻倒山河，移动城市；能悬在空中不会坠落，碰到实物不被隔碍。如此这般的千变万化，不可穷尽。既能改变事物的形状，又能改变人的思虑。周穆王对他像天神一样的尊敬，像国君一样的侍奉，还把自己的宫室让出来给他居住，用祭祀神灵的膳食供他吃喝，选择华丽的女子乐队供他娱乐。

## 注释

1 张湛原题注："夫禀生受有谓之形，俯仰变异谓之化。神之所交谓之梦，形之所接谓之觉。原其极也，同归虚伪。何者？生质根滞，百年乃终；化情枝浅，视瞬而灭。神道恍惚，若存若亡，形理显著，若诚若实。故洞鉴知生灭之理均，觉梦之途一；虽万变交陈，未关神虑。愚惑者以显昧为成验，迟速而致疑，故窃然而自私，以形骸为真宅。孰识生化之本归之于无物哉？"

2 本篇故事，又见于《穆天子传》《金楼子·志怪》。

3 **西极**：极西的地方。

4 **化人**：有幻术的人。张湛原注："化幻人也。"

5 **硋**(ài)：古同"碍"。

6 **推**：推让。**路寝**：君主处理政事的宫室。路，一作"露"。

## 原文

化人以为王之宫室卑陋而不可处，王之厨馔腥蝼而不可飨，王之嫔御膻[1]

## 译文

可是，这个会幻术的人却认为：周穆王的宫室太过简陋而不可以居住，周穆王供应的膳食又腥又臭而不可以享用，

恶而不可亲。穆王乃为之改筑。土木之功，赭垩[2]之色，无遗巧焉。五府[3]为虚，而台始成。其高千仞，临终南之上，号曰中天之台。简郑、卫之处子娥媌靡曼[4]者，施芳泽，正蛾[5]眉，设笄珥，衣阿锡[6]，曳齐纨[7]，粉白黛黑，佩玉环。杂芷若以满之[8]，奏《承云》《六莹》《九韶》《晨露》以乐之[9]。日月[10]献玉衣，旦旦荐玉食。化人犹不舍然，不得已而临之。

周穆王挑选的美女又膻又丑不可以亲近。于是穆王便为他改筑宫室。举凡土木建筑、雕梁画栋，无不极尽其巧。周穆王耗尽了国库的全部钱财，才把楼台建成。楼台高达八千尺，可以俯临终南山，被称作“中天之台”。还挑选郑国和卫国身姿纤巧、容貌柔媚的年幼女子，浓敷脂粉，淡扫蛾眉，头佩首饰，耳坠珠环，身穿东阿丝裙，腰系齐国绢带，涂脂抹粉，身佩玉环，服缀香草，来充满这座楼台；又演奏《承云》《六莹》《九韶》《晨露》等动听的音乐，供他赏玩。月月奉送最美的衣服，天天进献最美的膳食。可是那位幻术师仍然不太高兴，不得已才住进了中天之台。

## 注释

1 **膻**：恶臭。

2 **赭**(zhě)：红褐色。**垩**(è)：白色土。

3 **五府**：国家收藏财货的五个府库，即太府、玉府、内府、外府、膳府。殷敬顺《释文》引《周礼》：“太府掌九贡九职之货贿，玉府掌金玉玩好，内府主良货贿，外府主泉藏，膳府主四时食物者也。”

4 **娥媌**(miáo)**靡曼**：形容女子纤巧柔媚。娥媌，妖冶。

5 **蛾**：一作“娥”。王重民：“娥，正字。蛾，俗字也。”

6 **阿**：齐国东阿。**锡**：通“緆”(xī)，细麻布。

7 **纨**：细绢。

8 **芷**：白芷，又名辟芷。**若**：杜若。

9 **承**：一作“烝”。**韶**：《释文》作“招”。陶光《校释》按：“‘承’‘烝’‘韶’‘招’古得相假。此书多用古字，疑字原作‘烝’‘招’，后人改写作‘承’‘韶’。

《初学记》十五、《锦绣万花谷后集》三十二引，‘韶’并作‘招’。”张湛原注：“《承云》，黄帝乐；《六莹》，帝喾乐；《九韶》，舜乐；《晨露》，汤乐。”

10 **日月**：一作“月月”。

**原文**

居亡几何，谒王同游。王执化人之祛[1]，腾而上者，中天乃止，暨及化人之宫[2]。化人之宫，构以金银，络以珠玉；出云雨之上，而不知下之据[3]，望之若屯云焉。耳目所观听，鼻口所纳尝，皆非人间之有。王实以为清都、紫微、钧天、广乐，帝之所居。王俯而视之，其宫榭若累块积苏[4]焉。王自以居数十年不思其国也。

**译文**

住了没多久，幻术师邀请周穆王一同出去游玩。穆王拉着他的衣袖，便腾云而上，飞到半空中才停下来，接着来到了幻术师的宫殿。幻术师的宫殿，用金银建筑，以珠玉装饰，高耸入云，却不知道它下面以什么为依托，看上去好像它停留在白云之间。在那里，耳朵听到的，眼睛看到的，鼻子闻到的，口舌尝到的，都不是人间所能有的东西。周穆王真以为自己所到的地方，就是天帝居住的清都、紫微，听到的就是天上才能听到的钧天、广乐。穆王低下头看去，只见地面上的宫殿楼台渺小得犹如堆叠起来的土块和丛生的柴草一样。穆王觉得，即使自己在这里住上几十年也不会想念自己的国家。

**注释**

1 **祛**(qū)：袖口。

2 王重民曰：“暨、及同义，于文为复。盖后人附注‘及’字于‘暨’之下而误入正文者。《类聚》六十二、《初学记》二十七、《御览》八百十二引并无‘及’字。”陶光按：“暨、及古多通用，疑本但有其一，后人记其异文于侧，因阑入正文耳。《初学记》卅七引正无‘及’字。”

3 **据**：一作“所据”。王叔岷：“《北山录》一《圣人生篇》引‘据’上有‘所’

字，文意较完，当从之。”

4 **积苏**：堆积的柴草。

**原文**

化人复谒王同游，所及之处，仰不见日月，俯不见河海。光影所照，王目眩不能得视；音响所来，王耳乱不能得听。百骸六藏[1]，悸而不凝。意迷精丧，请化人求还。[2]化人移[3]之，王若殒虚[4]焉。

**译文**

幻术师又请穆王一同游玩。这次，所到之处，抬头看不见天上的日月，低头看不见地面的河海。光影照来，穆王眼花缭乱，不能看清；音响传来，穆王耳鸣声乱，不能听清。穆王浑身的百骸六脏，全都惊颤而不能平静。穆王意志昏迷，精神丧失，于是请求幻术师带他回去。幻术师推了他一把，穆王好像从虚空中坠落下来。

**注释**

1 **藏**：通“脏”。

2 张湛原注：“太虚恍惚之域，固非俗人之所涉。心目乱惑，自然之数也。”

3 **移**：推。张湛原注：“移，犹推也。”

4 **殒虚**：从虚空下坠。殒，同“陨”，陨落。

**原文**

既寤，所坐犹向者之处，侍御犹向者之人。视其前，则酒未清，肴未昲[1]。

王问所从来。左右曰：“王默存耳。”由此，穆王自失者三月而复。

**译文**

周穆王醒来后，发现自己还是坐在原来的地方，左右还是原来侍候他的人。看看眼前的东西，那水酒是刚倒出来的，还没有澄清；菜肴也是刚端上的，还没有放干。

穆王问左右自己刚才是从哪里来的，左右的人说：“大王刚才不过是默默地待了一会儿。”自此，穆王精神迷失了三个月才恢复正常。

更问化人，化人曰：“吾与王神游也，形奚动哉？且曩之所居，奚异王之宫？曩之所游，奚异王之圃？王闲恒有，疑暂亡。[2]变化之极，徐疾之间，可尽模哉？[3]”

再问幻术师，幻术师说：“我与大王不过是精神一同出去游玩罢了，形体何尝移动过呢？而且您神游所居住的宫殿，与大王的宫殿有什么不同呢？您神游的花园，与大王的花园有什么不同呢？大王习惯了经常看到的东西，对暂时的消失就感到怀疑了。变化的究竟，哪能在或快或慢的具体变化上形容尽呢？”

## 注释

1 **晞**(fèi)：晒干。

2 **暂**：暂时，与上文“恒”相对。张湛原注：“彼之与此，俱非真物。习其常存，疑其暂亡者，心之惑也。”

3 张湛原注：“变化不可穷极，徐疾理亦无间，欲以智寻象模，未可测。”

## 原文

王大悦，不恤国事，不乐臣妾，肆意远游。命驾八骏之乘，右服䯄骝[1]而左绿耳，右骖赤骥而左白㸺[2]，主车则造父为御，𨙸𤨭[3]为右；次车之乘，右服渠黄而左逾轮，左骖盗骊而右山子，柏夭主车，参百为御，奔戎为右。驰驱千里，至于巨蒐[4]氏之国。巨蒐氏乃献白鹄之血以饮王，具牛马之湩以

## 译文

周穆王听后，十分高兴，从此不再过问国家大事，不再亲近大臣与嫔妃，随心所欲地到处远游。他下令用天下最好的八种骏马来驾车，右边的服马叫骅骝，左边的服马叫绿耳，右边的骖马叫赤骥，左边的骖马叫白㸺。穆王坐的主车，造父驾驭，𨙸为车右；第二乘马车，右边的服马叫渠黄，左边的服马叫逾轮；左边的骖马叫盗骊，右边的骖马叫山子；由柏夭主车，参百驾驭，奔戎为车右。疾驰了一千里，来到了巨蒐氏的国家。巨蒐氏于是献上白鹄的血液供穆王饮用，准备牛马的乳汁给

洗王之足，及二乘之人。[5]

穆王洗脚，并供奉所有乘车与驾车的人。

已饮而行，遂宿于昆仑之阿，赤水之阳。别日，升昆仑之丘，以观黄帝之宫，而封之以诒后世。

饮罢就继续前进，接着歇宿于昆仑山麓，赤水的北岸。第二天，登上了昆仑山巅，以便观览黄帝的宫殿，并堆土为记，以便传留于后世。

## 注释

1 **骅骝**：一种骏马，与以下诸马，均为传说中的良驹。《史记·赵世家》："造父幸于周缪王。造父取骥之乘匹，与桃林盗骊、骅骝、騄耳，献之缪王。" 骅，张湛原注："骅，古'骅'字。"

2 **白義**：八骏之一。義，音"仪"，或作"牺""仪"。

3 **离离**：据孙诒让，其音为"泰丙"，人名，与"造父"同为善驾者。

4 **巨蒐**：音"渠搜"，西戎国名。

5 **湩**(dòng)：《说文解字》："湩，乳汁也。" 前三句描述，又见于《穆天子传》四。

## 原文

遂宾于西王母，觞于瑶池之上。西王母为王谣[1]，王和之，其辞哀焉。乃观日之所入。一日行万里，王乃叹曰："於乎！予一人不盈于德而谐于乐，后世其追数吾过乎！"

穆王幾[2]神人哉！能穷当身之乐，犹百年乃徂，世以为登假[3]焉。

## 译文

随后，又访问了西王母，被邀饮于瑶池之上。西王母为周穆王朗诵歌谣，穆王也跟着唱和，歌词哀婉动人。后来又观赏了太阳落山的情景。这一天，穆王行走了一万里，于是叹道："哎呀！我个人没有充分的德行而只知道追求游乐，后世的人恐怕要追数我的罪过了吧！"

穆王就是神人了啊！他能在生前享尽快乐，还活到一百岁后才去世，世人都以为他升天了呢。

## 注释

1 **谣**:《尔雅·释乐》:“徒歌谓之谣。”

2 **幾**:《释文》:“幾,音‘岂’。”陶光《校释》按:“《释文》音是。《荀子》多以‘幾’为‘岂’。《荣辱》篇:‘是其相县也,幾直夫刍豢稻粱之县糟糠尔哉?’又,‘幾不长虑顾后而恐无以继之故也’。又,‘是于已长虑顾后幾不甚至矣哉!’《大略》篇:‘利夫秋毫,害靡国家,然且为之,幾为知计哉。’杨注并读‘幾’为‘岂’。下文‘幾虚语哉’,‘幾’读与此同。”

3 **登假**:帝王去世。假,通“遐”。

## 原文

3.2 老成子学幻于尹文先生,三年不告。老成子请其过而求退。

尹文先生揖而进之于室,屏左右而与之言曰:“昔老聃之徂[1]西也,顾而告予曰:有生之气,有形之状,尽幻也。造化之所始,阴阳之所变者,谓之生,谓之死。穷数达变,因形移易者,谓之化,谓之幻。造物者其巧妙,其功深,固难穷难终。[2]因形者其巧显,其功浅,故随起随灭。知幻化之不异生死也,始可与学幻矣。吾与汝亦幻也,奚须学哉?”

## 译文

老成子向尹文先生学习幻化之术,尹文先生三年都没有教他幻术。老成子请问自己错在哪里,并要求退学。

尹文先生向他作揖,引他进入室内,叫左右的人都离开房间,然后对他说:“过去老聃往西边去,回头告诉我说:一切有生命的气,一切有形状的物,都是虚幻的。造化的开始,阴阳的变化,那叫作生,叫作死。穷究变化规律,通达阴阳变化,根据具体情形而推移变易的,那叫作化,叫作幻。造物者自然陶运的机巧微妙,功夫高深,本来就难以穷究,难以尽探。根据具体情形变易的技巧显著,功效浅薄,所以是随生随灭。懂得了幻化与生死没有什么不同,才可以学习幻化之术。我和你都是幻化之身,为何一定要再学幻化之术呢?”

### 注释

1 **徂**(cú):往。

2 **妙**:微妙。本书《天瑞》篇第十二章云:“夫天地,空中之一细物,有中之最巨者。难终难穷,此固然矣;难测难识,此固然矣。”可参看。

### 原文

老成子归,用尹文先生之言深思三月,遂能存亡自在,憣校[1]四时;冬起雷,夏造冰;飞者走,走者飞。终身不著其术,故世莫传焉。

子列子曰:“善为化者,其道密庸[2],其功同人。五帝之德,三王之功,未必尽智勇之力,或由化而成,孰测之哉?”

### 译文

老成子回去后,将尹文先生的话深思冥想了三个月,于是能自由自在地时隐时现,又能翻交四季;使冬天打雷,令夏天结冰;使飞鸟在地上走,令走兽在天上飞。但他终生没有把这些法术显露出来,因而后世没有传下来。

列子先生说:“善于幻化的人,他的道术虽隐秘而平常,但他的功绩却与一般人相同。五帝的德行,三王的功绩,不一定都是仅凭智慧和勇力得来,也许是由幻化来完成的,谁又能猜测得到真相呢?”

### 注释

1 **憣校**:或作“翻交”。《释文》:“憣,音翻。校,音绞。顾野王读作‘翻交四时’。”

2 **密庸**:隐秘而平庸。或可释为“隐秘地发用”。林希逸《口义》:“‘密庸’者,默而用之,人不得见也。”

### 原文

3.3 觉有八征,梦有六候。奚谓八征?一曰故,二曰为,三曰

### 译文

醒有八种征兆,梦有六种症候。什么是八种征兆呢?一是“故”,人情世故;二是“为”,日常作为;三是“得”,名位得失;四是

得，四曰丧，五曰哀，六曰乐，七曰生，八曰死。[1]此者八征，形所接也。奚谓六候？一曰正梦[2]，二曰蘁[3]梦，三曰思梦，四曰寤梦，五曰喜梦，六曰惧梦。此六者，神所交也。[4]

不识感变之所起者，事至则惑其所由然；识感变之所起者，事至则知其所由然。知其所由然，则无所怛。

一体之盈虚消息，皆通于天地，应于物类。故阴气壮，则梦涉大水而恐惧；阳气壮，则梦涉大火而燔爇[5]；阴阳俱壮，则梦生杀。甚饱，则梦与；甚饥，则梦取。是以以浮虚为疾者，则梦扬；以沉实为疾者，则梦溺。藉带而寝，则梦蛇；飞鸟衔发，则梦飞。将阴，梦火；将疾，梦食。饮酒者忧，歌儛者哭。

"丧"，送死之戚；五是"哀"，悲情哀愁；六是"乐"，欢欣喜悦；七是"生"，面世初生；八是"死"，离世而亡。这八种征兆，都是形体与外界相接触而产生的。什么是六种症候？一是平时自然而然做的"正梦"，二是因惊愕而做的"蘁梦"，三是因思虑而做的"思梦"，四是因醒悟而做的"寤梦"，五是因高兴而做的"喜梦"，六是因恐怖而做的"惧梦"。这六种症候，都是精神感应外界所产生的。

不懂得神感事变所引起的原因，事情发生了就不知道那是怎么回事；懂得神感事变所引起的原因，事情一发生便会明白那是怎么回事。明白是怎么回事，便无所畏惧。

一个人体魄的充实、空虚、亏损、增强，都与天地相通，与外物相应。所以阴气亢盛，就会梦见徒涉大河而恐惧；阳气亢盛，就会梦见钻进大火而被焚烧；阴阳二气都亢盛，就会梦见生死残杀。吃得太饱了就会梦见赠送别人财物，没有吃饱就会梦见夺取别人财物。所以，以元气浮虚为病症的，就会梦见身体飞扬；以元气沉实为病症的，就会梦见身体沉溺。枕着带子睡觉，就会梦见蛇；飞鸟来衔头发，就会梦见飞升。元气阴沉，就会梦见大火；身体将病，就会梦见食物。梦见饮酒，就会有忧愁之事；梦见哭泣，就会有歌舞之乐。

## 注释

1 张湛原注:“故,事。为,作也。”陶鸿庆:“故谓舍其旧,为谓图其新,与下文得丧、哀乐、生死皆相对为义。张注未晰。”

2 张湛原注:“平居自梦。”

3 **蘁**:通“噩”,惊愕。

4 林希逸《口义》:“六候之梦与《周礼》同。人心之中,虚灵知觉,事有兆朕,见于梦者,‘正’也。‘正梦’,先兆之梦也。‘蘁’者,梦中惊蘁而觉者也。‘思’者,因所思而成梦也。‘寤’者,梦时见觉时事也。‘喜’者,因有所喜而梦也。‘惧’者,因有所忧惧而梦也。‘惧’与‘蘁’不同,《周礼》注中却无分别。此皆在我之神为之,故曰‘神所交也’。‘交’者,交于外境界也。”或疑“六”下当缺“候”字,当从。王叔岷:“宋徽宗《义解》:‘故曰,此六候者,神所交也。’是所见本‘六’下有‘候’字,与上文‘此八征者,形所接也’相对。当据补。”

5 **爇**(ruò):焚烧。

## 原文

子列子曰:“神遇为梦,形接为事。故昼想夜梦,神形所遇。故神凝者,想梦自消。信觉不语,信梦不达,物化之往来者也。古之真人,其觉自忘,其寝不梦,几虚语哉?”[1]

## 译文

列子说:“精神与事物相遇合便成为梦,形体与事物相接触便成为事。所以白天思虑与夜间做梦,都是精神与形体遇到某些事物的缘故。因此,精神凝聚的人,白天不会苦心思虑,夜间也不会做梦。真正的清醒无须诉诸语言,真正的梦境不必靠常情通晓,它们不过是随着事物的变化而变化的结果。古代的真人,醒时忘怀己身,睡时不会做梦,这难道是虚假的话吗?”

## 注释

1 张湛原注:“真人无往不忘,乃当不眠,何梦之有?此亦寓言以明理也。”不同意《列子》文中“其寝不梦”之说。林希逸《口义》:“昼有所见,形遇也。夜有所梦，神遇也。'凝'，定也，神定则无想，无想则无梦也。若高宗梦说，孔子梦周公，则非想梦也。'信'，真也，真觉者不语，默而静也；真梦者不达，不达于理则以梦为真也。'物化之往来'，即梦觉是也。人惟不知此理，故以古之真人觉自忘、寝不梦为虚语，岂知真人之事哉？其觉也如忘，无所着于世也。心无所着，则虚则一，则其寝安得有梦？释氏所谓'梦觉一如'，此语极好。《大慧答书》中有说高宗梦得说、孔子梦周公、佛梦金鼓一篇，其讲明'梦觉一如'处甚好。"

**原文**

3.4 西极之南隅有国焉，不知境界之所接，名古莽之国。阴阳之气所不交，故寒暑亡辨；日月之光所不照，故昼夜亡辨[1]。其民不食不衣，而多眠；五旬一觉，以梦中所为者实，觉之所见者妄。

**译文**

最西方的南角有个国家，不知道与哪些国家接壤，名叫古莽之国。阴气和阳气不相交接，因而冬天与夏天没有分别；太阳与月亮的光芒照耀不到，因而白天与黑夜没有分别。那里的百姓不吃饭、不穿衣，睡眠很多；他们五十天才醒一次，以梦中的所作所为为真实，以醒时的所见所闻为虚妄。

**注释**

1 **辨**：一作"辩"，二字形近，古多互用。

**原文**

四海之齐[1]谓中央之国，跨河南北，越岱东西，万有余里。其阴阳之审度[2]，故一寒一暑；昏明之分察，故一昼一夜。[3]其民有智有愚。万物滋殖，才艺多方。

**译文**

四海的腹地叫中央之国，地跨大河南北，横越岱岳东西，方圆有一万余里。这里阴阳二气的比例分明，因而一个时期寒冷，一个时期炎热；昏暗与明亮的区分明晰，因而一段时间是白天，一段时间是黑夜。这里的百姓有的聪明，有的愚昧。万物滋生繁衍，人们多才多艺。有君主与众臣的共

有君臣相临，礼法相持。其所云为，不可称计。一觉一寐，以为觉之所为者实，梦之所见者妄。

同治理，有礼仪与法律的共同维持，他们的言论和作为多得难以衡量统计。一段时间觉醒，一段时间睡着，认为醒时的所作所为真实，而以梦中的所见所闻为虚妄。

### 注释

1 **齐**：通“脐”，借指中央。林希逸《口义》：“齐，中也，中国亦曰齐州。”

2 **审度**：节度分明。陶光以为“审度义不可解，当作‘度审’”。严北溟等读如“度审”，从之。

3 林希逸《口义》：“‘审度’，谓度数审的也。‘分察’，谓察别分明也。”

### 原文

东极之北隅有国，曰阜落之国。其土气常燠[1]，日月余光之照。其土不生嘉苗，其民食草根木实，不知火食。性刚悍，强弱相藉[2]，贵胜而不尚义；多驰步，少休息，常觉而不眠。[3]

### 译文

最东方的北角有个国家，叫阜落之国。那里的土地之气常年温暖，太阳与月亮的余光交互照耀其地。那里的土地不长庄稼，老百姓只能吃草根与树木的果实，不知道用火烧熟了再吃。他们性情刚强凶悍，强大的欺凌弱小的，崇尚胜利而不崇尚礼义；他们奔走不息，很少休息，经常醒着而不睡眠。

### 注释

1 **燠**(yù)：暖。

2 **藉**：欺凌。

3 林希逸《口义》：“‘阜落之国’，亦寓言也。日月之余光更互而照之，故其国不暝。《唐志》所言熟羊胛而日又出者，世间恐亦有此等国土，未可知也。日月常照，故其人‘常觉而不眠’，盖谓中国之人但以昼觉夜梦为真为妄，而不知六合之间又有如此国土，不可但以耳目之所接者为是也。凡此皆欲广世俗狭小之见而已。”

原文

3.5 周之尹氏大治产，其下趣役者侵晨昏而弗息。

有老役夫筋力竭矣，而使之弥勤。昼则呻呼而即事，夜则昏惫而熟寐。精神荒散，昔昔[1]梦为国君，居人民之上，总一国之事。游燕宫观，恣意所欲，其乐无比。觉则复役。

人有慰喻其勤者，役夫曰："人生百年，昼夜各分。吾昼为仆虏[2]，苦则苦矣；夜为人君，其乐无比。何所怨哉？"

译文

周朝有个姓尹的人家，大力经营家业，在他手下服役的人，从清晨到黄昏都不得休息。

有个老役夫已经筋疲力尽了，尹氏仍然役使他更加辛苦地工作。白天他在呻吟呼喊中干活，夜晚他便昏沉疲惫地熟睡。由于精神恍惚散漫，每天夜里都梦见自己当了国君，位居百姓之上，总揽一国大事。在宫殿楼台中游玩饮宴，想干什么就干什么，真是其乐无比。醒来后，继续干他的劳苦工作。

有人安慰他，同情他过于勤苦，老役夫说："人的一生不过百年，白天与黑夜各占去一半。我白天做奴仆，苦则苦矣，但黑夜做国君，则又快乐无比。有什么好怨恨的呢？"

注释

1 **昔昔**：夕夕。昔，通"夕"。
2 **仆虏**：奴仆。

原文

尹氏心营世事，虑钟[1]家业，心形俱疲，夜亦昏惫而寐。昔昔梦为人仆，趋走作役，无不为也；数骂杖挞，无不至

译文

尹氏一心经营着世间俗事，思虑计谋都钟心于家业，弄得心灵与身体都很疲劳，夜晚也是昏沉疲惫而睡。尹氏每天夜里都梦见自己身为奴仆，奔走服役，什么活都得干；遭数落，挨打骂，什么罪都得

也。眠中啽呓[2]呻呼，彻旦[3]息焉。

尹氏病[4]之，以访其友。友曰："若位足荣身，资财有余，胜人远矣。夜梦为仆，苦逸之复[5]，数之常也。若欲觉梦兼之，岂可得邪？"

尹氏闻其友言，宽其役夫之程，减己思虑之事，疾并少间。

受。睡眠中呻吟呼喊，梦话一直说到天亮才停。

尹氏以此为苦，便去询问他的朋友。朋友说："你的地位足以使你荣耀，你的财产绰绰有余，已经远远地超过别人了。夜间梦见做了奴仆，这一苦一乐的往复，正是天道循环的一般规律。你想在醒时与梦中都很快乐，那怎么能得到呢？"

尹氏听了朋友的话，便放宽了役夫所做的工程的限期，减少了自己苦心思虑的事情，二者的痛苦就都因此而减轻了。

## 注释

1 **钟**：钟心。林希逸《口义》："'钟'，聚也，聚其思虑以营家业也。"则"虑钟"可释为"思虑聚集"。

2 **啽(ān)呓**：说梦话。

3 **彻旦**：达旦，直到天明。

4 **病**：担忧。

5 **复**：反复，相反。

## 原文

3.6 郑人有薪于野者，遇骇鹿，御[1]而击之，毙之。恐人见之也，遽而藏诸隍[2]中，覆之以蕉[3]，不胜其喜。俄而遗其所藏之处，遂以为梦焉，顺涂而咏其事[4]。

## 译文

郑国有个人在野外打柴，碰到一只受了惊的鹿，便迎面一击，把它打死了。他怕别人看见，便急急忙忙把鹿藏在没有水的壕沟里，还用木柴覆盖好，高兴得不得了。过了一会儿，他忘了藏鹿的地方，便以为刚才只是做了个梦，一路上念叨着自己得鹿藏鹿这件事。

傍人有闻者，用其言而取之。既归，告其室人曰："向薪者梦得鹿，而不知其处；吾今得之，彼直真梦者矣。"室人曰："若将是梦见薪者之得鹿邪？讵有薪者邪？今真得鹿，是若之梦真邪？"夫曰："吾据得鹿，何用知彼梦我梦邪？"

路旁恰巧有个人听到他念叨此事，便按照他的话把鹿取了回来。回家以后，告诉妻子说："刚才有个打柴人梦见得到了鹿，却不知道在什么地方；我现在得到了，他做的梦简直和真的一样！"妻子说："恐怕是你梦见打柴人得到了鹿吧？难道真有那个做梦得鹿的打柴人吗？现在你真的得到了鹿，恐怕是你的梦变成了真的吧？"丈夫说："反正我真的得到了鹿，哪里用得着搞清楚是他做梦还是我做梦呢？"

## 注释

1 **御**：读"迓(yà)"，迎。张湛注："御，迎。"

2 **隍**：干涸的壕沟。

3 **蕉**：柴草。《字汇补》："薪也。"陶光《校释》，以"樵""蕉"通，"古书从草从木，字多互通"。

4 **涂**：通"途"。**咏**：长吟，反复轻唱，此处指反复地小声念叨。

## 原文

薪者之归，不厌[1]失鹿，其夜真梦藏之之处，又梦得之之主。爽旦[2]，案所梦而寻得之。遂讼而争之，归之士师。士师曰："若初真得鹿，妄谓之梦；真梦得鹿，妄谓之实。彼真取若鹿，而与若争鹿。室人又谓梦

## 译文

打柴人回到家里，不甘心丢失了鹿。夜里真的梦到了藏鹿的地方，并且梦见了拿走鹿的人。第二天，天一亮，他就按照梦中的线索找到了[拿走鹿的那个人的家和那头鹿]。于是两人为争这只鹿而吵起来，最后告到法官那里来解决。法官说："你当初真的得到了鹿，却胡说是梦；后来明明是在梦中得到了鹿，又胡说梦境是真实的。他是真的取走了你的鹿，你要和

认人鹿,无人得鹿。今据有此鹿,请二分之。”

以闻郑君。郑君曰:“嘻!士师将复梦分人鹿乎?”访之国相。国相曰:“梦与不梦,臣所不能辨也。[3]欲辨觉梦,唯黄帝、孔丘。[4]今亡黄帝、孔丘,孰辨之哉?且恂[5]士师之言可也。”

他争这只鹿。他妻子又说他是在梦中认为鹿是别人的,并没有什么人得到过这只鹿。现在只有这只鹿,请你们平分了吧!”

这件事被郑国的国君知道了。郑国国君说:“嘻!这法官也是在梦中给他们分的鹿吧?”为此他询问宰相。宰相说:“是梦不是梦,这是我无法分辨的事情。如果要分辨是醒还是梦,只有黄帝和孔丘才行。现在没有黄帝与孔丘了,谁还能分辨得出呢?姑且听从法官的裁决算了。”

## 注释

1 **厌**:甘心。

2 **爽旦**:天亮。爽,明。

3 辨梦之说,可参:(1)《庄子·齐物论》:“万世之后而一遇大圣,知其解者,是旦暮遇之也。既使我与若辩矣,若胜我,我不若胜,若果是也,我果非也邪?我胜若,若不吾胜,我果是也,而果非也邪?其或是也,其或非也邪?其俱是也,其俱非也邪?我与若不能相知也,则人固受其黮暗。吾谁使正之?使同乎若者正之,既与若同矣,恶能正之?使同乎我者正之,既同乎我矣,恶能正之?使异乎我与若者正之,既异乎我与若矣,恶能正之?使同乎我与若者正之,既同乎我与若矣,恶能正之?然则我与若与人俱不能相知也,而待彼也邪?”(2)《庄子·大宗师》:“且也相与吾之耳矣,庸讵知吾所谓吾之乎?且汝梦为鸟而厉乎天,梦为鱼而没于渊。不识今之言者,其觉者乎,其梦者乎?”

4 张湛以为,在圣人看来,“梦”与“觉”没什么不同:“圣人之辨觉梦何邪?直知其不异耳。”

5 **恂**:听从,遵循。张湛原注:“恂,信也。”《说文》:“恂,信心也。”《方言》卷一:“恂,信也。宋卫汝颍之间曰恂发。”或以“恂”与“循”通,释“依顺”,或与“徇”通,释“顺”。于鬯:“恂读为循。《说文》无徇字,故古借恂为之。”张湛注:“因喜怒而迷惑,犹不复辨觉梦之虚实,况本无觉梦也?”

## 原文

3.7 宋阳里华子,中年病忘[1],朝取而夕忘,夕与而朝忘;在涂则忘行,在室而忘坐;今不识先,后不识今。[2]阖室毒之[3]。谒史而卜之,弗占[4];谒巫而祷之,弗禁;谒医而攻之,弗已。

鲁有儒生,自媒[5]能治之,华子之妻子以居[6]产之半请其方。儒生曰:“此固非封[7]兆之所占,非祈请之所祷,非药石之所攻。吾试化其心,变其虑,庶几其瘳乎!”[8]于是试露之,而求衣;饥之,而求食;幽之,而求明。儒生欣然告其子曰:“疾可已也。然吾之方密,传世[9]不以告人。试屏[10]左右,独与居室七日。”从之。莫知其所施为也,而积年之疾一朝都除。

## 译文

宋国有个人叫阳里华子,中年时得了健忘症。早晨拿了人家的东西,到晚上就忘了;晚上给人家的东西,到第二天早晨就忘了;在路上忘记走路,在家里忘记坐下;不辨先后顺序,不识今古差异。全家都为他的病症所苦恼。请史官来占卜,没有灵验;请巫师来祈祷,不能遏止他的错乱行为;请医生来诊治,也是药到病不除。

鲁国有个儒生路过宋国,登门自荐说他能治好华子的病,华子的妻子和儿女都很高兴,愿意拿家产的一半作为报酬,请他开药方。儒生说:“这种病本来就不是算卦龟卜所能占验,不是祈祷请求所能生效,不是药物针灸所能诊治的。让我试试化解他的心理障碍,改换他的想法,也许就能够治好了。”于是,那位儒生就试着脱光他的衣服,他便去寻找衣服;不给他吃饭,他饿了便去寻找食物;把他关在黑暗处,他便去寻找光明。儒生高兴地告诉华子的儿子说:“病是可以治好的。但我的治疗方法很隐秘,只传子孙而不告诉旁人。请其他人回避一下,让我单独和他在室内待七天。”大家按他的要求办了。没有人知道儒生都干了些什么,而华子的宿疾,就这样一下子根华子既悟，乃大怒，黜妻罚子，操戈逐儒生。

宋人执而问其以。华子曰："曩吾忘也，荡荡然不觉天地之有无。今顿识既往，数十年来存亡、得失、哀乐、好恶，扰扰万绪起矣。吾恐将来之存亡、得失、哀乐、好恶之乱吾心如此也，须臾之忘[11]，可复得乎？"

子贡闻而怪之，以告孔子。孔子曰："此非汝所及乎！"顾谓颜回纪[12]之。

除了。

华子清醒以后，便大发雷霆，赶走妻子，惩罚儿子，并拿起戈矛驱逐儒生。

宋国人捉住他，并问他为什么这样不近人情。华子说："过去我健忘的时候，脑子里空空荡荡，并不知道天地是有还是无。现在突然清醒过来，数十年来的存亡、得失、哀乐、好恶，千头万绪，纷纷扰扰，全都浮现开来。我害怕将来的存亡、得失、哀乐、好恶还会如此这般地扰乱我的心境，再求健忘所得的片刻快乐，难道还能再办到吗？"

子贡听说后，感到奇怪，便把这事告诉了孔子。孔子说："华子健忘之乐，这不是你所能懂得的啊！"孔子回头便叫颜回把此事记录下来。

## 注释

1 **病忘**：以"忘"为"病"，即患了健忘症。

2 《太平御览》卷七三八引作"不识先后，不识今古"，似优。

3 **毒之**：以"之"为"毒"。《释文》："毒，苦也。"林希逸《口义》："毒之，苦之也。"

4 **占**：应验。

5 **自媒**：自荐。

6 **居**：积蓄。陶鸿庆："居犹蓄也，谓其素所蓄积也。《天瑞》篇'没其先居之财'，义与此同。"

7 **封**：当为"卦"字误镌，他本作"卦"。

8 张湛原注："大忘者都无心虑，将何所化？此义自云易令有心，反令有虑，盖辞有左右耳。"与鲁之儒生之见有异。

9 **传世**：父子相传。

10 **屏**(bǐng)：使退避。

11 **忘**：一作"亡"。

12 **纪**：一作"记"。

**原文**

3.8 秦人逢氏有子，少而惠，及壮而有迷罔之疾。闻歌以为哭，视白以为黑，飨香以为朽[1]，尝甘以为苦，行非以为是：意之所之，天地、四方，水火、寒暑，无不倒错者焉。

杨氏告其父曰："鲁之君子多术艺，将能已乎？汝奚不访焉？"

**译文**

秦国的逢氏有个儿子，小时候很聪明，长大以后却得了神志迷乱的病症。听到唱歌以为是哭泣，看到白色以为是黑色，闻到香气以为是臭气，尝到甜味以为是苦味，做了错事却以为是对的。在他的意识里：天地、四方、水火、寒暑，无一不是颠倒错乱的。

一个姓杨的告诉这个孩子的父亲说："鲁国的君子多才多艺，可能会治好你儿子的病吧？你为什么不去那里求医看看呢？"

**注释**

1 **朽**：臭腐。《太平御览》卷四九〇引，"朽"作"臭"。

**原文**

其父之鲁，过陈，遇老聃，因告其子之证[1]。

老聃曰："汝庸知[2]汝子之迷乎？今天下之人，皆惑于是非，昏于利害。同疾者多，固莫有觉者。且一身之迷不足倾一家，

**译文**

孩子的父亲就前往鲁国，路过陈国时，碰到了老聃，便告诉了他儿子的病症。

老聃说："你哪里能真正搞清你儿子神志迷乱的病症呢？当今天下之人，都是被是非惑乱，被利害弄昏。害同样病症的人多了，就没有人能觉察这种病了。而且一个人迷乱并不能使一家倾覆，一家人迷

一家之迷不足倾一乡，一乡之迷不足倾一国，一国之迷不足倾天下。天下尽迷，孰倾之哉？向使天下之人，其心尽如汝子，汝则反迷矣[3]，哀乐、声色、臭味、是非，孰能正之？且吾之此言，未必非迷，而况鲁之君子，迷之邮[4]者，焉能解人之迷哉？荣[5]汝之粮，不若遄[6]归也。”

乱并不能使一乡倾覆，一乡人迷乱并不能使一国倾覆，一国人迷乱并不能使天下倾覆。天下人全都迷乱了，哪里还有什么可倾覆的呢？如果使天下人的心都像你儿子一样的话，那么你就反而被视为神志迷乱的人了，而世间的哀乐、声色、气味、是非，又有谁能来正名呢？而且，我这些话未必不是神志迷乱的表现，更何况鲁国的君子们都是神志迷乱得最厉害的人，又怎么能解开别人迷乱的神志呢？担着你的干粮[前往鲁国求医]，不如赶快回去吧！”

## 注释

1 **证**：通“症”。

2 **庸知**：即“庸讵知”，何以知。

3 本书《天瑞》篇第九章：“一人失家，一世非之；天下失家，莫知非焉。”

4 **邮**：通“尤”。

5 **荣**：通“赢”，担。陶光以“荣”为“籯”之假，“籯”袭自“攍”，而可释为“裹”“囊”。还说：“凡言‘赢粮’者，字皆假为‘籯’。‘籯’，器也。盖以器受粮而负之，故独于粮曰‘赢’，而负担它物则不曰‘赢’也。”张湛原注“荣，弃也”，义不通。

6 **遄**(chuán)：迅速。

## 原文

3.9 燕人生于燕，长于楚，及老而还本国。

过晋国，同行者诳之；

## 译文

有个燕国人，出生在燕国，生长在楚国，到老年才回本国去。

路过晋国时，同行的人欺骗他，指着

指城曰:“此燕国之城。”其人愀然变容[1]。指社[2]曰:“此若里之社。”乃喟然而叹。指舍曰:“此若先人之庐。”乃涓[3]然而泣。指垄[4]曰:“此若先人之冢。”其人哭不自禁。

同行者哑然大笑,曰:“予昔绐[5]若,此晋国耳。”其人大惭。

及至燕,真见燕国之城社,真见先人之庐冢,悲心更微。

城墙说:“这是燕国的城墙。”那人的神情立刻变得严肃起来。同行的人指着土地庙说:“这是你那个地方的土地庙。”那人长叹了一声。同行的人指着房舍说:“这是你的先人的房屋。”那人流着眼泪哭了起来。同行的人指着坟墓说:“这是你先人的墓地。”那人禁不住大哭起来。

同行的人失声大笑说:“我刚才是在欺骗你,这不过是晋国罢了。”那人大为惭愧。

等到了燕国,真的见到了燕国的城墙和土地庙,真的见到先人的房屋和墓地时,心情反而不像以前那样悲伤了。

## 注释

1 **愀(qiǎo)然变容**:脸色变得悲伤、严肃起来。

2 **社**:土地庙。《礼记·祭法》:“厉山氏之有天下也,其子曰农,能殖百谷;夏之衰也,周弃继之,故祀以为稷。共工氏之霸九州也,其子曰后土,能平九州,故祀以为社。”

3 **涓**:《艺文类聚》卷三五引作“潸”,《太平御览》卷五五八引作“泫”,借指泪流不断。

4 **垄**:坟冢。

5 **绐(dài)**:欺骗。

# 第四卷　仲尼

## 导读

本卷共十五章，因首章开篇以“仲尼闲居”开头，故以“仲尼”为卷题。张湛认为，本卷旨趣在于指出：“智者不知而自知者也。忘智故无所知，用智则无所能。知体神而独运，忘情而任理，则寂然玄照者也。”卢重玄认为：“此篇言证无为之道者，方可无所不为。世人但见圣人之迹，而不知所证之本也。学者徒知绝情之始，而不知皆济之用。皆失其中也。”

关于圣人形象的讨论，是本卷的主要内容，有以下几种情形：(一)是“废心而用形”，“体合于心，心合于气，气合于神，神合于无”，“貌充心虚”“专直而在雄”，“心凝形释，骨肉都融”的修道者形象；(二)是“视听不用耳目”，貌若“欺魄”的灵异、怪诞形象；(三)是“博学多识”、“兼”具众“能”的学者形象；(四)是“不治而不乱，不言而自信，不化而自行。荡荡乎！民无能名焉”的以无为治天下的圣君形象。

在如何“辨游”的问题上，本文主张不以“观其所见”与“观其所变”为判准，而应以“外游”与“内观”为判准，推崇“取足于身”的“内观”之游。在故事中的人物文挚看来，如果能泯除荣辱、得失、生死、贫富、人物等差别，做到“爵赏不能劝，刑罚不能威，盛衰、利害不能易，哀乐不能移”，就已经达到“几圣人也”的程度了，像龙叔那样视为“众疾”，那是“以圣智为疾”。

另外，卷中还谈及“乐天知命”之有忧还是无忧，关于道与常、幸与不幸的关系问题。还有一些如下的重要命题或议题：如“无乐无知，是真乐真知”；“物不至者则不反”，“受人养”与“自养”；名与实，“有易于内者无难于外”;喜好谈辩,“好怪而妄言”,以至“不恤国事”,不惜以“负类反伦”之言为“至言”;左右、朝野“不识不知,顺帝之则”的治世;关于真知真能的讨论,提出“在己无居,形物其著”,“唯默而得之,而性成之者得之”,“知而忘情,能而不为”。而本卷对“鲁之君臣,日失其序,仁义益衰,情性益薄”现实的刻画,亦颇有见地。

**原文**

4.1 仲尼闲居,子贡入侍,而有忧色。

子贡不敢问,出告颜回。颜回援琴而歌。

孔子闻之,果召回入,问曰:“若奚独乐?”回曰:“夫子奚独忧?”

孔子曰:“先言尔志。”曰:“吾昔闻之夫子曰:‘乐天知命故不忧。’[1]回所以乐也。”

**译文**

孔子在家中独自闲坐,子贡进去侍候他,却看见他愁容满面。

子贡不敢询问,出来将情形告诉了颜回。颜回便取琴来弹,唱起歌来。

孔子听到了颜回的琴声,果然把他叫进屋,问他:“你为什么独自快乐?”颜回说:“先生为什么独自忧愁?”

孔子说:“先说说你的意思。”颜回说:“我过去听先生说:‘乐顺自然、懂得命运,所以就没有忧愁。’这就是我快乐的原因。”

**注释**

1 本句又见《周易·系辞上》。

**原文**

孔子愀然有间,曰:“有是言哉?汝之意失[1]矣。此吾昔日之言尔,请以今言为正也。汝徒知乐天知命之无忧,

**译文**

孔子的脸色变得严肃起来,然后他说:“有这样的话吗?你把意思领会错啦!这不过是我过去的话,请以今天的话进行补正吧。你只知道乐顺自然、懂得命运而没有忧愁的一面,却不知道乐顺自然、懂得

未知乐天知命有忧之大也。今告若其实：修一身，任穷达，知去来之非我，亡[2]变乱于心虑，尔之所谓‘乐天知命之无忧’也。曩吾修《诗》《书》，正礼乐，将以治天下，遗来世，非但修一身、治鲁国而已。而鲁之君臣，日失其序，仁义益衰，情性益薄。此道不行一国与当年，其如天下与来世矣[3]？吾始知《诗》《书》礼乐无救于治乱，而未知所以革之之方。此乐天知命者之所忧[4]。虽然，吾得之矣。夫乐而知者，非古人之所谓乐知也。无乐无知，是真乐真知；故无所不乐，无所不知，无所不忧，无所不为。《诗》《书》礼乐，何弃之有？革之何为？”

命运还有大忧愁的另一面。现在让我来告诉你其中的道理：修养自身，听任命运的穷困与显达，懂得生死都不由自己决定，因而思虑不会被外界改变和扰乱，这就是你所说的乐顺自然、懂得命运而没有忧愁的那一面。从前我整理《诗经》《尚书》，订正礼乐，准备用它来治理天下，流传后世，并不是只修养自身、治理鲁国就满足了。而鲁国的国君和大臣一天天丧失良好秩序，仁义道德日趋衰败，人的情感与本性日趋刻薄。这种治世理想在一个国家和今天还行不通，又怎能在整个天下与后世行得通呢？我这才知道《诗经》、《尚书》、礼乐对于治理乱世没有什么作用，却不知道如何改革它们的方法。这就是乐顺自然、懂得命运的人所忧愁的事情。虽然如此，但我还是明白了。我们所说的乐顺自然、懂得命运，并不是古人所说的乐顺自然、懂得命运。不乐不知，才是真正的乐、真正的知，所以没有不快乐的事，没有不知道的事，没有不忧愁的事，没有不能做的事。《诗经》、《尚书》、礼乐，又为什么要弃置无用呢？又为什么要改革它呢？”

## 注释

1 **失**：《释文》释作“夹”，读“狭”。

2 **亡**：通“无”。一本作“止”。

3 **矣**:(1)或为“何”字之误,如杨伯峻《集释》案语:“于省吾《易经新证》以为‘矣’即《诗·召南·采蘩》‘于以采蘩’之‘以’,何也。”(2)或为“欤”之误。严北溟等以为“此句省一‘何’字”,似不确。

4 据上文,本句尾当缺一“也”字。杨伯峻《集释》:“《御览》四六八引‘此乐天知命者之所忧’下有‘也’字。”

**原文**

颜回北面拜手[1],曰:“回亦得之矣。”出告子贡。子贡茫然自失,归家淫思[2]七日,不寝不食,以至骨立[3]。颜回重往喻之,乃反丘门,弦歌诵书,终身[4]不辍。

**译文**

颜回面向北拱手作揖说:“我也明白了。”他出来告诉了子贡。子贡莫名其妙,回家发愤深思了七天,不睡不吃,以至于骨瘦如柴。颜回又去开导他,他才又回到孔子门下,弹琴唱歌,诵读诗书,终生不辍。

**注释**

1 **拜手**:又名“空首”,两膝跪地,两手拱合,低头触及两手。《书·太甲中》:“伊尹拜手,稽首。”孔《传》:“拜手,首至手。”

2 **淫思**:发愤深思。张湛原注:“发愤思道,忘眠食也。”

3 **骨立**:骨瘦如柴。

4 **身**:一作“日”。张湛原注:“既悟至理,则忘余事。”

**原文**

4.2 陈大夫[1]聘[2]鲁,私见叔孙氏[3]。

叔孙曰:“吾国有圣人。”曰:“非孔丘邪?”曰:“是也。”

“何以知其圣乎?”叔孙氏曰:“吾常闻之颜回,曰:‘孔丘能废心而用形。’”

**译文**

陈国有位大夫被派到鲁国去访问,以私人身份会见了叔孙氏。

叔孙氏说:“我国有一位圣人。”陈国大夫问:“不就是孔丘吗?”叔孙氏说:“是的。”

[陈国大夫问:]“怎么知道他就是圣人呢?”叔孙氏说:“我经常听颜回说:‘孔丘能放弃心灵而只用形体。’”

## 注释

1 **大夫**:按周制,国君下设卿、大夫、士三级,而大夫食一县的贡赋。

2 **聘**:访问。

3 **叔孙氏**:鲁国权臣,与孟孙氏、季孙氏并称“三桓”。

## 原文

陈大夫曰:“吾国亦有圣人,子弗知乎?”曰:“圣人孰谓?”曰:“老聃之弟子有亢仓子[1]者,得聃之道,能以耳视而目听。”

鲁侯闻之大惊,使上卿厚礼而致之。亢仓子应聘而至。

## 译文

陈国大夫说:“我国也有一位圣人,您不知道吗?”叔孙氏问:“那位圣人是谁?”陈国大夫说:“老聃的弟子中有个叫亢仓子的人,学到了老聃的道术,能用耳朵看东西,用眼睛听声音。”

鲁侯听到此事大为惊异,派遣上卿送厚礼相请。亢仓子便应邀来到鲁国。

## 注释

1 **亢仓子**:《释文》:“亢仓音庚桑,名楚,《史记》作亢仓子。”贾逵《姓氏英览》:“吴郡有庚桑姓,称为士族。”

## 原文

鲁侯卑辞请问之。亢仓子曰:“传之者妄。我能视听不用耳目,不能易耳目之用。”

鲁侯曰:“此增异矣。其道奈何?寡人终愿闻之。”

亢仓子曰:“我体合于心,心合于气,气合于神,神合于无。其有介然之

## 译文

鲁侯谦虚地向他请教他的超能力。亢仓子说:“传说的话不真实。我能不用耳朵听,不用眼睛看,却不能互换耳目的功用。”

鲁侯说:“这就更奇怪啦!你的道术是怎么超能的呢?我还是很想听听。”

亢仓子说:“我的形体与心相合,心与气相合,气与神相合,神与无相合。如果有极隐微的东西,极轻细的声音,即使

有，唯然之音，虽远在八荒之外，近在眉睫之内，来干我者，我必知之。[1]乃不知是我七孔四支[2]之所觉，心腹六藏[3]之知，其自知而已矣。”

鲁侯大悦。他日以告仲尼，仲尼笑而不答。

远在八方远僻之地以外，或近在眉睫以内，来干扰我的，我一定都能知道。我也不晓得是我的七窍四肢所感到的，还是心腹六脏所知晓的，不过是它自然而然就知道罢了。”

鲁侯十分高兴。过了些天，他把这事告诉了孔子，孔子听了，笑了笑，没有回答。

## 注释

1 **介然**：形容极小。**唯然**：形容轻声答应。**有**：存有，或疑为“形”之误。孙诒让曰：“此文以‘有’与‘音’相俪，‘有’疑当作‘形’。卢重玄注云：‘是故有形有音，无远无近，来干我者，我皆知之。’疑卢本正作‘形’字。”陶光按：“上文言‘视听’，言‘耳目’，此文正当以‘形音’对举。孙说是也。然‘形’有二字之形不近，无缘致讹，疑夺一‘形’字耳。”**八荒**：又叫“八方”，指最僻远之处。**干**：干扰，干涉，干犯。

2 **支**：通“肢”。

3 **藏**：通“脏”。

## 原文

4.3 商[1]太宰见孔子[2]，曰：“丘圣者欤？”孔子曰：“圣则丘何敢！然则丘博学多识者也。”[3]

商太宰曰：“三王圣者欤？”孔子曰：“三王善任智勇者，圣则丘弗[4]知。”

曰：“五帝圣者欤？”孔

## 译文

宋国的太宰去见孔子，问：“你孔丘是圣人吗？”孔子说：“我孔丘哪敢当圣人！然而我却是个博学多识的人。”

宋国太宰问：“三代之王是圣人吗？”孔子说：“三代之王都是善于使用智力和勇力的人，至于他们是不是圣人，那我就不知道了。”

又问：“五帝是圣人吗？”孔子说：

子曰："五帝善任仁义者，圣则丘弗知。"

曰："三皇圣者欤？"孔子曰："三皇善任因时者[5]，圣则丘弗知。"

"五帝都是善于推行仁义道德的人，至于他们是不是圣人，那我就不知道了。"

又问："三皇是圣人吗？"孔子说："三皇都是善于顺应时势的人，至于他们是不是圣人，那我也是不知道的。"

## 注释

1 **商**：宋国，商丘为宋都。

2 **太宰**：统理百官的高官。一说为掌管宫中膳食的官员。

3 张湛原注："示现博学多识耳，实无所学，实无所识也。"用"群有以至虚为宗"，批评孔子博学多识，不过是"至虚"的"示现"罢了。

4 **弗**：一作"不"，意同。

5 王重民曰："'善任因时'，义不可通。盖本作'三皇善因时者'，'任'字因上文'三皇善任智勇''五帝善任仁义'诸'任'字而衍。智勇、仁义可言'任'，因时则不必言'任'矣。《类聚》三十、《御览》四百零一引，并无'任'字。"

## 原文

商太宰大骇，曰："然则孰者为圣？"

孔子动容，有间，曰："西方之人[1]，有圣者焉，不治而不乱，不言而自信，不化而自行。荡荡乎！民无能名焉。丘疑其为圣，弗知真为圣欤？真不圣欤？[2]"

商太宰嘿[3]然心计曰："孔丘欺我哉！"

## 译文

宋国太宰听了，大为惊骇地说："那么谁是圣人呢？"

孔子见问，脸色有些变化，过了一会儿，他说："西方有一位圣人，他不用治理国家而国家也不混乱；他不需要发表言论，而人民自然信服；不需要施行教化，而政令自然实行。这位圣人真是伟大啊！百姓都不知怎么称赞他才好。我怀疑他是圣人，不知道真的是圣人呢？还是真的不是圣人呢？"

宋国太宰默默地在心中思忖道："孔丘这是在欺骗我吧！"

## 注释

1 **西方之人**:早期典籍多有"西方"的相关叙事,《诗经·邶风·简兮》有"彼美人兮,西方之人兮",《荀子·大略》有"西王国",《庄子·让王》有"吾闻西方有人,似有道者",《墨子·贵义》有"以庚辛杀白龙于西方",而《山海经》《穆天子传》中有"西王母"记载。《国语·晋语四》:"西方之书有之曰:'怀与安,实疚大事。'"韦昭注:"西方谓周。《诗》云:'谁将西归',又曰'西方之人',皆谓周也。"另可参张湛注《仲尼》"西方之人":"圣岂有定所哉?趣举绝远而言之也。"

2 二"真"字,陶光《校释》疑其为"其"字。

3 **嘿**:同"默"。

## 原文

4.4 子夏问孔子曰[1]:"颜回之为人奚若?"子曰:"回之仁[2],贤于丘也。"

曰:"子贡之为人奚若?"子曰:"赐之辨[3],贤于丘也。"

曰:"子路之为人奚若?"子曰:"由之勇,贤于丘也。"

曰:"子张之为人奚若?"子曰:"师之庄,贤于丘也。"

## 译文

子夏问孔子道:"颜回的为人怎样?"孔子说:"颜回的仁慈之心比我强。"

又问:"子贡的为人怎样?"孔子说:"端木赐的口才比我强。"

又问:"子路的为人怎样?"孔子说:"仲由的勇敢程度比我强。"

又问:"子张的为人怎么样?"孔子说:"颛孙师的庄重严肃比我强。"

## 注释

1 本章对话事,又见《淮南子·人间训》《说苑·杂言》《论衡·定贤》《孔子家语·六本》。陶光《校释》按:"《淮南》《说苑》凡'子曰'皆但作'曰',惟《家语》作'子曰'。疑此文后于《家语》。《家语》,儒家书,故尊孔子为'子',《列子》则因之耳。"

2 **仁**:《说苑》《家语》作"信"。

3 **辨**:一作"辩",二字形近常混用。《说苑》《家语》作"敏"。

原文

子夏避席，而问曰："然则四子者何为事夫子？"

曰："居！吾语汝。夫回能仁而不能反[1]，赐能辩而不能讷[2]，由能勇而不能怯，师能庄而不能同。兼四子之有以易[3]吾，吾弗许也。此其所以事吾而不贰也。"

译文

子夏离开座位，接着问道："那么这四个人为什么都来拜您为师呢？"

孔子说："坐下！我来告诉你原因。像颜回，他能仁慈却不能狠心，端木赐能辩论却不能沉默，仲由能勇敢却不能怯弱，颛孙师能庄矜却不能随和。把四人的长处合起来交换我的长处，我也不会同意的。这就是他们拜我为师而不三心二意的原因。"

注释

1 **反**：狠心。俞樾以《淮南子》有"丘能仁且忍"等，疑"反"为"刃"之误，"刃"与"忍"通。陶光不同意此说，以为："此书杂钞诸书而成，往往一事并见它二书者，依甲改乙，以成其伪，其例不一而足。此一节则袭《说苑》《家语》，而依《淮南》略改数字。此句《说苑》《家语》并作'能信而不能反'，其义本自可通，乃依《淮南》改'信'作'仁'，则不可解矣。"张湛原注："反，变也。夫守一而不变，无权智以应物，则所适必阂矣。"严北溟等释为"变通"，亦可通。

2 **能辩而不能讷**：《说苑》作"能敏而不能屈"。讷，《孔子家语·六本》作"诎"。

3 **易**：交换。卢重玄："兼有仁辩严勇，吾且不与之易，况不能兼之？夫子能兼四子之不能也，故事我而不贰心矣。"张湛原注："四子各是一行之极，设使兼而有之，求变易吾之道，非所许。"张湛"变易吾道"说盖误。

原文

4.5 子列子既师壶丘子林，友伯昏瞀人，乃居南郭。从之处者，日数而不

译文

列子拜壶丘子林为师，以伯昏瞀人为友，然后居住在城南边上，跟列子相交往的，以百计数也不够。即使这样，

及[1]。虽然,子列子亦微焉,朝朝相与辩,无不闻。[2]

列子也不夸耀自大。他们天天一起讨论问题,远近没有不知道的。

而与南郭子连墙二十年,不相谒请;相遇于道,目若不相见者。门之徒役以为子列子与南郭子有敌,不疑。

然而,他虽与南郭子隔墙为邻二十年,却从不互相拜访来往。在路上相遇时,眼睛都像没看见对方一样。门下的弟子和仆役都以为列子与南郭子有仇,一点都不怀疑。

## 注释

1 **日数而不及**:《太平御览》卷四〇四引作"从之处者百数",似优。

2 **微**:谨小慎微。俞樾释为"昧",陶鸿庆释为"精微"。张湛原注:"列子亦自不知其数也。"张湛原注:"师徒相与讲肄,闻于远近。"卢重玄解:"来者既多,列子亦不知其数,日日谈讲圣人之迹,无不闻也。"

## 原文

有自楚来者,问子列子曰:"先生与南郭子奚敌?"子列子曰:"南郭子貌充心虚,耳无闻,目无见,口无言,心无知,形无惕[1],往将奚为?虽然,试与汝偕往。"

阅弟子四十人同行。[2]见南郭子,果若欺魄[3]焉,而不可与接。顾视子列子,形神不相偶,而不可与群。南郭子俄而指子列子之弟子末行者与言,衎衎然[4]若

## 译文

有一个从楚国来的人,问列子说:"先生与南郭子有什么敌意呢?"列子说:"南郭子形貌充实而心灵空虚,耳朵不听,眼睛不看,口不说话,心灵没有知觉,形体没有变动,去拜访他干什么呢?即使这样,我姑且和你一起去一趟看看吧。"

于是列子选了四十个弟子同行。见到南郭子,果然和土偶一样,不能同他交谈。回头看看列子,精神与形体似乎已经分离,而别人根本不能同他共处了。过了一会儿,南郭子指着列子弟子末行一人,和他谈话,一副真理在握的神气,

专直而在雄者。

子列子之徒骇之。反舍,咸有疑色。

子列子曰:"得意者无言,进知者亦无言。用无言为言,亦言;无知为知,亦知。无言与不言,无知与不知,亦言亦知。亦无所不言,亦无所不知;亦无所言,亦无所知。如斯而已,汝奚妄骇哉?"

好像一位专意直行的胜利者。

列子的弟子大为惊骇。回到住处,都面带着疑惧的神色。

列子说:"领会真意的人无须言说,什么都懂的人也无须言说。以无言为言,也是一种言;以无知为知,也是一种知。无言与不言,都是在言说;无知与不知,都是在去知。也是无所不说,也是无所不知,也是什么都没有说,也是什么都不知道。像这样就行了,你们为什么不先想想就轻易惊骇呢?"

### 注释

1 **惕**:变化。张湛注为"震动";陶鸿庆读如"傷",变易;于省吾以"惕"为"易"之孳乳字。

2 **阅**:拣选。张湛原注:"此行也岂复简优劣、计长短,数有四十,故直而记之也。"其意与其《序》中"万品以终灭为验"相合。

3 **欺魄**:求雨的土偶。张湛原注:"欺魄,土人也。"王重民以为"欺魄用以请雨","欺魄乃即土偶",而"此谓南郭子若欺魄者,以见其得道之深,即所谓形若槁木心若死灰也"。

4 **衎(kàn)衎然**:自得的样子。

### 原文

4.6 子列子学也,三年之后,心不敢念是非,口不敢言利害,始得老商一眄[1]而已。

五年之后,心更念是非,口更言利害,老商始

### 译文

列子学习道术,三年之后,心中不敢计较是与非,嘴上不敢谈论利与害,然后才得到老商氏斜着眼睛看一下罢了。

五年之后,我心中开始计较是与非,嘴上开始谈论利与害,然后老商氏才开始放松脸面笑了笑。

一解颜而笑。

七年之后，从心之所念，更无是非；从口之所言，更无利害；夫子始一引吾并席而坐。

九年之后，横心之所念，横口之所言，亦不知我之是非利害欤？亦不知彼之是非利害欤？外内进矣。

而后，眼如耳，耳如鼻，鼻如口，口无不同[2]；心凝形释，骨肉都融；不觉形之所倚，足之所履，心之所念，言之所藏。如斯而已，则理无所隐矣。[3]

七年之后，顺从心灵去计较，反而觉得没有什么是与非；顺从口舌去谈论，反而觉得没有什么利与害；先生这才叫我和他坐在一块席子上。

九年之后，放纵心灵去计较，放纵口舌去谈论，但所计较与谈论的不知道是我的是非利害呢，还是别人的是非利害？这时，身心内外都全然忘怀，浑然一体了。

自此以后，眼睛就像耳朵一样，耳朵就像鼻子一样，鼻子就像嘴一样，各种官能无不相通；心神凝聚，形体消失，骨肉全都融化了；感觉不到身体依靠着什么，两脚踩着什么，心里想着什么，言论包藏着什么。如此而已，那一切道理也就没有什么可隐藏的了。

## 注释

1 **眄**(miǎn)：斜视。

2 **口无不同**："口"字为衍文。本书《黄帝》篇作"无不同也"。无不同，意即无不相通。

3 本章所述，又可参见本书《黄帝》篇第三章。张湛注："《黄帝》篇已有此章，释之详矣。所以重出者，先明得性之极，则乘变化而无穷；后明顺心之理，则无幽而不照。二章双出，各有攸趣，可不察哉？"

## 原文

4.7 初，子列子好游。

壶丘子曰："御寇好

## 译文

列子当初学道时，很喜欢游览。

壶丘子问他："御寇你喜欢游玩，你

游，游何所好？”列子曰：“游之乐，所玩无故[1]。人之游也，观其所见；我之游也，观之[2]所变。游乎游乎！未有能辨其游者。”

壶丘子曰：“御寇之游，固与人同欤，而曰固与人异欤？凡所见，亦恒见其变。玩彼物之无故，不知我亦无故。务外游，不知务内观。外游者，求备于物；内观者，取足于身。取足于身，游之至也；求备于物，游之不至也。”

于是列子终身不出，自以为不知游。

壶丘子曰：“游其至乎！至游者，不知所适；至观者，不知所眂[3]。物物皆游矣，物物皆观矣，是我之所谓游，是我之所谓观也。故曰：游其至矣乎！游其至矣乎！”

可有什么玩法呢？”列子说：“游玩快乐，是因为所欣赏的东西没有陈旧的。凡人游玩，只欣赏事物的表面；我游玩，欣赏的是事物的变化。游玩啊！游玩啊！没有人能分辨这两种不同的游玩方法。”

壶丘子说：“御寇的游玩，本来就与别人相同，为什么还要说与别人不同呢？凡是见到的东西，必然会常常见到这些东西的变化。赏玩外物的变化，却不知道自身也处在不停地变化之中。只顾一心赏玩外物，却不知道观赏自身。赏玩外物的，希望把外物都看遍；观赏自身的，也应把自身都看遍。把自身都看遍，这是最高的游玩；把外物都看遍，并不是最高的游玩。”

列子听后，终生不再外出，自己认为还没弄懂游玩的道理。

壶丘子说：“这才是最高的游玩啊！最高的游玩不知道到了哪里，最高的观赏不知道看到了什么。任何地方都游玩了，任何事物都观赏了，这是我所说的游玩，也是我所说的观赏。所以我说：这是最高的游玩啊！这是最高的游玩啊！”

## 注释

1 **故**：旧，这里指游玩过的地方。张湛原注：“言所适常新也。”

2 **之**：一作“其”。

3 **眂**：同“视”。

## 原文

4.8 龙叔谓文挚曰："子之术微矣。吾有疾，子能已乎？"[1] 文挚曰："唯命所听。然先言子所病之证[2]。"

龙叔曰："吾乡誉不以为荣，国毁不以为辱；得而不喜，失而弗忧；视生如死，视富如贫；视人如豕，视吾如人。处吾之家，如逆旅之舍；观吾之乡，如戎蛮之国。凡此众疾[3]，爵赏不能劝，刑罚不能威，盛衰、利害不能易，哀乐不能移。固不可事国君，交亲友，御妻子，制仆隶。此奚疾哉？奚方能已之乎？"

文挚乃命龙叔背明而立，文挚自后向明而望之。既而，曰："嘻！吾见子之心矣，方寸之地虚矣，几圣人也！子心六孔流通，一孔不达。[4] 今以圣智为疾者，或由此乎！非吾浅术所能已也。"

## 译文

龙叔对文挚说："您的医术十分精湛了！我有病，您能治好它吗？"文挚说："一切听从您的命令。但是，请先说说您的病症。"

龙叔说："全乡人赞誉我，我不以为光荣；全国人毁谤我，我不以为耻辱。得到了并不喜欢，丧失了并不忧愁。看活着像是死亡，看富贵像是贫穷。看人像是猪，看自己像是别人。住在自己家中，像是住在旅馆。看自己的家乡，像是西戎南蛮之类的落后之国。由于有了以上这些病症，爵位、赏赐不能劝勉，严刑、惩罚不能威胁，盛衰、利害不能改变，悲哀、快乐不能动摇。我当然不能辅佐国君，交结亲友，管教妻子儿女，约束奴仆臣隶。这是什么病呢？什么样的药方才能治好它呢？"

文挚于是叫龙叔面对着光线站立，文挚从后面的暗处向明处看他。过了一会儿说："唉！我看到你的心了，你的心里已经空虚了，空虚得几乎和圣人一样了！你的心已有六个孔通畅了，只有一个孔闭塞。现在你把这样的圣明智慧当作疾病，或许是由于一孔闭塞的原因吧！这绝非我浅陋的医术所能治愈的。"

## 注释

1 **龙叔**:春秋时宋国人。**文挚**:春秋时宋国良医。《释文》:“文挚,六国时人,尝医齐威王。或云:春秋时宋国良医也,曾治齐文王,使文王怒而病愈。”

2 **证**:通“症”。

3 **疾**:一作“庶”。均可通。

4 **六孔流通,一孔不达**:一窍不通。张湛原注:“旧说圣人心有七孔也。”

## 原文

4.9 无所由而常生者,道也。由生而生,故虽终而不亡,常也。由生而亡,不幸也。有所由而常死者,亦道也。由死而死,故虽未终而自亡者,亦常。由死而生,幸[1]也。故无用而生谓之道,用道得终谓之常;有所用而死者亦谓之道,用道而得死者亦谓之常。

季梁[2]之死,杨朱望其门而歌。随梧[3]之死,杨朱抚其尸而哭。隶人[4]之生,隶人之死,众人且歌,众人且哭。

## 译文

无所依循而一直活着的,是自然之道。依循常生之道而活着,因而虽然生命终结却死而不亡的,是正常现象。依循常生之道而死亡的,是一种不幸。有所依循而经常死亡的,也是自然之道。依循常死之道而死亡,因而虽然年未终老却自行死亡的,也是正常现象。依循常死之道而活下来的,是一种侥幸。所以,无所作为而活着叫作自然之道,顺应常生之道而得寿终叫作正常现象;有所作为而死亡也叫作自然之道,顺应常死之道而得夭亡也叫作正常现象。

季梁死了,杨朱望着他的家门而歌唱。随梧死了,杨朱抚摸着他的尸体而哭泣。再看普通人,当他出生了,大家便唱歌;当他死亡了,大家便哭泣。

## 注释

1 **幸**:严北溟等以为,其意指“那些无德之人虽然还能苟活长命,不过是幸运罢了”。或可作“不幸”，殷敬顺、任大椿、陶光等均持此观点。可参《力命》篇第五章：“可以生而生，天福也；可以死而死，天福也。可以生而不生，天罚也；可以死而不死，天罚也。”

2 **季梁**：战国初期魏国人，杨朱之友。

3 **随梧**：人名，杨朱之友。

4 **隶人**：普通人。张湛原注：“隶，犹群辈也。”

**原文**

4.10 目将眇[1]者，先睹秋毫；耳将聋者，先闻蚋[2]飞；口将爽者，先辨淄、渑[3]；鼻将窒者，先觉焦朽；体将僵者，先亟奔佚[4]；心将迷者，先识是非：故物不至者则不反。

**译文**

眼睛将要瞎的人，先能看到秋天的毫毛。耳朵将要聋的人，先能听到蚊子乱飞的声音。口舌将要失去味觉的人，先能辨出淄、渑两水滋味的差别。鼻子将要失去嗅觉的人，先能闻到烧焦的气味。身体将要僵硬的人，先是喜欢奔跑。心灵将要糊涂的人，先能识别是非。所以，事物不发展到极点，是不会走向反面的。

**注释**

1 **眇**(miǎo)：目盲。

2 **蚋**(ruì)：蚊子。卢重玄解：“秦呼蚊为蚋。”

3 **爽**：伤败。**淄、渑**：淄水和渑水，在今山东境内。张湛注：“淄渑水异味，既合则难别也。”《说符》篇第十二章有：“淄、渑之合，易牙尝而知之。”

4 **亟**(jí)：爱。**佚**：同“逸”。

**原文**

4.11 郑之圃泽多贤，东里多才。[1]圃泽之役[2]有伯丰子者，行过东里，遇邓析[3]。

**译文**

郑国的圃泽有很多贤能之人，东里有很多才智之士。圃泽有个学者叫伯丰子的，路过东里，碰到了邓析。

邓析回头对自己的弟子笑了笑说：

邓析顾其徒而笑曰："为若舞[4]，彼来者奚若？"其徒曰："所愿知[5]也。"

邓析谓伯丰子曰："汝知养养之义乎[6]？受人养而不能自养者，犬豕之类也；养物而物为我用者，人之力也。使汝之徒食而饱，衣而息，执政之功也。[7]长幼群聚而为牢藉[8]庖厨之物，奚异犬豕之类乎？"

伯丰子不应。

伯丰子之从者越次而进曰："大夫不闻齐鲁之多机乎？有善治土木者，有善治金革者，有善治声乐者，有善治书数者，有善治军旅者，有善治宗庙者，群才备也。而无[9]相位者，无能相使者。而位之者无知，使之者无能，而知之与能为之使焉。[10]执政者，乃吾之所使；子奚矜焉？"

邓析无以应，目其徒而退。

"我为你们戏弄他一下，看那个过来的人会是什么样子？"邓析的弟子们说："这也是我们想看到的。"

邓析就对伯丰子说："你知道被养与自养的区别吗？被别人养活而不能自己养活自己的，便是狗与猪一类的动物；养育万物而使万物为我所用的，这是人的能力。让你们这些人吃得饱，有衣穿并得到休息的，都是我们这些掌理国事的人的功劳。你们只会老老少少群居在一起，为的是吃到牛牢猪圈和厨房里的食物，这与狗猪一类的动物有什么区别？"

伯丰子不加理会。

伯丰子的随从从后面上前来插话说："大夫您没有听说过齐国和鲁国有许多很有技能的人吗？有的擅长于盖房子，有的擅长于制造五金皮革制品，有的擅长研究弹奏乐器，有的擅长研修书法和计数，有的擅长带兵作战，有的擅长宗庙祭祀活动，各种各样的人才都具备了。却没有宰相，没有能管理和使用他们的人。管理他们的人不需要专门的知识，使用他们的人不需要专门的技能，而有专门知识和技能的人只能被管理和使用。你们这些掌理国事的人，都是我们所管理和使用的，您还有什么值得傲慢的呢？"

邓析无话可说，示意他的弟子离开了。

## 注释

1 **圃泽**:一名“圃田泽”,在今河南中牟。**东里**:在今河南新郑。

2 **役**:弟子。

3 **邓析**:春秋时郑国大夫,名辩之士,不满郑国旧制,私造刑法,书之于竹简,称“竹刑”。荀子批评他“不法先王,不是礼义”。张湛注:“邓析,郑国辩智之士,执两可之说,而时无抗者。作竹书,子产用之也。”

4 **舞**:舞弄,可借为“侮”。张湛原注:“世或谓相嘲调为‘舞弄’也。”

5 张湛原注:“‘知’犹‘闻’也。”

6 **养养**(yàngyǎng):他养与自养。张湛注:“上音余亮,下音余赏。”

7 张湛注:“喻彼为犬豕,自以为执政者也。”

8 **牢**:关牲畜的屋子。**藉**:栅栏,借指猪圈。殷敬顺以“藉”本作“籍”,即竹木围绕的栅栏。《释文》:“牢,牲牢也,圈也。籍,谓以竹木围绕,又刺也。”

9 **无**:一作“无能”。

10 **知、能**:专门的知识、技能。张湛原注:“不能知众人之所知,不能为众人之所能,群才并为之用者,不居知能之地,而无恶无好,无彼无此,则以无为心者也。故明者为视,聪者为听,智者为谋,勇者为战,而我无事焉。”

## 原文

4.12 公仪伯以力闻诸侯,堂谿公言之于周宣王,王备礼以聘之。[1]

公仪伯至。观形,懦夫也。

宣王心惑而疑曰:“女[2]之力何如?”公仪伯曰:“臣之力能折春螽[3]之股,堪[4]秋蝉之翼。”

## 译文

公仪伯因力气大而闻名于各诸侯国,堂谿公把这事报告了周宣王。周宣王就备下厚礼去聘请他。

公仪伯被请来了。但从他的外貌看来,却像个懦弱无力的人。

周宣王满心疑惑,就问道:“你的力气怎样?”公仪伯说:“我的力气,能折断春天蝗虫的大腿,能刺穿秋天知了的翅膀。”

周宣王变了脸色,说:“我的力气能撕

王作色曰："吾之力者能裂犀兕之革，曳九牛之尾，犹憾其弱。女折春螽之股，堪秋蝉之翼，而力闻天下，何也？"

公仪伯长息退席，曰："善哉王之问也！臣敢以实对。臣之师有商丘子者，力无敌于天下，而六亲[5]不知，以未尝用其力故也。臣以死事之，乃告臣曰：'人欲见其所不见，视人所不窥；欲得其所不得，修人所不为。故学视者先见舆薪，学听者先闻撞钟。夫有易于内者无难于外。于外无难，故名不出其一家[6]。'今臣之名闻于诸侯，是臣违师之教，显臣之能者也。然则臣之名不以负其力者也，以能用其力者也；不犹愈于负其力者乎？"

开犀牛的皮革，拖住九头牛的尾巴，这样我还嫌力气太小。你只能折断春天蝗虫的大腿，刺穿秋天知了的翅膀，却以力气大而闻名于天下，这是为什么呢？"

公仪伯长长地叹了一口气，离开了坐席，说："大王问得好啊！我大胆地把实际情况告诉您吧。我有个老师，叫商丘子，他力气大得天下没有对手，而他的主要亲属都不知道，这是他从来没有用过他的力气的缘故。我死心塌地去侍候他，他才告诉我说：'人们都想见自己所见不到的，就该去观察别人所不看的；想得到自己所得不到的，就该干别人所不干的。所以练习眼神的总是先看满车的木柴，练习听声音的总是先听撞钟的声音。在心里做到容易了，做起事来便不会有困难。做起来没有困难，因而名声也就传扬不出自己的家庭。'如今我的名声传遍了各诸侯国，是我违背了老师的教导，显示了自己能力的缘故。那也就是说，我的名声不是由我倚仗自己的力气而得到的，而是由我善于运用自己的力气而得到的，这不是比倚仗自己力气的人更好一些吗？"

**注释**

1 公仪伯与堂谿公，为西周天子宣王时贤士。《释文》："公仪，堂谿，氏也。皆周贤士。"

2 **女**：通"汝"，下同。

3 **螽**(zhōng)：即“螽斯”，蝗虫。

4 **堪**：通“戡”，刺穿。俞樾、陶光读为“戡”，张湛原注“堪犹胜也”。《艺文类聚》引作“戡”。《墨子·非攻下》：“夏德大乱，往攻之，予必使汝大堪之。”

5 **六亲**：原指父、母、兄、弟、妻、子，泛指亲友。

6 **家**：一作“道”。

## 原文

4.13 中山公子牟者，魏国之贤公子也。[1]好与贤人游，不恤国事；而悦赵人公孙龙。乐正子舆之徒笑之。

公子牟曰：“子何笑牟之悦公孙龙也？”子舆曰：“公孙龙之为人也，行无师，学无友，佞给而不中[2]，漫衍而无家[3]，好怪而妄言。欲惑人之心，屈人之口，与韩檀等肄[4]之。”

## 译文

中山公子牟这个人，是魏国贤能的公子。喜欢同有才学的人交游，不关心国家事务，而他欣赏赵国的公孙龙。乐正子舆这伙人为此而笑话他。

公子牟问道：“你为什么要笑话我欣赏公孙龙呢？”子舆说：“公孙龙的为人，言行没有师承，为学没有朋友，巧言善辩却没有道理，知识杂乱而不成一家之言，喜欢奇谈怪论而胡说八道，企图迷惑别人的心智，折服别人的口舌，与韩檀等人专门研习这一套。”

## 注释

1 钱穆《先秦诸子系年》谈及此章道：“后人疑《列子》为张湛伪书，然如此条陈义精卓，盖得之古籍，或即四篇之遗，非湛所能伪。”

2 **佞给**(nìngjǐ)：巧言善辩。**中**(zhòng)：合理。

3 **家**：学派。张湛注：“儒、墨、刑、名，乱行而无定家。”

4 **肄**：研习。一作“隶”，隶正。

## 原文

公子牟变容曰:“何子状公孙龙之过欤?请闻其实。”

子舆曰:“吾笑龙之诒孔穿[1],言‘善射者,能令后镞中前括[2],发发相及,矢矢相属[3];前矢造准而无绝落,后矢之括犹衔弦,视之若一焉[4]’。孔穿骇之。龙曰:‘此未其妙者[5]。逢蒙之弟子曰鸿超,怒其妻而怖之。引乌号之弓[6],綦卫之箭[7],射其目。矢来[8]注眸子而眶不睫[9],矢隧[10]地而尘不扬。’是岂智者之言与?”

## 译文

公子牟变了脸色,说:“你凭什么这样指责公孙龙的过错呢?请说出具体事实让我听听。”

子舆说:“我笑公孙龙诳骗孔穿,他说:‘善于射箭的人能使后一支箭的箭头射中前一支箭的箭尾,一箭挨着一箭,一箭连着一箭,前面一箭射中目标,而中间没有隔绝坠落的,最后一箭的箭尾刚好搭上了弓弦,看上去好像连成了一根线。’孔穿听了,大为惊骇。公孙龙说:‘这还不是最奇妙的。夏朝神射手逢蒙的弟子叫鸿超,因对妻子大发脾气,就恐吓她,拉开了黄帝的乌号弓,搭上卫国的綦卫箭,直射她的眼睛。箭头刚碰到她的眼珠子,她[甚至都没有感觉到且]眼皮都不眨一下,箭掉到地上,灰尘都没有扬起一点。’这难道是聪明人所说的话吗?”

## 注释

1 **诒**:欺。**孔穿**:孔子之孙。

2 **镞**(zú):箭头。**括**:箭尾。

3 **属**(zhǔ):接连。

4 张湛注:“箭相连属无绝落处,前箭着堋,后箭复中前箭,而后所凑者犹衔弦,视之如一物之相连也。”

5 《太平御览》卷七四五引文作“此未跻其妙者”,似优。

6 **乌号之弓**:良弓。《史记 · 封禅书》:“黄帝采首山铜,铸鼎荆山下。鼎既成,有龙垂胡髯下迎黄帝。黄帝上骑,群臣后宫从上龙七十余人,乃上去。余小臣不得上,乃悉持龙髯,龙髯拔,堕黄帝之弓。百姓仰望黄帝既上天,乃抱其弓与胡髯号,故后世因名其处曰鼎湖,其弓曰乌号。"《风俗通义》卷二《封泰山禅梁父》亦引《史记·封禅书》。《淮南子·原道训》:"射者捍乌号之弓,弯棋卫之箭。"高诱注:"乌号,桑柘,其材坚劲,乌峙其上,及其将飞,枝必桡下,劲能复,巢乌随之,乌不敢飞,号呼其上。伐其枝以为弓,因曰乌号之弓也。一说黄帝铸鼎于荆山鼎湖,得道而仙,乘龙而上,其臣援弓射龙.欲下黄帝,不能也。乌,於也;号,呼也。于是抱弓而号。因名其弓为乌号之弓也。"

7 **綦卫之箭**:良箭。

8 **来**:《释文》作"末",可从。

9 **瞚**:眨眼。

10 **隧**:通"坠"。

**原文**

公子牟曰:"智者之言固非愚者之所晓。后镞中前括,钧[1]后于前。矢注眸子而眶不瞚,尽矢之势也。[2]子何疑焉?"

乐正子舆曰:"子,龙之徒,焉得不饰其阙?吾又言其尤者。龙诳魏王曰:'有意不心。[3]有指不至。[4]有物不尽。[5]有影不移。[6]发引千钧。[7]白马非马。[8]孤犊未尝有

**译文**

公子牟说:"聪明人说的话本来就不是愚蠢的人所能明白的。后一支箭的箭头射中前一支箭的箭尾,是因为后一支箭和前一支箭的用力与方向完全相同。箭碰到眼珠子而眼皮都没眨一下,是因为箭的力量到了眼睛那里时已经用尽了。你又怀疑什么呢?"

乐正子舆说:"你和公孙龙是同一类人,哪能不掩饰他的错误呢?我再说说他更荒谬的言论。公孙龙诳骗魏王说:'有意念产生,但心的本体却没有活动。有了具体概念,便不能包括所有的事物。有具体事物,便不能把所有的事物都包括进去。影子是不会移动的。头发可以牵引三万斤重的物体。白马不是马。孤牛犊不曾有过母亲。'他这些与常识

母。’其负类反伦，不可胜言也。”

相违背、与常理相反的言论，真是说也说不完呐。”

## 注释

1 **钧**：通“均”。

2 张湛原注：“夫能量弓矢之势，远近之分，则入物之与不入，在心手之所铨，不患所差跌。今设令至拙者暗射，箭之所至，要当其极。当其极也，则豪分不复进。暗其极，则随远近而制其深浅矣。刘道真语张叔奇云：‘尝与乐彦辅论此云，不必是中贤之所能，孔颜射者则必知此。’湛以为形用之事，理之粗者；偏得其道，则能尽之。若庖丁之投刃，匠石之运斤，是偏达于一事，不待圣贤而后能为之也。”

3 张湛原注：“夫心，寂然无想者也。若横生意虑，则失心之本矣。”

4 张湛原注：“夫以指求至者，则必因我以正物。因我以正物，则未造其极。唯忘其所因，则彼此玄得矣。惠子曰：‘指不至也。’”

5 张湛原注：“在于粗有之域，则常有有；在于物尽之际，则其一常在。其一常在而不可分，虽欲损之，理不可尽。唯因而不损，即而不违，则泰山之崇崛，元气之浩芒，泯然为一矣。惠子曰：‘一尺之棰，日取其半，万世不竭也。’”下文有“尽物者常有”。

6 张湛原注：“夫影因光而生。光苟不移，则影更生也。夫万物潜变，莫不如此。而惑者未悟，故借喻于影。惠子曰：‘飞鸟之影未尝动也。’”

7 张湛原注：“夫物之所以断绝者，必有不均之处。处处皆均，则不可断。故发虽细而得秤重物者，势至均故也。”

8 江本作“白马非白”。

## 原文

公子牟曰：“子不谕至言而以为尤也，尤其在子矣。夫无意则心同。[1]无指则皆

## 译文

公子牟说：“你不懂得这些至理名言，反而认为是谬论，错误的其实是你。没有意念，心的作用与本体才能同一。没有具体概念，才能包括所有的事物。能包括所有事物的，

至。[2]尽物者常有。[3]影不移者，说在改也。[4]发引千钧，势至等也。[5]白马非马，形名离也。[6]孤犊未尝有母，非孤犊也。[7]”

乐正子舆曰：“子以公孙龙之鸣皆条也。[8]设令发于余窍[9]，子亦将承之。”

公子牟默然良久，告退，曰：“请待余日，更谒子论。”

只能是永恒的‘存有’。说影子不会移动，是因为人移动后，原来的影子消失了，又产生了新的影子，新影子并不是旧影子的移动。头发能牵引三万斤重物，那是因为众发集聚之‘势’达到了能牵引三万斤的程度。白马不是马，是把马的形状与马的概念分离开来而言的。孤牛犊不曾有过母亲，是因为母亲健在的时候，它还不能称作孤牛犊。”

乐正子舆说：“你认为公孙龙的名言都是有道理的。假如他放个屁，你也会把它当作宝贝来接受。”

公子牟沉默了好久，告辞说：“请过些时候，再来邀你辩论。”

## 注释

1 **无意则心同**：没有意念，那么心的作用与其本体同归于虚无。张湛注：“同于无也。”

2 **无指则皆至**：没有概念，万物便混同如一，无法区分。张湛注：“忘指，故无所不至也。”

3 **尽物者常有**：能够涵盖一切事物的，只能是永恒的“有”，即存在。张湛注：“常有尽物之心。物既不尽，而心更滞有也。”

4 **影不移者，说在改也**：说影子不移动，原因在于人体移动导致原来的影子消失后，又产生了新的影子。张湛注：“影改而更生，非向之影。”

5 **发引千钧，势至等也**：头发能牵引三万斤重物，那是因为众发集聚之“势”达到了能牵引类似重量的程度。张湛注：“以其至等之故，故不绝。绝则由于不等。故墨子亦有此说也。”《墨子·经说下》：“均，发均县。轻重而发绝，不均也。均，其绝也莫绝。”林希逸：“发，至弱也；千钧，至重也。以一发而引千钧固不可，然积其发之势至与千钧等，则亦可以引千钧矣，故曰：势至等也。此虽强辩，亦可通。”

6 **白马非马,形名离也**:说“白马非马”,那是因为将马的“形状”与马的“概念”分离了。所以,概念上的“白马”与“马”“白”既已不能等同,形状上的“马”“白马”与概念上的“白马”“马”“白”也不能等同。林希逸:“白,色也,以色而名,曰白。马,形也,以形而名,曰马。谓色为白则可,谓形为马则可,若以白马为马,则白,色也;马,形也,二物也,安得而一之?故曰:白马非马,形名离也。《孔丛子》《公孙龙》同。”

7 **孤犊未尝有母,非孤犊也**:既称“孤犊”,便不能有母,否则就不能称为“孤犊”。张湛注:“此语近于鄙,不可解。”俞樾:“‘有母’下当更叠‘有母’二字。本云:‘孤犊未尝有母。有母,非孤犊也。’《庄子·天下》篇释文引李云:‘驹生有母,言孤则无母。孤称立,则母名去也。’此可证‘有母非孤犊’之义。因古书遇重字多省不书,但于字下作二画识之,故传写脱去耳。”

8 **之鸣**:一本作“于马”。张湛原注:“言龙之言无异于鸣,而皆谓有条贯也。”殷敬顺《释文》:“一本作‘公孙龙于马’,并注‘无异于鸣’亦作‘无异于马’。云‘马’者,白马论之义也。云‘鸣’者,但鸣而无理趣取,为义则长矣。”

9 **余窍**:《释文》:“移穴也。”

**原文**

4.14 尧治天下五十年,不知天下治欤?不治欤?不知亿兆之愿戴己欤?不愿戴己欤?顾问左右,左右不知。问外朝,外朝不知。问在野,在野不知。

尧乃微服游于康衢,闻儿童[1]谣曰:“立我蒸民,莫匪尔极。不识不知,顺

**译文**

尧帝治理天下五十年,不知道天下治理好了呢?还是没有治理好?不知广大百姓愿意拥戴自己呢?还是不愿意拥戴自己?回头问身边的人,身边的人不知道。问宫外朝廷上的百官,他们也不知道。问不做官的长者,他们也不知道。

于是,尧便穿上百姓的衣服在四通八达的大路上私访,听到有儿童唱着歌谣道:“您养育我们百姓,无不出于您最高的美德。百姓全都不知不觉,遵循着

帝之则。”[2] 尧喜问曰：“谁教尔为此言？”童儿曰：“我闻之大夫。”问大夫，大夫曰：“古诗也。”

尧还宫，召舜，因禅[3]以天下。舜不辞而受之。

天帝的法则。”尧高兴地问道：“谁教你唱这首歌的？”儿童答道：“我们是从大夫那里听来的。”又问大夫，大夫说：“这是一首古诗。”

尧回到宫中，便把舜召来，将帝位禅让给了他。舜没有推辞便接受了。

## 注释

1 **儿童**：一作“童儿”。

2 四句童谣，前二句可参《诗经·周颂·思文》，后二句可参《诗经·大雅·皇矣》。张湛原注：“蒸，众也。夫能使万物咸得其极者，不犯其自然之性也。若以识知制物之性，岂顺天之道哉？”

3 **禅**(shàn)：让出帝位。张湛注：“功成身退。”

## 原文

4.15 关尹喜[1]曰：“在己无居[2]，形物其著[3]，其动若水[4]，其静若镜[5]，其应若响[6]。故其道若物者也。物自违道，道不违物。善若道者，亦不用耳，亦不用目，亦不用力，亦不用心。[7]欲若道而用视、听、形、智以求之，弗当矣。瞻之在前，忽焉在后。[8]用之，弥满六虚；废之，莫知其所。亦非有心者所能得远，

## 译文

关尹喜说：“只要自己不固执，一切事理就会自然澄明，这时，事物的运动就会像水一样流畅，事物的静止就会像镜子一样明净，事物的反应就会像回声一样忠实。所以说，事物的道，本来是顺应事物的变化的。只有事物违背道，道不会违背事物。善于顺应道的人，也不用耳朵，也不用眼睛，也不用气力，也不用心智。想去顺应道却又使用眼睛、耳朵、形体与心智去寻求，那是不恰当的。有时道看上去在前面，忽然又到了后面。发生作用时，它能充满上下四方；不运作时，它又不知道到了哪里。也不是有心人能使它远离，也不是无心人

亦非无心者所能得近。唯默而得之，而性成之者得之。[9]知而忘[10]情，能而不为，真知真能也。发[11]无知，何能情？发[12]不能，何能为？聚块也，积尘也，虽无为而非理也。”

能使它靠近，只有默默思索才能体会到它，只有顺应本性去成就的人才能感悟到它。有智慧而泯灭了情感，有才能而不去[任意]作为，这才是真正的智慧、真正的才能。发用无知之物，怎么能有情？发用无能之人，怎么会有为？聚集起来的土块啦，积累起来的尘埃啦，虽然也去情无为，却并不是无为的至理。”

## 注释

1 《汉书·艺文志·诸子略》道家著录“《关尹子》九篇”。班固自注：“名喜，为关吏，老子过关，喜去吏而从之。”

2 张湛原注：“泛然无系，岂有执守之所？”

3 **著**：一作“箸”，二字古通。张湛原注：“形物犹事理也。事理自明，非我之功也。”

4 张湛原注：“顺水而动，故若水也。”

5 张湛原注：“应而不藏，故若镜也。”

6 张湛原注：“应而不唱，故若响也。”

7 张湛原注：“唯忘所用，乃合道耳。”

8 张湛原注：“道岂有前后多少哉？随所求而应之。”

9 本书《汤问》第五章作“默而得之，性而成之”。

10 **忘**：一作“亡”。

11 **发**：一作“废”。

12 **发**：一作“废”。

# 第五卷　汤问

## 导读

本卷共十七章，因首章开篇以“殷汤问于夏革”开头，故以“汤问”为卷题。本卷主要谈人认知的范围，思想的局限，涉及道与术、自然造化与人工智巧等方面的关系问题。

首先，本篇探讨认知上的有限与无限的关系问题。在探讨物之终始时，涉及“自物之外，自事之先”等时空问题，提出了“含万物也故不穷，含天地也故无极”的宇宙观；“禹革对谈”“禹迷失途”“小儿辩日”等故事，也说明了即使圣人之智，亦有所不知。

其次，涉及物性自足，各完其分的人生观问题。在论物之巨细、修短、同异的性分与形气问题时，本篇认为万物虽“形气异”，然而其“性”“均”、其“生”“全”、其“分”“足”。各地“祝发裸身”等政治风俗，均为“默而得之，性而成之”，那其实是“未足为异”的。即使对于“来丹复仇”中的“孔周三剑”，及“女娲炼石”“愚公移山”“夸父逐日”“扁鹊治疾”“偃师造倡”“锟铻之剑”“火浣之布”等奇物异能，亦不必囿于浅见而过于惊奇。这些故事，很多都包含着多重的意蕴。比如，“愚公移山”“夸父逐日”，既意涵人类顽强的不屈服于自然力的韧性，知难而进；又指涉自然与人生各有胜场，宜各遂其性。就像公扈、齐婴“气”“志”各有偏胜一样，易置其心，进行“均于善”的人为，却造成人际关系紊乱甚至“相讼”的后果。

本卷将“均”视为“天下之至理”，而各有所“均”。“扁鹊换心”“偃师造倡”，为“均”于人之心性；“詹何持钩”，由“用心专，动手均”“以弱制强”而可推向治国，是“均”于术；鼓琴听音、高山流水，终身向学、响遏行云，纪昌学射、泣拜盟誓，内得于心，外应于器，是“均”于技。另外，“薛谭学讴”“偃师造倡”“甘蝇善射”“造父习御”等说明技艺上强中更有强中手的道理；“瓠巴鼓琴”“师文学琴”“伯牙善鼓”说明了师法自然的习艺技巧。

## 原文

5.1 殷汤问于夏革[1]曰：“古初有物乎？”夏革曰：“古初无物，今恶得物？后之人将谓今之无物，可乎？”

殷汤曰：“然则物无先后乎？”夏革曰：“物之终始，初无极已。始或为终，终或为始，恶知其纪[2]？然自物之外，自事之先，朕所不知也。[3]”

殷汤曰：“然则上下八方有极尽乎？”革曰：“不知也。”

## 译文

商汤问夏革说：“古代最初有万物吗？”夏革说：“如果古代最初没有万物，现在哪来的万物？将来的人要说现在没有万物，可以吗？”

商汤又问：“那么万物的产生就没有先后之别吗？”夏革说：“万物的死亡与产生，本来没有界限。这个事物的产生可能就是那个事物的死亡，这个事物的死亡可能就是那个事物的开始，又怎么能理清它们的头绪呢？但是，如果说万物之外还有什么，万事发生以前又是何种情形，那我就不知道了。”

商汤问道：“那么上下八方有最终的尽头吗？”夏革回答道：“不知道。”

## 注释

1 **夏革**(jí)：字子棘，商汤的大夫。本章故事，亦见于《庄子·逍遥游》。

2 **纪**：头绪。

3 **朕**：我。张湛原注：“谓物外事先，廓然都无，故无所指言也。”其注与上文夏革所言“古初无物，今恶得物？后之人将谓今之无物，可乎”，不相合。

**原文**

汤固问。革曰："无则无极，有则有尽[1]；朕何以知之？然无极之外复无无极，无尽之中复无无尽。无极复无无极，无尽复无无尽。朕以是知其无极无尽也，而不知其有极有尽也。"

汤又问，曰："四海之外奚有？"革曰："犹齐州[2]也。"

**译文**

商汤再三追问他。夏革说："无，就没有极限；有，[没]有止境，我怎么能知道呢？但是在无极之外又没有其极限，在无尽之中又没有其穷尽。既然无极之外又没有其极限，无尽之中又没有其穷尽，那么，我就根据这一点知道万物没有极限、没有穷尽，而不知道它有极限、有穷尽。"

商汤又问道："四海之外有什么？"夏革说："同中国差不多。"

**注释**

1 **有则有尽**：或疑"有"为"无"之误。陶鸿庆："'有则有尽'下'有'字亦当作'无'……下文'无极之外，复无无极，无尽之中，复无无尽'，即承此言。今本误作'有尽'，则非其旨矣。"

2 **齐州**：中国。齐，通"脐"，中也。张湛注："齐，中也。"本书《黄帝》卷第二章有"不知斯齐国几千万里"，《周穆王》第四章有"四海之齐谓中央之国"。

**原文**

汤曰："汝奚以实之？"

革曰："朕东行至营，人民犹是也。问营之东，复犹营也。西行至豳，人民犹是也。问豳之西，复犹豳也。朕以是知四海、四荒、四极[1]之不异是

**译文**

商汤问："你用什么来证实这个看法？"

夏革说："我向东走到营州，人民同这里一样。问营州以东，又同营州一样。向西走到豳州，人民同这里一样。问豳州以西，又同豳州一样。我根据这些知道四海、四荒、四极这些地方同我们这里没有什么两样。所以大物与小物互相

也。故大小相含，无穷极也。含万物者，亦如含天地。含万物也故不穷，含天地也故无极。朕亦焉知天地之表不有大天地者乎？亦吾所不知也。然则天地亦物也。物有不足，故昔者女娲氏练五色石以补其阙[2]；断鳌之足以立四极。其后，共工氏与颛顼争为帝[3]，怒而触不周之山，折天柱，绝地维[4]。故天倾西北，日月星辰就焉；地不满东南，故百川水潦归焉。"

包含，没有穷尽。包含万物的，也像包含天地一样。因为包含着万物，所以没有穷尽；因为包含着天地，所以没有极限。我怎么能知道天地之外没有比天地更大的天体呢？这也是我所不知道的。但是天地也是物体。物体自有不足之处，所以过去女娲氏烧炼五种颜色的石头去弥补天地的空缺，砍断巨龟的四只脚去撑起天地的四角。后来共工氏与颛顼争夺帝位，因愤怒而碰到了不周山，折断了顶着天的柱子，扯断了拉着地的绳子，天往西北方向倾斜，所以日月星辰都向西北运动；地往东南方向下陷，所以江河湖水都向东南流淌汇集。"

## 注释

1 **四海、四荒、四极**：《尔雅·释地》："东至于泰远，西至于邠国，南至于濮铅，北至于祝栗，谓之四极。觚竹、北户、西王母、日下，谓之四荒。九夷、八狄、七戎、六蛮，谓之四海。"

2 **练**：古同"炼"。女娲炼石补天事，亦见《淮南子·览冥训》等。《论衡·谈天》："儒书言：'共工与颛顼争为天子不胜，怒而触不周之山，使天柱折，地维绝。女娲销炼五色石以补苍天，断鳌足以立四极。天不足西北，故日月移焉；地不足东南，故百川注焉。'此久远之文，世间是之言也。文雅之人，怪而无以非，若非而无以夺，又恐其实然，不敢正议。"张湛作注时，仅强调女娲氏"调和阴阳"之功："阴阳失度，三辰盈缩，是使天地之阙，不必形体亏残也。女娲，神人，故能练五常之精以调和阴阳，使晷度顺序，不必以器质相补也。"

3 **共工氏**：名康回，女娲氏时的部落首领。**颛顼**(zhuānxū)：黄帝孙，古代部落首领。共工氏与颛顼相争事，亦见于《淮南子·天文训》。

4 **地维**：大地的四角。古人认为天圆地方，大地四角各有大绳维系。

**原文**

汤又问："物有巨细乎？有修短乎？有同异乎？"

革曰："渤海之东不知几亿万里，有大壑[1]焉，实惟无底之谷，其下无底，名曰归墟[2]。八纮九野[3]之水，天汉[4]之流，莫不注之，而无增无减焉。其中有五山焉：一曰岱舆[5]，二曰员峤[6]，三曰方壶，四曰瀛洲[7]，五曰蓬莱。其山高下周旋三万里，其顶平处九千里。山之中间相去七万里，以为邻居焉。其上台观皆金玉，其上[8]禽兽皆纯缟。珠玕[9]之树皆丛生，华实皆有滋味，食之皆不老不死。所居之人皆仙圣之种，一日一夕飞相[10]往来者，不可数焉。而五山之根无所连著[11]，常随潮波上下往还，不得暂峙焉。

"仙圣毒[12]之，诉之于

**译文**

商汤又问："万物有大小吗？有长短吗？有同异吗？"

夏革说："在渤海的东面不知几亿万里的地方，有一个很大的沟壑，实际上是一个没有底的山谷，那下面没有底，名字叫归墟。地面八极、天空八方中央的流水，以及银河的流水，没有不流到那里的，而那里的水既没有增加，也没有减少。那里有五座山：第一座叫岱舆山，第二座叫员峤山，第三座叫方壶山，第四座叫瀛洲山，第五座叫蓬莱山。每座山高低延伸周长达三万里，山顶上的平坦处也有九千里。山与山之间距离达七万里，却互相认为是邻居。山上的楼台宫殿都由金银珠玉建成，山上的飞禽走兽却是一样的纯白色。珠玉宝石之树长得密密麻麻，花朵与果实的味道都很鲜美，吃了它可以永远不老，永不死亡。住在那里的人都是神仙圣人一类，一天一夜就能飞过去又飞回来的人，数也数不清。但五座山的根部并不相连，经常跟随潮水的波浪上下移动，不能有一刻稳定。

"神仙和圣人们都讨厌此事，便报告了天帝。天帝担心这五座山流到最西边

帝。帝恐流于西极，失群仙圣之居，乃命禺强[13]使巨鳌十五举首而戴之。迭为三番，六万岁一交焉。五山始峙[14]。而龙伯之国有大人，举足不盈数步[15]而暨五山之所，一钓[16]而连六鳌，合负而趣[17]，归其国，灼其骨以数[18]焉。于是，岱舆、员峤二山，流于北极，沉于大海，仙圣之播迁者巨亿计。帝凭[19]怒，侵[20]减龙伯之国使厄，侵小龙伯之民使短。至伏羲神农时，其国人犹数十丈。

“从中州以东四十万里得僬侥国人，长一尺五寸。[21]东北极有人名曰诤人，长九尺。荆之南有冥灵[22]者，以五百岁为春，五百岁为秋。上古有大椿者，以八千岁为春，八千岁为秋。朽壤之上有菌芝者，生于朝，死于晦。[23]春夏之月有蠓蚋[24]者，因雨而生，见阳而死。终发[25]之北有溟海者，天池

去，使众多的神仙与圣人失去居住的地方，于是命令禺强指挥十五只大龟抬起脑袋把这五座山顶住。分为三班，六万年一换。这五座山才开始稳定下来不再流动。但是龙伯之国有个巨人，抬起脚没走几步就到了这五座山所在的地方，一钩就钓上了六只大龟，合起来背上就回到了他们的国家，然后烧灼大龟的骨头来占卜吉凶。于是岱舆和员峤二山便流到了最北边，沉入了大海，神仙和圣人流离迁徙的多得要用亿数来计算。天帝大发脾气，于是逐渐缩小了龙伯国的国土使它越来越狭，逐渐缩小了龙伯国的人民使他们越来越矮。到伏羲、神农时，那个国家的人还有几十丈高。

“从中国往东四十万里有一个僬侥国，那里的人身高只有一尺五寸。最东北边的诤人，他们的身高只有九寸。荆州南面有一种冥灵树，生一次叶的时间需五百年，落一次叶的时间也达五百年。上古时有一种大椿树，生一次叶需八千年，落一次叶也达八千年。腐烂的土壤上有一种叫菌芝的植物，早上长出来，到晚上就死去了。春天和夏天有一种叫蠓蚋的小飞虫，下雨时出生，一见太阳就死了。终北国以北有溟海，又叫天池，其中有一种鱼，宽达数千里，它的长度和宽度

也。有鱼焉，其广数千里，其长称焉，其名为鲲。有鸟焉，其名为鹏，翼若垂天之云，其体称焉。世岂知有此物哉？大禹行而见之，伯益[26]知而名之，夷坚[27]闻而志之。

“江浦之间生么[28]虫，其名曰焦螟，群飞而集于蚊睫，弗相触也。栖宿去来，蚊弗觉也。离朱、子羽[29]，方昼拭眦[30]扬眉而望之，弗见其形；觥俞、师旷[31]方夜擿[32]耳俯首而听之，弗闻其声。唯黄帝与容成子居空峒[33]之上，同斋三月，心死形废[34]；徐以神视，块然见之，若嵩山之阿；徐以气听，砰然闻之，若雷霆之声。

“吴楚之国有大木焉，其名为櫾[35]，碧树而冬生[36]，实丹而味酸。食其皮汁，已愤厥之疾[37]。齐州珍之，渡淮而北而化为枳焉。鸜鸲不逾济，貉逾汶则死矣，地气然也。[38]

相称，鱼的名字叫作鲲。又有一种鸟，它的名字叫作鹏，翅膀像垂在天上的云，它的身体和翅膀相称。世上的人哪里知道有这些东西呢？大禹治水出行时见到了，伯益知道后给它们起了名字，夷坚听说后把它们记录了下来。

“江浦之间生有一种极细小的虫子，它的名字叫焦螟，成群地飞起来聚集在蚊子的眼睫毛上，它们互相之间还碰不到。在睫毛上休息、住宿，飞来飞去，蚊子一点也不觉察。离朱、子羽在大白天擦了眼睛去观看，也看不到它们的形体；觥俞、师旷在夜深人静时掏空耳朵低着脑袋去倾听，也听不到它们的声音。只有黄帝和容成子居住在崆峒山上，一同斋戒三个月，心念死寂，形体废弃，然后慢慢地用神念去观察，才能看到土块一样的东西，像是嵩山的山丘；慢慢地用气去倾听，才能听得砰砰的声音，像是雷霆的声音。

“吴国和楚国有一种大树，它的名字叫柚，绿色的树叶到冬天还是青青的，果实是红的，味道是酸的。吃它的皮和汁，可以治愈气逆的疾病。中原人珍爱它，但移植到淮河以北便成了枳。八哥不能渡过济水，狗獾渡过汶水就死了，这些都是地气造成的。

“虽然，形气异也，性钧已，无相易已。生皆全已，分皆足已。吾何以识其巨细？何以识其修短？何以识其同异哉？”

“纵然如此，形状和气质不同，但本性是一样的，不必互相交换，天性就很完备，天分也很充足。我怎么能辨别它们的大小，怎么能辨别它们的长短，怎么能辨别它们的同异呢？”

## 注释

1 《山海经·大荒东经》：“东海之外大壑。”郭璞注：“《诗纬·含神雾》曰：‘东注无底之谷。’谓此壑也。”

2 **归墟**：殷敬顺以为或作“归塘”。

3 **八纮九野**：八维九州。纮，或作“统”“紘”。《淮南子·地形训》：“九州之外，乃有八殥。……八殥之外，而有八纮。……八纮之外，乃有八极。”高诱注：“纮，维也。”张湛原注：“八纮，八极也。九野，天之八方中央也。”

4 **天汉**：天河，银河。张湛注：“世传天河与海通。”

5 王嘉《拾遗记》：“岱舆山，一名浮析，东有员渊千里，常沸腾，以金石投之，则烂如土矣。孟冬水涸，中有黄烟从地出，起数丈，烟色万变。”

6 王嘉《拾遗记》：“员峤山，一名环丘。上有方湖，周回千里。多大鹊，高一丈，衔不周之粟。粟穗高三丈，粒皎如玉。鹊衔粟飞于中国，故世俗间往往有之。其粟，食之历月不饥，故《吕氏春秋》云：‘粟之美者，有不周之粟焉。’”

7 嵇康《琴赋》：“凌扶摇兮憩瀛洲，要列子兮为好仇。”嵇康大概读过《列子》，乃愿与列子“乘奔御风”而神游瀛洲。

8 陶鸿庆、王重民疑“其上”二字重复。黄按：“上”或为“下”之误，“其下”与前文“其上”相对。

9 **珠玕**(gān)：珠玉。

10 **相**：《太平御览》卷三八《事类赋》七引作“翔”。

11 **著**：一作“箸”，二字刻本常混用，可通。

12 **毒**：病。

13 **禺强**:东海神,“强”或作“虢”。
14 一本“峙”下有“而不动”三字。
15 **步**:一作“千”。
16 **钓**:一作“钩”。
17 **趣**:通“趋”。
18 **数**:占卜。
19 **凭**:大怒。
20 **侵**:逐渐。
21 **僬侥**(jiāoyáo):西南小国。王重民认为“中州以东”中的“东”,当为“西”字之误。
22 **冥灵**:江南大树。
23 某些朝生暮死的植物,借喻极短的生命。
24 **蠓蚋**(měngruì):小飞虫。
25 **发**:一作“北”。俞樾:“终北,国名,下文曰‘禹之治水土也,迷而失涂,谬之一国,滨北海之北,其国名曰终北’是也。”
26 **伯益**:嬴姓各族的祖先,助禹治水有功,曾被选为禹的继承人。
27 **夷坚**:人名。张湛注:“夷坚未闻,亦古博物者也。”
28 **么**:细小。
29 张湛注:“离朱,黄帝时明目人,能百步望秋毫之末。子羽未闻。”
30 **眦**(zì):眼眶。
31 张湛注:“觥俞未闻也。师旷,晋平公时人,夏革无缘得称之,此后著书记事者润益其辞耳。”
32 **擿**(zhì):搔爬。
33 **空峒**:一作“崆峒”,山名,在今河南抚州临川境内。
34 **心死形废**:张湛注:“所谓心同死灰,形若槁木。”
35 **櫾**(yòu):同“柚”。
36 王重民曰:“‘生’当作‘青’……‘青’字阙坏为‘主’,因误为‘生’。《齐民要术》卷十引作‘碧树而冬青生’,虽衍一‘生’字,而‘青’字尚不误。《类聚》八十七(引作‘列传’当是‘列子’之误)、《御览》九百七十三并引正作‘冬青’可证。”王叔岷:“《记纂渊海》九二引亦作‘青’。”

37 **已**:治愈。**厥**:"瘚"之借字,逆气。

38 **鸜鹆**(qúyù):亦作"鸲鹆",八哥。《周礼·考工记序》:"橘逾淮而北为枳,鸲鹆不逾济,貉逾汶则死,此地气然也。"

## 原文

5.2 太形[1]、王屋二山,方七百里,高万仞;本在冀州之南,河阳之北。

北山愚公者,年且九十,面山而居。惩山北之塞,出入之迂也,聚室而谋,曰:"吾与汝毕力平险,指通豫南,达于汉阴,可乎?"杂然相许。其妻献疑曰:"以君之力,曾不能损魁父之丘[2],如太行、王屋何?且焉置土石?"杂曰:"投诸渤海之尾,隐土之北。"遂率子孙荷担者三夫,叩石垦壤,箕畚运于渤海之尾。

邻人京城氏之孀妻,有遗男,始龀[3],跳往助之。寒暑易节,始一反[4]焉。

河曲智叟笑而止之,曰:"甚矣,汝之不惠[5]!以残年余力,曾不能毁山之一毛,其如土石何?"北山愚公长息曰:"汝心不固,

## 译文

太行、王屋两座山,方圆七百里,有万仞之高,原来在冀州之南、河阳之北。

山北面有位愚公,年纪将近九十岁了,面对着大山居住。他苦于大山堵塞了山北往山南的去路,出入都要绕着大山走,便召集全家商议,说:"我和你们用毕生精力削平山险,使道路直通豫州之南,到达汉水南岸,行吗?"全家异口同声地表示赞成。他的老伴提出了疑问,说:"凭你的力气,连魁父那样的小土丘都动不了,又岂能动得了太行山、王屋山呢?而且挖出来的土块石头,又置放到哪里呢?"大家纷纷说:"倒到渤海的海边,隐土的北边。"愚公于是就带领儿孙中能挑担子的三个人,敲石挖土,再用簸箕运到渤海的海边。

邻居京城氏的寡妇,有个遗腹子,刚到换牙齿的年龄,蹦蹦跳跳地也跑来帮忙。冬去夏来,一年间才能往返一趟。

河曲一位叫智叟的人笑着劝阻他们,说:"你愚蠢得也太厉害了!以你快要死的年纪,剩下的一点力气,连山上的一根草也毁不掉,又能对土块和石头

固不可彻，曾不若孀妻弱子。虽我之死，有子存焉。子又生孙，孙又生子；子又有子，子又有孙：子子孙孙，无穷匮也。而山不加增，何苦而不平？”河曲智叟亡以应。

操蛇之神闻之[6]，惧其不已也，告之于帝。帝感其诚，命夸蛾氏二子负二山，一厝朔东，一厝雍南。自此，冀之南、汉之阴无陇[7]断焉。

怎样呢？”北山愚公长叹道：“你的思想太顽固，顽固得无法说通，连寡妇和小孩都不如。即使我死了，有儿子在。儿子又生孙子，孙子又生儿子，儿子又有儿子，儿子又有孙子，子子孙孙，没有穷尽，而山却不会再增高，为什么要担心挖不平呢？”河曲智叟无言以对。

操蛇的山神听说了，怕他们真的挖个不停，便报告了天帝。天帝被他们的诚心所感动，命令夸蛾氏的两个儿子背起这两座山，一座放到了朔州的东面，一座放到了雍州的南面。从此，冀州之南、汉水之南便再也没有山丘阻塞了。

## 注释

1 张湛原注：“‘形’当作‘行’。”

2 张湛注：“魁父，小山也，在陈留界。”

3 **龀**(chèn)：儿童换齿。

4 **反**：通“返”。

5 **惠**：一作“慧”，二字通。

6 张湛注：“《大荒经》云：山海神皆执蛇。”

7 **陇**：一作“垅”，均通“垄”。

## 原文

5.3 夸父[1]不量力，欲追日影。逐之于隅谷[2]之际，渴，欲得饮，赴饮河、渭。河、渭不足，将走北，

## 译文

夸父自不量力，想要追赶太阳的影子。他追到太阳隐没的隅谷的边界，口渴了，想喝水，便跑到黄河与渭水边去喝水。黄河、渭水的水不够喝，准备再往北跑，到

饮大泽。未至，道渴而死。弃其杖，尸膏肉所浸，生邓林。邓林弥广数千里焉。

那儿的大湖去喝水。还没有跑到，就渴死在半道上了。他扔掉的手杖，由于尸体中血肉的浸润，长成了邓林。邓林茂密宽阔，方圆可达数千里。

### 注释

1 **夸父**：又称“博父”，古代神话中的人物。

2 **隅谷**：太阳落山之处。

### 原文

5.4 大禹[1]曰：“六合之间，四海之内，照之以日月，经之以星辰，纪之以四时，要之以太岁[2]。神灵所生，其物异形；或夭或寿，唯圣人能通其道。”

夏革曰：“然则亦有不待神灵而生，不待阴阳而形，不待日月而明，不待杀戮而夭，不待将迎而寿[3]，不待五谷而食，不待缯纩[4]而衣，不待舟车而行。其道自然，非圣人之所通也。”

### 译文

大禹说：“上下四方之间，四海之内，日月照耀着它，星辰环绕着它，四季计量它的顺序，以太岁星运行作为纪年。由神灵所产生，形状各不相同；有的早夭，有的长寿，只有圣人才能知晓其中的道理。”

夏革说：“但是也有不需要神灵就能产生，不需要阴阳二气而有形体，不需要日月而有光明，不需要杀戮而会死亡，不需要保养而会长寿，不需要五谷而有饭吃，不需要丝绸而有衣穿，不需要车船而能行路，它的方法是自然而然，这就不是圣人所能知晓的了。”

### 注释

1 **大禹**：或可作“《大禹》”。《汉书·艺文志·诸子略》杂家著录有《大命》三十七篇。班固自注：“传言禹所作，其文似后世语。”颜师古注：“命，古禹字。”

2 **太岁**：木星。据杨伯峻，“太岁即木星，木星公转周期为11.86年，古人误以为十二年，于是分黄道带为十二次，每年经过一次，故云‘要之以太岁’。要，约也”。

3 **将迎**：将养。张湛原注：“自夭者不由祸害，自寿者不由接养。”

4 **缯纩**(zēngkuàng)：丝绵织品。

**原文**

5.5 禹之治水土也，迷而失涂[1]，谬之一国。滨北海之北，不知距齐州几千万里。其国名曰终北，不知际畔之所齐限。无风雨霜露，不生鸟兽、虫鱼、草木之类。四方悉平，周以乔陟[2]。当国之中有山，山名壶领，状若甔甀[3]。顶有口，状若员[4]环，名曰滋穴[5]。有水涌出，名曰神瀵[6]，臭过兰椒，味过醪醴。一源分为四埒[7]，注于山下。经营一国，亡不悉遍。

土气和，亡札厉[8]。人性婉而从物，不竞不争；柔心而弱骨，不骄不忌；长幼侪居，不君不臣；男女杂游，不媒不聘；缘水而居，不耕不稼。土气温

**译文**

大禹治理洪水，迷失了道路，误入了一个国家。它濒临北海的北边，不知距中国有几千万里之遥。那个国家名叫终北，不知它的边界到哪里为止。那里没有风雨霜露，不生鸟兽、虫鱼、草木这些生物。四境之内一马平川，四周则有重重山脉围绕。国境中央有座山，名叫壶领，形状像瓮坛。山顶上有个口，形状像个圆环，名叫滋穴。有水从中涌出，名叫神瀵，气味清香胜过兰椒，味道甘美胜过甜酒。这一水源又分出四道水流，流注到山脚下，再蜿蜒流经各地，全国没有浸润不到的地方。

这个国家土气中和，没有瘟疫流行。人民性情温和委婉，能顺其自然，不去竞逐，也不争夺；心地柔顺，筋骨软弱，不骄傲，不嫉妒；年长和年幼的都平等地居住在一起，没有君主，没有臣属；男女混杂交游，不需要媒妁，也没有聘礼；人们依水而居，不耕作，不收割；土气温和适宜，不织布帛，不穿衣服；人们活到百岁才自然死

适，不织不衣；百年而死，不夭不病。

其民孳阜亡数，有喜乐，亡衰老哀苦。其俗好声，相携而迭谣，终日不辍音。饥惓则饮神瀵，力志和平。过则醉，经旬乃醒。沐浴神瀵，肤色脂泽，香气经旬乃歇。

亡，不早夭，也不生病。

那里的人民繁衍无数，有喜有乐，没有衰老、悲哀和痛苦。那里的风俗喜欢音乐，手拉着手地轮流唱歌，歌声终日不停。饥饿疲倦了就喝神瀵的水，力气和心志便又恢复到中和与平静。喝多后就醉倒了，一醉十多天才会醒来。用神瀵的水洗澡，肤色柔滑而有光泽，附上的香气十多天后才消散。

## 注释

1 **涂**：通“途”。本书中“涂”多通“途”。
2 **陟**(zhì)：层叠的山。
3 **甔甀**(dānzhuì)：坛子一类的小口瓦瓮。
4 **员**：通“圆”。
5 **沉**：一作“穴”。
6 **瀵**(fèn)：自下涌出之水。
7 **四埒**(liè)：山上水道。
8 **札**：因遭瘟疫而早夭。**厉**：通“疠”，染疫病。

## 原文

周穆王北游，过其国，三年忘归。既反周室，慕其国，僘然[1]自失。不进酒肉，不召嫔御者，数月乃复。

管仲勉齐桓公，因游辽口，俱之其国。几克

## 译文

周穆王北游，经过那个国家时，一住三年，流连忘返。回到周朝宫殿以后，他仍然思慕那个国家，觉得十分失意，不想吃酒肉，也不见嫔妃，好几个月以后才恢复常态。

管仲听说后劝齐桓公趁游辽口之便，一起都到那个国家去。在几乎就要动身

举，隰朋[2]谏曰："君舍齐国之广，人民之众，山川之观，殖物之阜，礼义之盛，章服之美；妖靡盈庭，忠良满朝。肆[3]咤则徒卒百万，视抷[4]则诸侯从命，亦奚羡于彼而弃齐国之社稷，从戎夷之国乎？此仲父之耄，奈何从之？"

桓公乃止，以隰朋之言告管仲。仲曰："此固非朋之所及也。臣恐彼国之不可知[5]之也。齐国之富奚恋？隰朋之言奚顾？"

时，隰朋劝阻说："大王身居的齐国，有着广阔的土地，众多的人民，可观的山川，丰富的物产，隆盛的礼义，华丽的穿戴，妖艳嫔妃充满后宫，文武忠良充满朝廷。大王叱咤一声就能聚集徒卒百万，号令一下就能使诸侯听命，又为什么要羡慕别的国家而抛弃齐国的祖宗和土地，纵游于野蛮落后的国家呢？这都是仲父年老糊涂，为什么要听他的呢？"

齐桓公便停止了出游的准备，把隰朋的话告诉了管仲。管仲说："这本来不是隰朋所能明白的。我恐怕那个国家是去不了了。[如果知其美好而决心再次出游，那么]齐国的富饶有什么可留恋的？隰朋的话有什么好顾虑的？"

## 注释

1 **惝(chǎng)然**：失意的样子。惝，可省作"惝"。

2 **隰(xí)朋**：齐桓公时大夫，曾助管仲相桓公，终成霸业。

3 张湛原注："'肆'疑作'叱'。"

4 张湛原注："'视'疑作'指'。"殷敬顺《释文》："视抷，音'指挥'。"

5 **知**：往，《太平御览》引作"升"。张湛原注："此国自不可得往耳，岂以朋之言故止也！"

## 原文

5.6 南国之人，祝发[1]而裸；北国之人，鞨[2]巾而裘；中国之人，冠

## 译文

南方国家的人，剪短头发而裸露身体；北方国家的人，头扎布巾而身穿皮袄；中州国家的人，头戴礼帽而穿衣束裙。九州各地

冕而裳。九土[3]所资，或农或商，或田[4]或渔，如冬裘夏葛，水舟陆车，默而得之，性而成之。

越之东，有辄木[5]之国，其长子生，则鲜[6]而食之，谓之宜弟。其大父[7]死，负其大母而弃之，曰："鬼妻不可以同居处。"

楚之南，有炎人之国[8]，其亲戚死，㱙[9]其肉而弃，然后埋其骨，乃成为孝子。

秦之西，有仪渠之国者，其亲戚死，聚柴积而焚之。熏则烟上，谓之登遐，然后成为孝子。

此上以为政，下以为俗，而未足为异也。

借以生养的条件不同，有的务农有的经商，有的打猎有的捕鱼，就像冬天穿皮袄、夏天穿丝绸，水行坐船、陆行乘车一样，那是不用说话就自然明白，是顺应本性而自然形成的。

越国的东方有个辄木国，那里的人，第一个儿子生下来不久，就被杀死吃了，说是有利于以后多生儿子。要是他们的祖父去世了，就把祖母背出去扔掉，还说："这是死鬼的妻子，不能同我们住在一起。"

楚国的南方有个炎人国，要是有人的父母去世了，家人把死者身上的肉剔下来扔掉，然后把骨头埋到土里，这样才算是孝子。

秦国的西方有个仪渠国，那里人们的父母去世了，要把柴火堆起来放在尸体下焚烧，要是烧得尸体的烟气熏腾，直往上跑，叫升天成仙，这样才算是孝子。

这些做法，各国的官方当作政事来抓，民间当作风俗来做，大家都不觉得有什么奇怪的。

## 注释

1 **祝发**：截断头发。

2 **鞨**(mò)：裹束。

3 **九土**：九州之土。据《尚书·禹贡》，冀州白壤，兖州黑坟，青州白坟，徐州赤埴坟，扬州涂泥，荆州涂泥，豫州惟壤，梁州青黎，雍州黄壤。

4 **田**：后作"佃"，农耕；后作"畋"，打猎。均通。因前文已有"农"，故取后者。

5 **辄木**:一作“輆木”,传说中的国名。有注家认为即指“儋耳”,在今海南岛。

6 **鲜**:指新杀的鸟兽。

7 **大父**:祖父。下文“大母”指祖母。

8 **炎人之国**:事见《墨子·节葬下》《墨子·鲁问》。炎,或作“啖”。

9 **歼**:通“朽”。严北溟等读 guǎ,释为“割肉离骨”。

## 原文

5.7 孔子东游,见两小儿辩斗。[1] 问其故,一儿曰:“我以日始出时去人近,而日中时远也。”一儿以日初出远,而日中时近也。[2] 一儿曰[3]:“日初出大如车盖[4],及日中则如盘盂,此不为远者小而近者大乎?”一儿曰:“日初出沧沧凉凉,及其日中如探汤,此不为近者热而远者凉乎?”孔子不能决也。两小儿笑曰:“孰为[5]汝多知乎?”

## 译文

孔子到东方游览,看见两个小孩在争辩,便问他们为什么争辩。一个小孩说:“我认为太阳刚出山时离我们近,而中午时离我们远。”另一个小孩说:“我认为太阳刚出山时离我们远,而中午时离我们近。”一个小孩说:“太阳刚出山时像车盖那么大,到了中午,就像小盘子那么大了,这不正是离人远的看来小,而离人近的看起来大吗?”另一个小孩说:“太阳刚出山时又寒又冷,到中午像手伸进热水里一样,这不正是离人近时热而离人远时凉吗?”孔子不能裁决。两个小孩笑着说:“谁说你知识丰富啊?”

## 注释

1 本章故事,亦见于《金楼子·立言》《法苑珠林》《桓子新论》《隋书·天文志》《博物志》等。

2 据《事类赋》天部三,《御览》三及三八五引本文,“儿”字下有“曰我”二字。则此标点可为:“一儿曰:‘我以日初出远,而日中时近也。’”如此,则上下文格式一致。

3 王重民:“《御览》三引‘一儿’上有‘曰尔何以知’五字。”王叔岷:“《天中记》一引‘一儿’上亦有‘曰尔何以知’五字,《事类赋》一天部一引‘一儿’上有‘曰尔何以知之’六字。”

4 王重民:“《意林》、《初学记》一、《御览》三引‘车盖’并作‘车轮’。”王叔岷:“《事类赋》一天部一引…… ‘车盖’亦作‘车轮’,《韵府群玉》十八引亦作‘车轮’。”

5 **为**:通“谓”。

**原文**

5.8 均,天下之至理也,连于形物亦然。均发均县[1],轻重而发绝,发不均也。均也,其绝也,莫绝。[2]人以为不然,自有知其然者也。

詹何[3]以独茧丝为纶,芒针为钩,荆篠为竿,剖粒为饵,引盈车之鱼于百仞之渊、汩流之中,纶不绝,钩不伸,竿不挠[4]。

楚王闻而异之,召问其故。詹何曰:“臣闻先大夫之言,蒲且子之弋[5]也,弱弓纤缴[6]乘风振之,连双鸧[7]于青云之际。用心专,动手均也。臣因其事,放[8]而学钓[9],五年始尽其道。当臣之临河持竿,心无杂虑,唯鱼之念;投

**译文**

均是天下最高的准则,涉及有形的物体也是这样。均匀的头发能悬挂均匀的物体,有轻有重而头发断绝,就是因为不均匀的缘故。力量均匀,本来应该断的也不会断。一般人认为不是这样,但自然会有懂得这个道理的人。

詹何用一根蚕丝做鱼线,用稻麦的芒针做鱼钩,用荆条和嫩竹做鱼竿,把米粒剖开当鱼饵,在八十丈深的深渊和湍急的水流中可以钓到满满一大车鱼,而且鱼线不断,鱼钩不直,鱼竿也不弯。

楚王听说后感到奇怪,便召他来问其中的道理。詹何说:“我听我已故的父亲说,蒲且子射鸟,用柔弱的弓和纤细的丝线趁着风势射出去,能把一对黄鹂从青云之上射下来,就是因为用心专一,动手均匀。我沿用他的方法,模仿着去学习钓鱼,用了五年时间才完全掌握了这种技术。当我在河边拿着鱼竿的时候,心中没有杂念,只想着钓鱼,扔出鱼线,沉下鱼钩,手

纶沉钩，手无轻重，物莫能乱。鱼见臣之钩饵，犹沉埃聚沫，吞之不疑。所以能以弱制强，以轻致重也。大王治国诚能若此，则天下可运于一握，将亦奚事哉？”[10]楚王曰：“善。”

不轻不重，任何事物不能扰乱。鱼看见我的钓饵，认为是沉淀下来的尘埃和聚集在一起的泡沫，毫不怀疑地吞了下去。这就是我所以能以柔弱制服刚强，以轻物得到重物的道理。大王治理国家如果也能这样，那天下就可以在你的手掌上运转，还会有什么做不到的事情呢？”楚王说：“说得好！”

## 注释

1 **县**：通“悬”。

2 语见《墨子·经说下》。张湛注“其绝”：“若其均也，宁有绝理。”张湛注“莫绝”：“言不绝也。”

3 张湛注：“詹何，楚人，以善钓闻于国。”

4 **挠**：一作“桡”，二字音近、形似，可通。

5 **弋**：用绳系在箭上射。张湛注：“蒲且子，古善弋射者。”

6 **缴**(zhuó)：系在箭上的生丝绳。

7 **鸧**(cāng)：即鸧鹒鸟，也叫黄鹂、黄莺、黄鸟。

8 **放**：通“仿”，仿效。

9 **钓**：一作“钩”，二字古通。《说文》：“钓，钩鱼也。”《广雅》：“钓，钩也。”

10 本段所言，可参《淮南子·览冥训》：“故蒲且子之连鸟于百仞之上，而詹何之骛鱼于大渊之中，此皆得清净之道，太浩之和也。”

## 原文

5.9 鲁公扈、赵齐婴二人有疾，同请扁鹊[1]求治。

扁鹊治之，既同愈，谓公扈、齐婴曰：“汝曩之所疾，自外而干府藏者，固

## 译文

鲁国的公扈和赵国的齐婴两人有病，一同到扁鹊那里请求医治。

扁鹊为他们看了病，不久就一起治愈了，扁鹊对公扈和齐婴说：“你们以前所害的病，是从外面侵入腑脏的，用药草

药石之所已。今有偕生之疾，与体偕长，今为汝攻之，何如？”

二人曰：“愿先闻其验。”

扁鹊谓公扈曰：“汝志强而气弱，故足于谋而寡于断。齐婴志弱而气强，故少于虑而伤于专。若换汝之心，则均于善矣。”扁鹊遂饮二人毒酒，迷死三日，剖胸探心，易而置之；投以神药，既悟，如初。二人辞归。

于是公扈反齐婴之室，而有[2]其妻子，妻子弗识。齐婴亦反公扈之室，有其妻子，妻子亦弗识。

二室因相与讼，求辨于扁鹊。扁鹊辨其所由，讼乃已。[3]

和针砭就能治好。现在你们有生下来就有的病，和身体一同增长，现在为你们治疗，怎么样？”

他们二人说：“希望先说说病的症状。”

扁鹊对公扈说：“你的心志刚强但气魄柔弱，所以计谋太多而缺乏果断。齐婴心志柔弱但气魄刚强，所以计谋太少而十分专横。如果把你们的心交换一下，那就都会很好了。”扁鹊于是叫两人喝了毒酒，让他们昏迷了三天，剖开胸膛，取出心脏，交换以后又放了进去，给他们吃了神药，醒来以后一切和原来一样。两人告辞回家。

于是公扈回到了齐婴的家，并拥有他的妻子儿女，妻子儿女却不认识他。齐婴也回到了公扈的家，占有他的妻子儿女，妻子儿女也不认识他。

两家人因此打起了官司，求扁鹊来分辨缘由。扁鹊说明了此事发生的原因，官司才解决。

## 注释

1 **扁鹊**：战国名医，姓秦，名越人。俞樾：“既言请，又言求，于义复矣。‘请’乃‘诣’字之误也。诣，至也。言至扁鹊之所而求治也。”

2 **有**：占有。

3 张湛原注：“此言恢诞，乃书记少有。然魏世华佗能刳肠易胃，湔洗五藏，天下理自有不可思议者，信亦不可以臆断，故宜存而不论也。”卢重玄解："夫形体者，无知之物也。神识者，有知之主也。守乎本则真全而合道，滞乎质则失性而徇情。俗人徒见形之有憎爱，不知神之为主宰也。今言易其心而各有妻子者，明心为情主，形实无知耳。所以道者贵乎养神也。"

## 原文

5.10 匏巴鼓琴，而鸟舞鱼跃。[1]郑师文闻之，弃家从师襄游。[2]柱指钩弦[3]，三年不成章。师襄曰："子可以归矣。"

师文舍其琴，叹曰："文非弦之不能钩，非章之不能成。文所存者不在弦，所志者不在声。内不得于心，外不应于器，故不敢发手而动弦。且小假之，以观其后。"

## 译文

匏巴弹琴，能使鸟儿飞舞、鱼儿跳跃。郑国的师文听说后，便抛家弃子，跟随师襄游学。按指调弦，但三年也弹不好一支完整的乐曲。师襄说："你可以回家了。"

师文放下他的琴，叹了口气说："我并不是不能调琴按弦，也并不是不能弹完整乐章。我的心不在琴弦上，脑子心念所系的不在声上。心内无有所得，便不能与心外的弦声共鸣，所以不敢放开手去拨动琴弦。且让我稍作休整，以便观其后效。"

## 注释

1 **匏**(páo)巴：一作"瓠(hù)巴"。"瓠""匏"古通。《说文》："瓠，匏也。""匏，瓠也。"张湛原注："匏巴，古善鼓琴人也。"《荀子·劝学》："昔者瓠巴鼓瑟而流鱼出听，伯牙鼓琴而六马仰秣。"

2 张湛注："师文，郑国乐师。"《淮南子·主术训》高诱注："师襄，鲁乐太师也。"

3 张湛注："安指调弦。"

## 原文

无几何，复见师襄。师襄曰："子之琴何如？"师文曰："得之矣。请尝试之。"

于是，当春而叩商弦，以召南吕，凉风忽至，草木成实。[1]及秋而叩角弦，以激夹钟，温风徐回，草木发荣。当夏而叩羽弦，以召黄钟，霜雪交下，川池暴沍[2]。及冬而叩徵弦，以激蕤宾，阳光炽烈，坚冰立散。将终，命宫而总四弦，则景风翔，庆云浮，甘露降，澧[3]泉涌。

师襄乃抚心高蹈，曰："微矣，子之弹也！虽师旷之清角[4]，邹衍之吹律[5]，亡以加之。彼将挟琴执管而从子之后耳。"

## 译文

没过多久，师文又去见师襄。师襄问："你的琴怎样了？"师文说："有些心得了，请让我试试吧。"

于是，在春天时，他拨动了商弦，用南吕律，奏出秋声，使凉爽的风忽然吹来，草木随之成熟并结出了果实。到了秋天，又拨动角弦，弹奏夹钟律，使温暖的风慢慢回旋，草木随之发芽并开出了花朵。到了夏天，又拨动羽弦，弹奏黄钟律，使霜雪交下，江河池塘突然冰冻。到了冬天，又拨动徵弦，弹奏蕤宾律，使阳光炽烈，坚冰立刻融化。弹奏将要结束时，又拨动宫弦，奏出了四季调和的乐律，于是和风回翔，吉云飘荡，甘露普降，清泉流淌。

师襄听后，按着胸口跳了起来，说："你弹奏得太微妙了！即使是师旷弹奏的清角，邹衍吹奏的律管，也不能超过你。他们只配挟着琴弦、拿着箫管跟在你后面向你请教了。"

## 注释

1 **商**：五音（宫、商、角、徵、羽）之一。五音常与阴阳五行、四时相配：宫音为土，属长夏，兼有四季；商音为金，属秋；角音为木，属春；徵音为火，属夏；羽音为水，属冬。**南吕**：十二律之一，古代将一个八度分为十二个不完全相等的半音，并与十二月相配，即十二律从低到高依次为黄钟、大吕、太簇、夹钟、姑洗、仲吕、蕤宾、林钟、夷则、南吕、无射、应钟，分别与十一、十二、正、二、三、四、五、六、七、八、九、十月相配。张湛注："商，金音，属秋。南吕，八月律。"**忽**：一作"揔""緫(总)"。《广雅·释诂三》："总，皆也。"陶光《校释》以为当作"总"，"俗书为'揔'，坏烂其半，传抄遂误为'忽'"。

2 **沍**(hù)：冰冻。

3 **澧**：一作"醴"，二字古通。或作"澧(沣)"。《论衡·自纪篇》："是则澧泉有故源，而嘉禾有旧根也。"

4 **师旷**：春秋时晋平公乐师，字子野。**清角**：角音奏出的清声。张湛注："师旷为晋平公奏清角，一奏之，有白云从西北起；再奏之，大风至而雨随之；三奏之，裂帷幕，破俎豆，飞廊瓦，左右皆奔走，平公恐伏，晋国大旱，赤地三年。平公得声者或吉或凶也。"

5 **邹衍**：又作"驺衍"，战国时齐国人，阴阳五行家的代表人物。《汉书·艺文志》著录《邹子》四十九篇，《邹子终始》五十六篇，均佚。张湛注："北方有地，美而寒，不生五谷。邹子吹律暖之，而禾黍滋也。"

**原文**

5.11 薛谭学讴于秦青[1]，未穷青之技，自谓尽之，遂辞归。秦青弗止，饯于郊衢，抚节悲歌，声振林木，响遏行云。薛谭乃谢求反，终身不敢言归。

秦青顾谓其友曰："昔韩娥[2]东之齐，匮粮，过雍门，鬻歌假食[3]。既去而余音绕梁欐[4]，三日不绝，左右以其人弗去。过逆旅，逆

**译文**

薛谭向秦青学习唱歌，还没有把秦青的本领完全学到手，自以为没有什么可学的了，于是告辞回家。秦青也不制止，还在郊外的大路口为他饯行，并打着节拍唱起悲歌来，歌声震动林木，共鸣声阻遏了天上的流云。薛谭这才道歉，并请求返回继续学习，终身不敢再提起回家的事。

秦青回头对他的朋友说："从前，韩娥到东边的齐国去，粮食吃完了，经过齐国都城的雍门时，靠卖唱求食。她唱完离开后，余音还在屋梁间回荡，持续三天都没有停止，附近的人还以为她没有离开。韩娥经过旅馆时，旅馆里的人侮辱了她。于是韩娥拖长了

旅人辱之。韩娥因曼声哀哭[5]，一里老幼悲愁，垂涕相对，三日不食。遽而追之。娥还，复为曼声长歌，一里老幼善跃抃[6]舞，弗能自禁，忘向之悲也。乃厚赂发之[7]。故雍门之人至今善歌哭，放[8]娥之遗声。”

声音悲哀地哭泣，周围一里以内的老人和小孩也都情不自禁地悲哀忧愁，相对流泪，三天都吃不下饭。旅馆里的人急忙追赶她，向她赔礼道歉。韩娥回来后，又拖长了声音长时间地唱歌，周围一里之内的老人和小孩也都欢喜雀跃地拍着手跳起舞来，谁也不能自己停下来，都忘记了刚才的悲哀。于是，雍门的人备了厚礼，送她回家去。所以，雍门附近的人直到现在还善于唱歌和悲哭，那是在模仿韩娥留下来的声音啊！”

## 注释

1 **讴**：歌唱。张湛注：“二人，秦国之善歌者。”本段故事，又见于《金楼子·志怪》，该书由周书仓自《永乐大典》辑出。

2 张湛注：“韩国善歌者也。”

3 **假食**：寄食。

4 **梁欐**(lì)：梁栋。

5 张湛注：“曼声，犹长引也。”

6 **抃**(biàn)：拍手，鼓掌。

7 **赂**：赠送财物。**发**：发送。张湛注：“发犹遣也。”

8 **放**：通“仿”。

## 原文

5.12 伯牙善鼓琴，钟子期善听。[1]伯牙鼓琴，志在登[2]高山，钟子期曰：“善哉！峨峨兮若泰山！”志在流水，钟子期曰：“善哉！洋洋兮若江河！”伯牙所念，钟子

## 译文

伯牙善于弹琴，钟子期善于赏乐。伯牙弹琴时，心里想着高山，钟子期说：“多美妙啊！高大庄严地像泰山！”心里想着流水，钟子期说：“多美妙啊！浩浩荡荡地像江河！”伯牙想到什么，钟子期一定能体会到。

期必得之。

伯牙游于泰山之阴，卒逢暴雨，止于岩下；心悲，乃援琴而鼓之。初为《霖雨之操》[3]，更造《崩山之音》。曲每奏，钟子期辄穷其趣。伯牙乃舍琴而叹，曰："善哉，善哉！子之听夫！志想象犹吾心也[4]，吾于何逃声哉？"

伯牙在泰山北面游览，突然遇到暴雨，停留在岩石下；心中悲哀，于是拿起琴弹了起来。先弹《霖雨之操》，又弹《崩山之音》。每弹一曲，钟子期都能体会它的旨趣。于是，伯牙放下琴，长叹一声道："你听琴的本领，真是太高了，太高了！你心中想的简直和我想的一样，我的琴声哪里逃得出你的耳朵呢？"

## 注释

1 **伯牙善鼓琴，钟子期善听**：二人的知音故事，又见载籍于《吕氏春秋·本味》、《说苑·尊贤》、《韩诗外传》卷九、《风俗通义·声音》等。汪中以钟子期即《史记·魏世家》之"中旗"、《秦策》之"中期"及《韩非子·见难》（实际为《难三》篇）之"钟期"。《韩非子》诸本作"中期"，唯明版《韩子迂评》作"钟期"。马达《〈列子〉真伪考辨》认为，汪中所凭，大概即此窜改过的明人版本，然后又经过"一连串的揣测"，"由于这样的根据错误前提的武断推理，春秋时楚人钟子期竟一变而成战国中期的秦昭王的乐官了"。

2 **登**：疑衍字。

3 应劭《风俗通义·声音》："其遇闭塞忧愁而作者，命其曲曰操。"

4 张湛注："言心暗合与己无异。"

## 原文

5.13 周穆王西巡狩[1]，越昆仑，不至弇山[2]。反还，未及中国，道有献工人，名偃师，穆王荐[3]之，问曰："若有何能？"偃师曰："臣唯

## 译文

周穆王到西部视察，越过昆仑山，到达崦嵫山。然后返回来，还未到达地处中原的本国，路上有人自愿奉献技艺给穆王，名叫偃师，穆王召见他，问道："你有什么才能？"偃师说："我谨听从您的

命所试。然臣已有所造，愿王先观之。”穆王曰：“日以俱来，吾与若俱观之。”

吩咐想法去做。但我已经造出了一件东西，希望大王先看一看。”穆王说：“改天你把它带来，我们一块儿看看。”

**注释**

1 **巡狩**：又作“巡守”，指帝王定期视察各诸侯国。本段故事，又见于《金楼子·志怪》。

2 **不至**：疑“不”为衍文。《穆天子传》有“升于弇山”，今本《列子》之《周穆王》有“乃观日之所入”。**弇(yǎn)山**：又作“弇兹山”“崦嵫山”，日没之地，在今甘肃天水西境。

3 张湛原注：“‘荐’当作‘进’。”

**原文**

翌日，偃师谒见王。王荐之，曰：“若与偕来者何人邪？”对曰：“臣之所造能倡者。”穆王惊视之，趣步俯仰，信人也，巧夫！鎮[1]其颐，则歌合律；捧其手，则舞应节。千变万化，惟意所适。王以为实人也，与盛姬内御并观之。技将终，倡者瞬其目而招王之左右侍妾。王大怒，立欲诛偃师。

**译文**

第二天，偃师又来拜见穆王。穆王召见了他，说：“和你一道来的是什么人啊？”偃师回答说：“是我所造的能唱歌跳舞的人。”穆王惊奇地看着，发现他们会跑会走，能弯腰抬头，简直和真人一样，真个是好手艺！摇俳偶的头，便唱出了符合乐律的歌；捧俳偶的手，便跳起了符合节拍的舞。千变万化，你想叫它干什么它就能干什么。穆王以为是个真人，便叫盛姬及宫内侍御一起来观看。表演快要结束的时候，那个会唱歌跳舞的人频送秋波，招引穆王的左右嫔妃。穆王大怒，立刻要杀偃师。

**注释**

1 **鎮(qīn)**：摇头。一作“颔”“镇”。

**原文**

偃师大慑，立剖散倡者以示王，皆傅会革、木、胶、漆、白、黑、丹、青之所为。王谛料之，内则肝、胆、心、肺、脾、肾、肠、胃，外则筋骨、支节、皮毛、齿发，皆假物也，而无不毕具者。合会，复如初见。王试废其心，则口不能言；废其肝，则目不能视；废其肾，则足不能步。

穆王始悦而叹，曰："人之巧乃可与造化者同功乎？"诏贰车载之以归。

夫班输之云梯[1]，墨翟之飞鸢[2]，自谓能之极也。弟子东门贾、禽滑釐闻偃师之巧[3]，以告二子，二子终身不敢语艺，而时执规矩。

**译文**

偃师惊惧之余，连忙剖开那唱歌跳舞的俳偶让穆王看，原来都是用皮革、木料、胶水、油漆、白粉、黑粉、红粉、青粉等材料凑合起来的玩偶。穆王仔细察看，体内的肝、胆、心、肺、脾、肾、肠、胃，和体外的筋骨、四肢、骨节、皮肤、汗毛、牙齿、头发等，全都是假的，而无不是样样俱全。聚合起来，又和一开始见到的一样。穆王试探着拿走它的心，它的嘴便不能再说话；拿走它的肝，它的眼睛便不能再看东西；拿走它的肾，它的脚便不能再走路。

穆王这才高兴地赞叹道："人的技巧竟然可以与万物的创造者具有相同的功能吗？"命令偃师坐上副车回到中原。

班输的云梯，能凌虚仰攻；墨翟的飞鸢，可连飞三日不坠，二人自许为最高的技能。二人的弟子东门贾、禽滑釐听说偃师的此般技巧，便告诉了两位先生，这两位终生不敢谈论自己的技艺，却规矩不离手地去研究更好的技能。

**注释**

1 **班输**：又作"公输班"，姓公输，名班，春秋时鲁国人，亦称鲁班。张湛注："班输作云梯，可以凌虚仰攻。"

2 墨翟做飞鸢事，见《墨子·鲁问》《淮南子·齐俗训》《韩非子·外储说》《论衡·儒增》《论衡·乱龙》《抱朴子·应嘲》等，然诸本不一。张湛注："墨子作木鸢，飞三日不集。"杨伯峻："《墨子·鲁问》篇：'公输子削竹

以为鵻，成而飞之，三日不下。'《淮南子·齐俗训》：'鲁般，墨子作木为鸢而飞之，三日不集。'《韩非子·外储说》：'墨子为木鸢，三年而成，蜚一日而败。'《论衡·儒增》篇云：'儒书你鲁般、墨子之巧，刻木为鸢，飞之三日而不集。'又《乱龙》篇同。《抱朴子·应嘲》篇：'墨子刻木鸡以戾天。'或云鲁般，或云墨子，或同属二人；或以为鸢，或以为鵻，或以为鸡：同一事而传闻异词也。"

3 **东门贾**：公输班弟子。**禽滑(gǔ)釐**：墨翟弟子。

**原文**

5.14 甘蝇，古之善射者，彀弓而兽伏鸟下。弟子名飞卫，学射于甘蝇，而巧过其师。

纪昌者，又学射于飞卫。飞卫曰："尔先学不瞬，而后可言射矣。"纪昌归，偃卧其妻之机下，以目承牵挺[1]。二年之后，虽锥末倒眦[2]，而不瞬也。以告飞卫。飞卫曰："未也，亚学视而后可。视小如大，视微如著，而后告我。"昌以牦[3]悬虱于牖，南面而望之。旬日之间，浸大也；三年之后，如车轮焉。以睹余物，皆丘山也。乃以

**译文**

甘蝇是古代一位很会射箭的人，一张开弓，走兽便趴下，飞鸟便落地。有个弟子叫飞卫，向甘蝇学习射箭后，技巧超过了他的先生。

又有一个叫纪昌的人，向飞卫学习射箭。飞卫说："你先学习不眨眼的本领，然后才可以谈射箭的事。"纪昌回家后，仰卧在他妻子的织布机下，眼睛盯着上下不停移动的踏板看。两年以后，即使锥尖碰着眼眶，也不眨一眨眼。他把这个练习成效告诉了飞卫，飞卫说："还不行啊！还必须学会看东西，然后才可以学射箭。你要练习看小东西能像看大东西一样，看细微的东西能像看显著的东西一样，然后再来告诉我。"于是纪昌回家后，就用一根长毛系住一只虱子挂在南窗上，然后朝南盯着这只虱子看。这样看了十天，他所看到的虱子逐渐变大；到三年之后，就像看车轮那么大了。再看别的东西，就都大得像丘陵和高山。于是他用燕国的牛角装饰的弓、

燕角之弧、朔蓬之簳射之[4]，贯虱之心，而悬不绝。以告飞卫。飞卫高蹈拊膺曰："汝得之矣！"

朔方蓬草做的箭去射那只虱子，正好穿透了虱子的心脏，而挂虱子的长毛却没有断。他又把这个学习效果报告了飞卫，飞卫兴奋地跳起来拍着胸脯说："你已经得到诀窍了！"

## 注释

1 张湛注："牵挺，机蹑。"

2 **倒眦**：抵达眼眶。王重民："《御览》七百四十五引…… '倒' 作 '到'，又八百二十五引亦作 '到'，疑作 '到' 者是也。"

3 **氂**(máo)：长毛。

4 **弧**：木弓。**朔**：杨伯峻据《考工记》"燕之角，荆之干，此材之美者也"之载，疑 "朔" 当为 "荆" 字的 "形近而误"。**簳**(gǎn)：箭。

## 原文

纪昌既尽卫之术，计天下之敌己者，一人而已；乃谋杀飞卫。相遇于野[1]，二人交射；中路矢锋相触，而坠于地，而尘不扬。飞卫之矢先穷，纪昌遗一矢；既发，飞卫以棘刺之端扞[2]之，而无差焉。于是二子泣而投弓，相拜于涂，请为父子。克臂以誓，不得告术于人。

## 译文

纪昌完全学到了飞卫的射术之后，心想天下能够和自己相敌的，只有飞卫一个人了，于是决定谋杀飞卫。有一次在野外碰到了，两人互相射箭，箭头在半道相撞，坠落到地上，连尘土也没有被扬起来。飞卫的箭先射完了，纪昌还留下一支；纪昌射出这支箭后，飞卫用一根草刺的尖端去抵挡，一点不差地将箭挡了个正着。于是两人感动地流着眼泪扔掉了弓，在路上互相跪拜，请求结为父子。他们割臂发誓，彼此都不得把如此精绝的射术传给他人。

## 注释

1 王叔岷："《事文类聚·前集》四二、《合璧事类·前集》五七、《天中记》四一引‘相’上并有‘一日’二字，当从之。"

2 扞(hàn)：以手护卫，格挡。

## 原文

5.15 造父之师曰泰豆氏。[1]造父之始从习御也，执礼甚卑，泰豆三年不告。造父执礼愈谨，乃告之曰："古诗言：‘良弓之子，必先为箕；良冶之子，必先为裘。’[2]汝先观吾趣。趣如事，然后六辔可持，六马[3]可御。"造父曰："唯命所从。"

泰豆乃立木为涂，仅可容足；计步而置，履之而行。趣走往还，无跌失也。造父学之，三日尽其巧。

泰豆叹曰："子何其敏也？得之捷乎！凡所御者，亦如此也。[4]曩汝之行，得之于足，应之于心。推于御也，齐辑乎辔衔之际，而急缓乎唇吻之和，正度乎胸臆之中，而执节乎掌握之间。内得于中

## 译文

造父的老师叫泰豆氏。造父一开始跟随他学习驾车时，所持礼仪十分谦卑，但泰豆三年也没有教他。造父持礼更加谨慎，泰豆才告诉他说："古诗上说：‘善于制弓的人的弟子，一定要先学习做簸箕；善于冶炼金属的人的弟子，一定要先学习做皮衣。’你先看我快步行走。如果能和我一样地快步行走，然后才可以掌握缰绳，驾驭马匹。"造父说："一切听您的命令。"

泰豆于是把木棍立起来作道路，木桩上只能放一只脚，根据步伐大小放置，然后踩在木桩上行走，来回快跑，也没有跌落下来。造父学习这个技巧，三天就完全学到手了。

泰豆赞叹说："你怎么这么灵敏呀？掌握得真快啊！凡是要驾驭马车的，也要像这样子。刚才你在木桩上走路时，踩得稳的是脚，指挥者是心。把这推广到驾车上，在协调缰绳和衔铁的时候，快慢与口令相和谐，正确的指挥发于心胸之内，而掌握节拍在于手臂之间。体内

心，而外合于马志，是故能进退履绳而旋曲中规矩[5]，取道致远而气力有余，诚得其术也。得之于衔，应之于辔；得之于辔，应之于手；得之于手，应之于心。则不以目视，不以策驱；心闲体正，六辔不乱，而二十四蹄所投无差；回旋进退，莫不中节。[6]然后舆轮之外可使无余辙，马蹄之外可使无余地；未尝觉山谷之险[7]、原隰之夷，视之一也。吾术穷矣。汝其识之！”

有了适中的思虑，身外符合马匹的情性，所以能进退遵循绳墨，旋曲符合规矩，选择道路，长途奔驰，气力绰绰有余，这才是真正掌握了驾车的技巧。在衔铁上得到信号，马上就能在缰绳上有所回应；在缰绳上得到信号，马上就能在手上有所回应；在手上得到信号，马上就在心上有所回应。这样就用不着眼睛看，用不着鞭子赶，心情闲适，身体正直，六匹马的缰绳不乱，二十四只马蹄的步伐没有误差，回转与进退，没有不符合节拍的。然后，可以在仅容车轮的小道上驾驶，可以在仅容马蹄的险路上行走，并没有觉得山谷的艰险和原野的平坦，看上去完全一样。我的技巧没有了，你好好记住吧！”

## 注释

1 《吕氏春秋 · 听言》:“造父始习于大豆。”

2 《礼记 · 学记》:“良冶之子，必学为裘；良弓之子，必学为箕。”张湛注：“箕裘皆须柔屈补接而后成器。为弓冶者，调筋角，和金铁，亦然。故学者必先攻其所易，然后能成其所难，所以为谕也。”卢重玄解：“箕者，所以造弓之具也；裘者，所以扇冶之具也。老子以为橐籥，今之鞴袋也。彼以约弓之床，此以扇火之鞴，非弓冶，而弓冶必资之也。”

3 **六马**:天子驾六马拉的车。

4 卢重玄解：“立木如足，布之如步。《庄子》云，侧足之外皆去其土，则不能履之者，心不定也。若御马者亦如使其足，则妙矣。”

5 陶鸿庆:“‘矩’字衍文。本作‘进退中绳而旋曲中规’，言‘直者中绳，曲者中规’也。《淮南子 · 主术训》引此文无‘矩’字。”

6 **中节**：与车马上的铃铛声应和。张湛注："与和鸾之声相应也。"

7 **险**：一作"崄"，二字古通。

**原文**

5.16 魏黑卵以昵嫌[1]杀丘邴章，丘邴章之子来丹，谋报父之仇。丹气甚猛，形甚露，计粒而食，顺风而趋。虽怒，不能称兵以报之。[2]耻假力于人，誓手剑以屠黑卵。

黑卵悍志绝众，力抗百夫，筋骨皮肉，非人类也。延颈承刃[3]，披胸受矢，铓锷[4]摧屈，而体无痕挞[5]。负其材力，视来丹犹雏㲉[6]也。

**译文**

魏黑卵因私怨杀死了丘邴章，丘邴章的儿子来丹准备为父亲报仇。来丹的气势非常勇猛，但形体却十分羸弱，数着米粒儿吃饭，顺着风才能走路。虽然愤怒，却不能举起武器去报复。又不愿意借用别人的力量，发誓要亲手用剑杀死黑卵。

魏黑卵志气强悍超过了所有的人，力量也能抗击一百个敌手，筋骨皮肉，都不是一般人可以抵挡的。他伸长颈项迎接刀砍，敞开胸脯接受箭击，刀剑的锋刃被损坏弯曲，他的身体却没有一点被击过的痕迹。依仗着自己的本领和力气，把来丹看作是一只刚出壳的小鸟。

**注释**

1 张湛注："昵嫌，私恨。"

2 张湛注："有胆气而体羸虚，不能举兵器也。"

3 **刃**：一作"刀"，二字形近，笔抄常互误。

4 **铓**(máng)：刀剑的尖锋。**锷**(è)：剑刃。

5 **痕挞**：王重民据《御览》三百八十六、四百八十二引文，以"挞"字"与上文义不相合"而疑其为衍字；胡怀琛云"'痕挞'二字疑倒"。均可从。

6 **㲉**(kòu)：须母鸟哺食的小鸟。

## 原文

来丹之友申他曰："子怨黑卵至矣，黑卵之易子过矣，将奚谋焉？" 来丹垂涕曰："愿子为我谋。" 申他曰："吾闻卫孔周，其祖得殷帝之宝剑，一童子服之，却三军之众，奚不请焉？"

来丹遂适卫，见孔周，执仆御之礼，请先纳妻子，后言所欲。孔周曰："吾有三剑，唯子所择；皆不能杀人，且先言其状。一曰含光，视之不可见，运之不知有。其所触也，泯然无际，经物而物不觉。二曰承影，将旦昧爽之交[1]，日[2]夕昏明之际，北面而察之，淡淡焉[3]若有物存，莫识其状。其所触也，窃窃然有声，经物而物不疾也。三曰宵练，方昼则见影而不见光，方夜见光而不见形。其触物也，騞[4]然而过，随过随合，觉疾而不血刃焉。此三宝者，传之十三世矣，而无施于

## 译文

来丹的朋友申他说："你怨恨黑卵到了极点，黑卵小瞧你也太过分了，你打算怎么办呢？" 来丹流着眼泪说："希望你替我想想办法。" 申他说："我听说卫国孔周的祖先得到了殷代天子的宝剑，一个小孩佩带着它，打退了三军的官兵，为什么不去求他呢？"

于是来丹去了卫国，见到了孔周，行奴仆的大礼，请求把妻子儿女抵押给他，再谈要求什么。孔周说："我有三把剑，任由你去选择，但都杀不死人。姑且先说说它们的情况。一把剑叫含光，看它看不见，用它不觉得它存在。它触碰到物体，你完全感觉不到物体有实体，它从体内经过也没有感觉。另一把剑叫承影，在清晨天将亮的时候，或傍晚天将暗的时候，面向北观察它，淡淡地似乎有件东西存在着，但看不清它的形状。它触碰到物体，清清楚楚有点声音，它从体内经过，却不觉得疼痛。再一把剑叫宵练，白天能看见它的影子但看不到亮光，夜间能看见它的亮光，但看不见它的形状。它触碰到身体，咔嚓一下就过去了，一过去就又合起来，虽然能感觉到疼痛，但刀刃上却没有沾上一丝血迹。这三把宝剑，已经传了十三代了，也没有使用过，放在匣

事。匣而藏之，未尝启封。”来丹曰：“虽然，吾必请其下者。”孔周乃归其妻子，与斋七日。晏阴之间[5]，跪而授其下剑，来丹再拜，受之以归。

子里珍藏着，从未打开。”来丹说：“即使是这样，我还是要借用最次的一把。”于是孔周把他的妻子儿女还给了他，同他一起斋戒七天，在一个半晴半阴的天气，跪着拿给他最次的剑，来丹拜了又拜，领受了剑返回家中。

## 注释

1 **昧爽之交**：黎明。昧，昏暗；爽，明亮。

2 **日**：一作“旦”，作“旦”是，盖形近互误。

3 **焉**：一作“然”，二字古通。

4 **騞**(huō)：解牛声，一作“𩪳”，二字形近，古通。

5 **晏阴**：半晴半阴。《说文》：“晏，天清也。”《韩非子·外储说左上》：“雨霁日出，视之晏阴之间。”

## 原文

来丹遂执剑从黑卵。时黑卵之醉偃于牖下，自颈至腰三斩之，黑卵不觉。来丹以黑卵之死，趣而退。遇黑卵之子于门，击之三下，如投虚。黑卵之子方笑曰：“汝何蚩而三招[1]予？”来丹知剑之不能杀人也，叹而归。

黑卵既醒，怒其妻曰：“醉而露我，使人嗌疾而腰急[2]。”其子曰：“畴昔来

## 译文

从此以后，来丹便拿着剑跟踪黑卵。一天，黑卵喝醉了酒躺在窗下，来丹从颈项到腰间斩了黑卵三刀，黑卵也没有觉察。来丹以为黑卵死了，急忙离开，在门口却碰上了黑卵的儿子，于是又用剑砍了他三下，好像是砍到了虚空一样。黑卵的儿子这才笑着说：“你傻乎乎地向我三次招手干什么？”来丹明白这剑真的杀不死人了，哀叹着回了家。

黑卵醒来后，向他妻子发火说：“你趁我喝醉时脱光了我的衣服，使我咽喉堵塞，腰也疼痛了。”他儿子说：“刚才来丹

丹之来。遇我于门，三招我，亦使我体疾而支强[3]，彼其厌[4]我哉！”

来过，在门口碰上了我，三次向我招手，也使我身体疼痛，四肢麻木，他难道是用什么法术来制服我们吗？”

## 注释

1 **招**：一作“拈”，拈持，二字于此意近。

2 **嗌**(ài)：咽喉窒塞。**急**：紧缩。

3 **支**：通“肢”。**强**(jiàng)：僵硬，不灵活。

4 **厌**(yā)：厌胜之法，魇镇之术。

## 原文

5.17 周穆王大征西戎，西戎献锟铻[1]之剑，火浣之布[2]。其剑长尺有咫[3]，练钢赤刃，用之切玉，如切泥焉。火浣之布，浣之，必投于火；布则火色，垢则布色；出火而振之，皓然疑乎雪。皇子以为无此物，传之者妄。[4]萧叔[5]曰：“皇子果于自信，果于诬理哉！”

## 译文

周穆王大举征伐西方民族时，西方民族曾贡献锟铻剑和火浣布。那剑长一尺八寸，钢质纯熟，刀刃赤色，用它来切断玉石，像切断泥土一样。火浣布，洗它的时候必须投入火中，布即成为火的颜色，而污垢则成为布的颜色，从火中把布取出抖动几下，布就白得像雪花一般。皇子认为世上没有这种东西，传说的是虚妄之事。萧叔说：“皇子真的太自信了，也真的诬蔑了事物之理啊！”

## 注释

1 **锟铻**(kūnwú)：古山名，所出铁可造剑，称“锟铻”，亦作“昆吾”“锟鋙”或“锟吾”。《释文》：“昆吾，龙剑也。《河图》曰：‘瀛州多积石，名昆吾，可为剑。’《尸子》云：‘昆吾之剑可切玉。’”

2 **火浣之布**：一种奇异之布，最早记载于《周书》。张湛原注：“此《周书》所云。”张华《博物志》载：“《周书》曰：‘西域献火浣布，昆吾氏献切玉刀。火浣布污，则烧之即洁。切玉刀切玉，如蠚布，汉时有献者，刀则未闻。”《异物志》载：“新调国有火洲，有火及鼠，取其毛为布，名曰火浣。”《孔丛子·陈士义》引《周书》同张华。

3 咫(zhǐ)：周制八寸为一咫，约合现市尺六寸二分二厘。

4 **皇子**：与列子同时代的博学之士。《尔雅·释诂》邢昺疏引《尸子·广泽》云：“墨子贵兼，孔子贵公，皇子贵衷，田子贵均，列子贵虚，料子贵别囿，其学之相非也数世矣。”皇子所贵之“衷”，即正也。《左传·昭公六年》：“叔向曰：‘楚辟，我正，若何效辟！’”杜预注：“辟，邪也；衷，正也。”学界或以“皇子”为曹丕，重要根据之一，即曹丕曾有不识火浣布的事理逻辑。如《抱朴子·内篇·论仙》所言之故事：“魏文帝穷览洽闻，自呼于物无所不经，谓天下无切玉之刀、火浣之布。及著《典论》，尝据言此事其间。未期二物毕至，帝乃叹息，遽毁斯论。”

5 **萧叔**：与列子同时代的人。或为列子的寓言人物，借以代言。

# 第六卷　力命

## 导读

本卷共十三章，因首章开篇以“力谓命”开头，故以“力命”为卷题。本卷主要谈天命与人力的关系问题。

既然称为“命”，“生生死死，非物非我，皆命也，智之所无奈何”，“天道自会”，“天道自运”，自然默成，“天地不能犯，圣智不能干，鬼魅不能欺”。出现某些结果，那就只有徒叹“奈何有制之者耶”了。某些偶然性或必然性被夸大后，总能找到被泛化、放大了的“命”。“命”有时指一定的必然性背后前定的东西，子产用《竹刑》后又执而戮杀邓析，都有“不得不用”“不得不诛”的外在形势所限。管鲍之交开始时如此之肝胆相照，然而后来管仲却非薄鲍叔而厚推隰朋，因为其间有“不得不薄”“不得不厚”的道理，归结的“厚薄之去来，弗由我也”一句，究竟是天意、时机、个人才德还是人心？其实都无确解。既然世间寿夭、穷达、贵贱、贫富无不由“命”来决定，那么，即使那些“寿彼而夭此，穷圣而达逆，贱贤而贵愚，贫善而富恶”等极端不平之事，也是看来一切皆自然：“自寿自夭，自穷自达，自贵自贱，自富自贫。”

《庄子》云：“诸侯之门，而仁义存焉。”第二章中“薄于德”的西门子正是“以命厚自矜”，而“薄于命”的北宫子却“以德厚自愧”，都没有理解“皆天也，非人也”的“固然之理”。刘向在《列子叙录》中说：“至于《力命》篇，一推分命；《杨子》之篇，唯贵放逸，二义乖背，不似一家之书。然各有所明，亦有可观者。”刘氏指出本卷推解分命，是可取的。说《杨子》“唯贵放逸”与本卷“乖背”，则没有看到二者互补之处。张湛认为，可以“叩其二端，使万物自求其中”，但并没有明确“其中”之义。实际上，西门子衣食住行始者近于“放逸”，终于醒悟复朴，“其中”正有不可解的命理在。

既然知其莫可奈何，那就应该安时处顺，在知与不知、人力与命运之间保持一定的张力，或者就该像季梁那样安命以待疾，像东门吴那样丧子而不忧。

**原文**

6.1 力谓命[1]曰：“若之功奚若我哉！”

命曰：“汝奚功于物，而欲比朕！”

力曰：“寿夭、穷达、贵贱、贫富，我力之所能也。”

命曰：“彭祖之智不出尧舜之上，而寿八百；[2]颜渊之才不出众人之下，而寿四八[3]。仲尼之德，不出诸侯之下，而困于陈、蔡；殷纣之行，不出三仁[4]之上，而居君位。季札无爵于吴[5]，田恒专有齐国[6]。夷、齐饿于首阳，季氏富于展禽[7]。若是汝力之所能，奈何寿彼而夭此，穷圣而达逆，贱贤而贵愚，贫善而富恶邪？”

**译文**

人力对天命说：“你的功劳哪里比得上我呢！”

天命说：“你对事物有什么功劳，竟敢跟我比！”

人力说：“长寿与早夭，穷困与显达，尊贵与下贱，贫苦与富裕，都是我的力量所能做到的。”

天命说：“彭祖的智慧，并不在尧之上，但他居然活到了八百岁；颜渊的才能，并不在一般人之下，反而只活了三十二岁。仲尼的仁德，不在各国诸侯之下，但被围困在陈国与蔡国之间；殷纣王的行为，不在微子、箕子、比干三位仁人之上，却位居天子。季札在吴国没有官爵，田恒却在齐国专权。伯夷和叔齐在首阳山挨饿，季氏却比柳下惠富有得多。如果是你的人力所能做到的，为什么要使坏人长寿而使好人早夭，使圣人穷困而使逆贼显达，使贤人低贱而使愚人尊贵，使善人贫苦而使恶人富有呢？”

## 注释

1 本卷张湛题注:“命者,必然之期,素定之分也。虽此事未验,而此理已然。若以寿夭存于御养,穷达系于智力,此惑于天理也。”卢重玄解:“命者,必定之分,非力不成;力者,进取之力,非命不就。有其命者必资其力,有其力者或副其命。亦有力之不能致者,无命也;恃命而不力求者,候时也。信命不信力者,失之远矣;信力不信命者,亦非当也。”

2 **彭祖**:古之长寿者,此处年寿八百之说,寓言也。相关传说,参《庄子·大宗师》:“彭祖得之,上及有虞,下及五伯。”成玄英疏:“彭祖得道,所以长年,上至有虞,下及殷周,凡八百年也。”《庄子·逍遥游》:“而彭祖乃今以久特闻。”成玄英疏:“彭祖者,姓篯名铿,帝颛顼之玄孙也。善养性,能调鼎,进雉羹于尧,尧封于彭城,其道可祖,故谓之彭祖。历夏经殷,至周年八百岁矣。”成书于战国的《世本》之《帝王世本》载:“陆终六子……三曰篯铿,是为彭祖。彭祖者,彭城是也,姓篯名铿,在商为守藏史,在周为柱下史,寿八百岁。”

3 **四八**:三十二。或作“十八”,盖误。《史记·仲尼弟子列传》:“回年二十九,发尽白,蚤死。”据《史记》,颜渊少孔子三十岁,不当于四十八去世,否则,颜渊就死在孔子之前了。《孔子家语·七十二弟子解第三十八》:“颜回,鲁人,字子渊,少孔子三十岁。年二十九而发白,三十一早死。”《论语》邢昺疏:“颜回以德行著名,应得寿考,而反二十九发尽白,三十二而卒,故曰不幸短命死矣。”朱熹《论语集注》:“短命者,颜子三十二而卒也。”

4 **三仁**:殷纣王时的三位大臣,即微子、箕子和比干。微子名启,是纣王的同母兄,一说为纣王叔父。箕子、比干,均为纣王叔父,因直言进谏,箕子佯狂为奴,比干被挖心而死。《论语·微子》篇论曰:“微子去之,箕子为之奴,比干谏而死。孔子曰:殷有三仁焉。”

5 春秋时吴王寿梦的少子季札,贤能而不欲为太子,而封于延陵,号延陵季子。

6 **田恒**:陈釐公之子,名恒,一作常,又称陈成子,春秋时齐国大臣。曾杀死齐简公,立齐平公,自任相国。《论语·宪问》:“陈成子弑简公。孔子沐浴而朝，告于哀公曰：'陈恒弑其君，请讨之！'"

7 **季氏**：即季孙氏，鲁国权臣，"三桓"之一。**展禽**：本名获，又名季，字禽，鲁国贤者，又称柳下惠；本书《杨朱》篇第四章作"展季"。《论语·微子》载孔子曰："柳下惠，少连，降志辱身矣，言中伦，行中虑，其斯而已矣。"又《卫灵公》载孔子曰："臧文仲其窃位者与！知柳下惠之贤而不与立也。"

## 原文

力曰："若如若[1]言，我固无功于物，而物若此邪，此则若之所制邪？"

命曰："既谓之命，奈何有制之者邪？朕直而推之，曲而任之。自寿自夭，自穷自达，自贵自贱，自富自贫，朕岂能识之哉？朕岂能识之哉？"[2]

## 译文

人力说："照你说来，我对万事万物没有功劳，而事物的实际状况如此，这难道都是你控制的结果吗？"

天命说："既然叫天命，又有什么可控制的呢？我只不过是对顺利的事情推动一下，对曲折的事情听之任之罢了。一切人和事物都是自己长寿自己早夭，自己穷困自己显达，自己尊贵自己低贱，自己富有自己贫苦，我哪里知道其中的原因呢？我哪里知道其中的原因呢？"

## 注释

1 **若**：一作"是"。

2 张湛原注意欲调和《力命》《杨朱》词旨显系不同的二篇："此篇明万物皆有命，则智力无施；《杨朱》篇言人皆肆情，则制不由命；义例不一，似相违反。然治乱推移，爱恶相攻，情伪万端，故要时竞，其弊孰知所以？是以圣人两存而不辩。将以大扶名教，而致弊之由不可都塞。或有恃诈力以干时命者，则楚子问鼎于周，无知乱适于齐。或有矫天真以殉名者，则夷齐守饿西山，仲由被醢于卫。故列子叩其二端，使万物自求其中。苟得其中，则智动者不以权力乱其素分，矜名者不以矫抑亏其形生。发言之旨其在于斯。呜呼！览者可不察哉！"刘向《列子叙录》:“至于《力命》篇,一推分命;《杨子》之篇,唯贵放逸,二义乖背,不似一家之书。然各有所明,亦有可观者。”

原文

6.2 北宫子谓西门子曰:“朕与子并世也,而人子达[1];并族也,而人子敬;并貌也,而人子爱;并言也,而人子庸;并行也,而人子诚;并仕也,而人子贵;并农也,而人子富;并商也,而人子利。朕衣则裋[2]褐,食则粢粝[3],居则蓬室,出则徒行。子衣则文锦,食则粱[4]肉,居则连欐,出则结驷。在家熙然有弃朕之心,在朝谔然有敖[5]朕之色。请谒不相及,遨游不同行,固有年矣。子自以德过朕邪?”

西门子曰:“予无以知其实。汝造事而穷,予造事而达,此厚薄之验欤?而皆谓与予并,汝之颜厚矣。”

译文

北宫子对西门子说:“我和你生活在同一个时代,而别人却使你显达;一样的世家大族,而别人却尊敬你;相貌也差不多,而别人却喜欢你;一样地说话,而别人却采纳你的意见;一样地做事,而别人却信任你;一样地做官,而别人却重用你;一样地种田,而别人却使你富裕;一样地经商,而别人却使你发财。我穿的是粗布衣服,吃的是粗糙的饭菜,住的是茅屋,外出靠步行。你穿的是绣着花纹的丝绸衣服,吃的是精美的饭菜,住的是连栋的宽广房屋,外出则有成队的车马代步。在家庭中,你嬉戏欢笑有抛弃我的念头;在公开场合里,你夸夸其谈有轻视我的表情。请客问候没有我的份,外出游玩不和我同行,已经有好多年了。你自以为仁德超过了我吗?”

西门子说:“我无法知道真实原因。你做事老遭曲折,我做事总是顺利,这不就是德行厚薄最好的证明吗?你却以为跟我都一样,你的脸皮也太厚了啊!”

注释

1 **人子达**:即“人达子”,别人使你显达。句法同下文“人子敬”“人子爱”“人子庸”“人子诚”“人子贵”“人子富”“人子利”等。

2 **裋**(shù):粗布衣。一作“短”。

3 **粢粝**(zīlì):粢,粟米。粝,粗米。《释文》:“盖谓粗舂粟麦为粢饼食之。”

4 **粱**:精美的主食。

5 **敖**:通“傲”。

## 原文

北宫子无以应,自失而归。中涂遇东郭先生。先生曰:“汝奚往而反,偊偊[1]而步,有深愧之色邪?”

北宫子言其状。东郭先生曰:“吾将舍汝之愧,与汝更之西门氏而问之。”曰:“汝奚辱北宫子之深乎?固[2]且言之。”

西门子曰:“北宫子言世族、年貌、言行与予并,而贱贵、贫富与予异。予语之曰:‘予无以知其实。汝造事而穷,予造事而达,此将厚薄之验欤?而皆谓与予并,汝之颜厚矣。’”

东郭先生曰:“汝之言厚薄不过言才德之差,吾之言厚薄异于是矣。夫北宫子厚于德,薄于命;汝厚于命,薄于德。汝之达,

## 译文

北宫子无言以对,失魂落魄地回去了。半路上碰到了东郭先生。东郭先生问:“你是从哪里回来?无精打采地独自行走,而且又一脸惭愧的样子?”

北宫子说了上述情况。东郭先生说:“我要消除你的惭愧,只有跟你再到西门子家去问个清楚。”[东郭先生就去问西门子]说:“你为什么要把北宫子凌辱得那么厉害呢?姑且说说原因吧。”

西门子说:“北宫子讲他的时代、家族、年龄、相貌、言论、行事都与我相同,而低贱与尊贵、贫苦与富有却与我不一样。我对他说:‘我无法知道真实原因。你做事老遭曲折,我做事总是顺利,这不就是德行厚薄最好的证明吗?你却以为跟我都一样,你的脸皮也太厚了啊!’”

东郭先生说:“你所讲的厚薄不过是说才能和品德的差别,我所讲的厚薄与此不同。北宫子的仁德厚,命运薄,你的命运厚,仁德薄。你的显达,不是凭智慧

非智得也；北宫子之穷，非愚失也。皆天也，非人也。而汝以命厚自矜，北宫子以德厚自愧，皆不识夫固然之理矣。”

西门子曰：“先生止矣！予不敢复言。”

得到的；北宫子的穷困，不是愚昧的过失。都是天命啊！而不是人力决定的啊。而你却以［德薄］命厚自以为了不起，北宫子又以［德厚］命薄自觉惭愧，都是不懂得本来的道理啊。”

西门子说：“先生不要讲了！我再不敢恃德夸口了。”

## 注释

1 **偊(yǔ)偊**：独行的样子。

2 **固**：通“姑”。

## 原文

北宫子既归，衣其裋褐，有狐貉之温；进其茙菽[1]，有稻粱之味；庇其蓬室，若广厦之荫；乘其荜辂[2]，若文轩[3]之饰。终身逌然[4]，不知荣辱之在彼也，在我也。

东郭先生闻之曰：“北宫子之寐久矣，一言而能寤，易怛[5]也哉！”

## 译文

北宫子回去以后，穿他的粗布衣服，却觉得有狐貉裘毛那样的温暖；吃他的大豆粗粮，却觉得有精美饭菜的味道；住他的茅草屋，却觉得像是住在宽广的房屋中；坐着他的柴车，也觉得像是有华丽雕饰的高大车马。终生悠然自得，不知道荣耀和耻辱在他们那里，还是在自己这里。

东郭先生听到后，说：“北宫子糊涂了那么久，听了我一席话便能醒悟，真可算是头天晚上糊涂第二天一大早就清醒了的人啊！”

## 注释

1 **茙菽**：一作“戎菽”，大豆。

2 **荜辂**(bìlù)：一作“筚路”，柴车，多用荆竹树枝编成。

3 **文轩**：雕画花纹的豪车。

4 **逌(yóu)然**:舒适自得的样子。

5 **怛**:俞樾读为“旦”,平旦,清早。怛,或作“悟”或“寤”。

## 原文

6.3 管夷吾、鲍叔牙二人相友甚戚[1],同处于齐。管夷吾事公子纠,鲍叔牙事公子小白。齐公族多宠,嫡庶并行。[2]国人惧乱。管仲与召忽奉公子纠奔鲁,鲍叔奉公子小白奔莒。[3]既而公孙无知作乱[4],齐无君,二公子争入。管夷吾与小白战于莒道,射中小白带钩。

## 译文

管夷吾、鲍叔牙二人是知己之交,都在齐国做事。管夷吾是公子纠的老师兼侍从,鲍叔牙是公子小白的老师兼侍从。当时齐国公族的公子被宠幸的很多,嫡子和庶子没有区别。大家害怕发生动乱。管仲与召忽帮助公子纠逃到了鲁国,鲍叔牙帮助公子小白逃到了莒国。后来公孙无知发动兵乱,[杀了齐襄公,]齐国没有君主,两位公子抢着回国为君。管夷吾与公子小白在莒国境内作战,路上射中了公子小白的衣带钩。

## 注释

1 **戚**:亲近。

2 张湛注:“齐僖公母弟夷仲年生公孙无知,僖公爱之,令礼秩同于太子也。”齐襄公为齐僖公太子,名诸儿;公子纠为齐襄公次弟;公子小白比二人小,即齐桓公。

3 据《史记·齐太公世家》,齐襄公“次弟纠奔鲁,其母鲁女也,管仲、召忽傅之”。

4 据《史记·齐太公世家》,公孙无知为齐僖公母弟夷仲年之子,僖公爱之,礼秩同于太子,襄公即位后,黜无知秩服,无知怨恨,十二年后,杀襄公自立。不久,又被雍林人渠丘大夫袭杀。

## 原文

小白既立，胁鲁杀子纠，召忽死之，管夷吾被囚。[1]鲍叔牙谓桓公曰："管夷吾能，可以治国。"桓公曰："我仇也，愿杀之。"鲍叔牙曰："吾闻贤君无私怨，且人能为其主，亦必能为人君。如欲霸王，非夷吾其弗可。君必舍之！"遂召管仲。

鲁归之，齐鲍叔牙郊迎，释其囚。桓公礼之，而位于高、国[2]之上，鲍叔牙以身下之，任以国政。号曰仲父。桓公遂霸。

## 译文

公子小白立为齐君［即齐桓公］以后，威胁鲁国杀死公子纠，召忽为子纠殉死，管夷吾被囚禁。鲍叔牙对桓公说："管夷吾很能干，可以治理国家。"桓公说："他是我的仇人，我要杀了他。"鲍叔牙说："我听说贤明的君主没有私人恩怨，而且，一个人能尽力为主人做事，也一定能尽力为国君做事。如果您想称霸为王，就非用管夷吾不可。请您一定赦免他！"桓公于是召管仲回国。

鲁国把他送了回来，齐国鲍叔牙到郊外迎接，解开了囚禁他的桎梏。桓公用厚礼款待他，地位在高氏与国氏两世族之上，鲍叔牙屈居其下。桓公把国政交给管仲，称他为"仲父"。桓公因［重用管仲］而称霸于诸侯。

## 注释

1 《史记·齐太公世家》："齐遗鲁书曰：'子纠兄弟，弗忍诛，请鲁自杀之。召忽、管仲，仇也，请得而甘心醢之。不然，将围鲁。'鲁人患之，遂杀子纠于笙渎。召忽自杀，管仲请囚。"

2 **高、国**：齐国的两家势力最大的大夫，为齐桓公回国作内应。

## 原文

管仲尝叹曰："吾少穷困时，尝与鲍叔贾，分财多自与；鲍叔不以我为贪，知我贫也。吾尝为鲍

## 译文

管仲曾感叹地说："我年轻穷困的时候，曾经与鲍叔一道做过买卖，分钱时总是多给自己；鲍叔不认为是我贪婪，知道是我贫穷。我曾替鲍叔出主意，结果非

叔谋事，而大穷困，鲍叔不以我为愚，知时有利不利也。吾尝三仕，三见逐于君；鲍叔不以我为不肖，知我不遭时也。吾尝三战，三北；鲍叔不以我为怯，知我有老母也。公子纠败，召忽死之，吾幽囚受辱；鲍叔不以我为无耻，知我不羞小节而耻名不显于天下也。生我者父母，知我者鲍叔也！”

此世称管鲍善交者，小白善用能者。然实无善交，实无用能也。实无善交、实无用能者，非更有善交、更有善用能也。召忽非能死，不得不死；鲍叔非能举贤，不得不举；小白非能用仇，不得不用。

及管夷吾有病[1]，小白问之，曰：“仲父之病疾[2]矣，可不讳云[3]。至于大病，则寡人恶乎属国而可？”

夷吾曰：“公谁欲欤？”小白曰：“鲍叔牙可。”

常失败，鲍叔不认为是我愚笨，知道是时机有时顺利有时不顺利。我曾三次做官，三次被国君驱逐；鲍叔不认为是我不贤能，知道是我没有碰到好时机。我曾三次作战，三次败逃；鲍叔不认为是我胆小，知道是我有老母要照顾。公子纠失败了，召忽自杀了，我也被囚禁而受耻辱；鲍叔不认为是我无耻，知道我不在乎小节，却以不能扬名于天下为真正的耻辱。生我的人是父母，了解我的人那是鲍叔啊！”

这是为世人称道的管、鲍善于结交朋友的事，小白善于任用能人的事。然而实际上无所谓善于结交朋友、实际上无所谓任用能人。说他们实际上无所谓善于结交朋友、实际上无所谓任用能人，并不是说世上有比他们更善于结交朋友、更善于任用能人的事，而是说召忽不是能够自杀，而是不得不自杀；鲍叔不是能够推举贤能，而是不能不推举贤能；小白不是能够任用仇人，而是不得不任用仇人。

到管夷吾生了重病的时候，小白问他，说：“仲父的病已经很重，不能再瞒着你了，如果你的病治不好，那我把国家政事交给谁呢？”

管夷吾问：“您想交给谁呢？”小白说：“鲍叔牙可以吧。”

曰："不可。其为人也，洁廉善士也，其于不已若者不比之人，一闻人之过，终身不忘。使之理国，上且钩[4]乎君，下且逆乎民。其得罪于君也，将弗久矣。"

小白曰："然则孰可？"

对曰："勿已，则隰朋可。其为人也，上忘而下不叛[5]，愧其不若黄帝，而哀不己若者。以德分人，谓之圣人；以财分人，谓之贤人。以贤临人，未有得人者也；以贤下人者，未有不得人者也。其于国有不闻也，其于家有不见也。勿已，则隰朋可。"

然则管夷吾非薄鲍叔也，不得不薄；非厚隰朋也，不得不厚。厚之于始，或薄之于终；薄之于终，或厚之于始[6]。厚薄之去来，弗由我也。

管仲说："不行！他的为人，是一个廉洁的好人，但他不把比自己差的人当人看待，一听到别人的过错，终生也不会忘记。用他来治理国家，就会上曲解君心，下违背民意。不要很久，他便会得罪于国君。"

小白问："那么谁行呢？"

管仲回答说："不得已的话，隰朋还可以。他的为人，对上善忘其高，对下善辨其长，对于自己不如黄帝而感到惭愧，对于别人不如自己表示同情。能把仁德分给别人的叫圣人，能把钱财分给别人的叫贤人。以贤能来责求别人的，是得不到人心的；以自己的贤能为他人服务的，没有不得人心的。他对于国事有所不闻，对于家事也有所不见，[是个不求全责备，从大处着眼的人。]不得已的话，隰朋还可以。"

可见管夷吾并不是要轻视鲍叔，而是不得不轻视他；并不是要重视隰朋，而是不得不重视他。开始时重视，有可能后来要轻视；开始时轻视，有可能后来要重视。重视与轻视的变化，并不由我们人力。

## 注释

1 管仲病后的故事，亦见于《管子·戒》《庄子·徐无鬼》《吕氏春秋·贵公》。

2 **疾**:加重,一作“病”。《管子·戒》:“仲父之疾甚矣。”

3 张湛原注:“言病之甚,不可复讳而不言也。”

4 **钩**:曲解。《说文》:“钩,曲也。”张湛原注:“必引君命,其道不弘。道苟不弘,则逆民而不能纳矣。”章太炎:“钩犹逆也,读如钩钜之钩,凡相距者必相逆也。”

5 **上忘而下不叛**:本句盖衍“不”字。叛,通“判”,辨也。张湛原注:“居高而自忘,则不忧下之离散。”《庄子·徐无鬼》:“上忘而下畔。”《吕氏春秋·贵公》:“上志而下求。”许维遹《吕氏春秋集释》:“《管子·戒》篇作‘上识而下问’,《庄子·徐无鬼》篇作‘上忘而下畔’,《列子·力命》篇作‘上忘而下不叛’。案:识、志古通。高释‘求’为‘问’,与《管子》相会。《庄》《列》‘忘’字疑为‘志’之形误。‘畔’‘叛’同,借作‘判’,《说文》:‘辨,判也’,是判、辨义同;《礼记·王制》郑注:‘辨,谓考问。’据此,辨即辨问之意。《列子》误‘叛’为‘背叛’,妄增‘不’字以足其义,失之远矣。”王重民则不以为有衍字:“上忘而下不叛,谓于上则忘其高,于下又不自亢也。”

6 陶鸿庆:“‘薄之于终,或厚之于始’当作‘薄之于始,或厚之于终’。如今本,则与上二句意复。”

**原文**

6.4 邓析操两可之说,设无穷之辞。[1]当子产执政,作《竹刑》。郑国用之,数难子产之治。子产屈之。子产执而戮之,俄而诛之。[2]然则子产非能用《竹刑》,不得不用;邓析非能屈子产,不得不屈;子产非能诛邓析,不得不诛也。

**译文**

邓析持模棱两可的论题,创设没有结果的诡辩。在子产执政的时候,作了一部写在竹简上的法律《竹刑》。郑国使用它,多次使子产的政事发生困难,子产只能屈服。于是子产便把邓析抓了起来,并当众羞辱他,不久就杀了他。可见子产并不是能够使用《竹刑》,而是不得不用它;邓析并不是能够使子产屈服,而是不得不使他屈服;子产并不是能够诛杀邓析,而是不得不诛杀他。

## 注释

1 可参《吕氏春秋·离谓》:"郑国多相县以书者,子产令无县书,邓析致之。子产令无致书,邓析倚之。令无穷,则邓析应之亦无穷矣。是可不可无辨也。可不可无辨,而以赏罚,其罚愈疾,其乱愈疾。此为国之禁也。故辨而不当理则伪,知而不当理则诈。诈伪之民,先王之所诛也。理也者,是非之宗也。洧水甚大,郑之富人有溺者,人得其死者。富人请赎之,其人求金甚多。以告邓析,邓析曰:'安之。人必莫之卖矣。'得死者患之,以告邓析,邓析曰:'安之,此必无所更买矣。'"

2 可参《淮南子·氾论训》:"子产诛邓析,而郑国之奸禁";《诠言训》:"邓析巧辩而乱法。"张湛原注:"此传云子产诛邓析,《左传》云驷歂杀邓析而用其竹刑,子产卒后二十年而邓析死。"任大椿《列子释文考异》:"子产杀邓析事见诸子,不特《荀》《列》也。"杨伯峻:"'子产'二字涉上文衍。'戮之'犹言"辱之"……《御览》六百二十六引无'屈之子产执而戮之'八字,乃以其不可解而以意削之,足证其误久矣。"

## 原文

6.5 可以生而生,天福也;可以死而死,天福也。可以生而不生,天罚也;可以死而不死,天罚也。可以生,可以死,得生得死,有矣;不可以生,不可以死,或死或生,有矣。[1]然而生生死死,非物非我,皆命也,智之所无奈何。故曰:窈然无际,天道自会;漠然无分,天道自运。天地不能犯,圣

## 译文

应该出生便出生了,这是天的福佑;应该死亡的便死亡了,这也是天的福佑。应该出生却没有出生,这是天的惩罚;应该死亡却没有死亡的,这也是天的惩罚。应该出生的出生了,应该死亡的死亡了,这是有的;应该出生的却死亡了,应该死亡的却出生了,这也是有的。但是出生也好,死亡也好,既不是外物的作用,也不是自己的力量,都是命运决定的。人们的智慧对它是无可奈何的。所以说,深远没有边际,天道是自然会聚的;寂静没有界限,天道是自然运动的。天地不

智不能干，鬼魅不能欺。自然者，默之成之，平之宁之[2]，将之迎之。

能侵犯它，圣明智慧不能干扰它，鬼魅不能欺骗它。所谓自然，就是无声无息而成就，平常而安宁，时而消失，时而出现。

## 注释

1 张湛原注：“此义之生而更死，之死而更生者也。此二句上义已该之而重出，疑书误。”陶鸿庆《读诸子札记》：“两‘不’字衍文，本作‘可以生，可以死，或死或生，有矣’。言可以生而或死，可以死而或生也。张注云：‘此义之生而更死，之死而更生者也。’是其所见本无两‘不’字。上文云：‘可以生而不生，天罚也；可以死而不死，天罚也。’意与此同，故张注又疑其重出也。”

2 张湛注：“平宁，无所施为。”

## 原文

6.6 杨朱之友曰季梁。季梁得疾，七日大渐[1]。其子环而泣之，请医。

季梁谓杨朱曰：“吾子不肖如此之甚，汝奚不为我歌以晓之？”杨朱歌曰：“天其弗识，人胡能觉？匪祐自天，弗孽由人。我乎汝乎！其弗知乎！医乎巫乎！其知之乎？”

其子弗晓，终谒三医。一曰矫氏，二曰俞氏，三曰卢氏，诊其所疾。

矫氏谓季梁曰：“汝寒温不节，虚实失度，病由

## 译文

杨朱的一个朋友叫季梁。季梁生病了，到第七日已成病危。他的儿子们急得围绕着他哭泣，一面请医生前来急救。

季梁对杨朱说：“我的儿子们不懂事到了如此地步，你为什么不替我唱个歌来让他们明白过来呢？”杨朱便唱道：“天尚且不认识，人又怎么能明白？福祐不是来自天，罪孽也非人招致。我呀你呀，都不知道啊！医呀巫呀，难道知道吗？”

他的儿子们听完后，还是不明白，到底还是请来了三位医生。一位是矫氏，一位是俞氏，一位是卢氏，三人共同诊治他所害的病。

矫氏对季梁说：“你体内的寒气与热气不调和，虚与实越过了限度，由于时饥

饥饱色欲。精虑烦散，非天非鬼[2]。虽渐，可攻也。”季梁曰：“众医也，亟屏之！”

俞氏曰：“女[3]始则胎气不足，乳湩有余。病非一朝一夕之故，其所由来渐矣，弗可已也。”季梁曰：“良医也，且食之！”

卢氏曰：“汝疾不由天，亦不由人，亦不由鬼。禀生[4]受形，既有制之者矣，亦有知之者矣，药石其如汝何？”季梁曰：“神医也，重贶遣之！”

俄而，季梁之疾自瘳[5]。

时饱和色欲过度生病。使精神思虑烦杂散乱，不是天的原因，也不是鬼的原因。虽然危重，仍然可以治疗。”季梁说：“这是庸医，快叫他出去！”

俞氏说：“你在娘胎里就胎气不足，出生后奶水吃得太多，这[先天不足、后天失调之]病不是一朝一夕生成的，它是逐渐加剧的，已经治不好了。”季梁说：“这是一位好医生，暂且请他吃顿饭吧！”

卢氏说：“你的病不是由于天，也不是由于人，也不是由于鬼。人从命运手里禀受生命之气而成形之后，就既有控制你生命与形体的，又有知道你命运的，药物针砭能把你怎么样呢？”季梁说：“这是一位神医，重重地赏赐他！”

不久，季梁的病自己好了。

## 注释

1 **渐**：病情加剧。张湛注：“渐，剧也。”

2 杨伯峻《集释》：“北宋本、汪本、秦本‘天’作‘夭’。‘夭’当借为‘妖’，虽可通，但依下文‘汝疾不由天，亦不由人，亦不由鬼’证之，则作‘天’者近是。今从《藏》本、元本正。”

3 **女**：通“汝”。

4 **禀生**：见于《弘明集》中慧远所作《沙门不敬王者论·求宗不顺化第三》中：“凡在有方，同禀生于大化，虽群品万殊，精粗异贯，统极而言，有灵与无灵耳。”

5 **瘳**(chōu)：病愈。

## 原文

6.7 生非贵之所能存，身非爱之所能厚；生亦非贱之所能夭，身亦非轻之所能薄。故贵之或不生，贱之或不死；爱之或[1]不厚，轻之或不薄。此似反也，非反也；此自生自死，自厚自薄。或贵之而生，或贱之而死；或爱之而厚，或轻之而薄。此似顺也，非顺也；此亦自生自死，自厚自薄。

## 译文

生命不是因为尊贵它就能长久存在，身体不是因为爱惜它就能壮实；生命也不是因为轻贱它就能夭折，身体也不是因为轻视它就能孱弱。所以尊贵它也许不能生存，轻贱它也许不会死亡；爱惜它也许不能壮实，轻视它也许不会孱弱。这似乎是反常的，其实并不反常，因为它们是自己生存、自己死亡、自己壮实、自己孱弱的。也许尊贵它能够生存，也许轻贱它会导致死亡；也许爱惜它能够壮实，也许轻视它会导致孱弱。这好像是正常的，其实并不正常，它们也是自己生存、自己死亡，自己壮实，自己孱弱的。

## 注释

1 **或**：光绪世德堂本原作“亦”，误。

## 原文

鬻熊语文王曰：“自长非所增，自短非所损。算之所亡若何[1]？”老聃语关尹曰：“天之所恶，孰知其故？”言迎天意，瑞[2]利害，不如其已。

## 译文

鬻熊对周文王说：“自己长寿不是人所能增加的，自己短命不是人所减损的，智慧对于生命无可奈何。”老聃对关尹说：“天所厌恶的，谁知道是什么缘故？”说的是迎合天意，揣摩利害，不如停止。

## 注释

1 张湛注：“算犹智也。”

2 **瑞**：盖为“揣”字之误。

## 原文

6.8 杨布[1]问曰:“有人于此,年兄弟也,言[2]兄弟也,才兄弟也,貌兄弟也;而寿夭父子也,贵贱父子也,名誉父子也,爱憎父子也。吾惑之。”

杨子曰:“古之人有言,吾尝识之,将以告若。不知所以然而然,命也。今昏昏昧昧,纷纷若若,随所为,随所不为。日去日来,孰能知其故?皆命也。夫信命者,亡寿夭;信理者,亡是非;信心者,亡逆顺;信性者,亡安危。则谓之都亡所信,都亡所不信[3]。真矣悫矣?奚去奚就?奚哀奚乐?奚为奚不为?《黄帝之书》云:‘至人居若死,动若械。’亦不知所以居,亦不知所以不居;亦不知所以动,亦不知所以不动。亦不以众人之观[4]易其情貌,亦不谓众人之不观不易其情貌。独往独来,独出独入,孰能碍之?”[5]

## 译文

杨布问杨朱说:“这里有些人,年龄差不多,资历差不多,才能差不多,相貌差不多,而长寿与早夭大不相同,尊贵与低贱大不相同,名分与荣誉大不相同,喜爱与憎恶大不相同。我很不理解。”

杨朱说:“古时候的人有句话,我曾把它记了下来,现在告诉你:不知道为什么这样而这样的,这是命运。现有的一切都糊里糊涂,纷杂混乱,有的去做了,有的没有去做,一天天过去,一天天到来,谁能知道其中的缘故?都是命运啊!相信命运的,无所谓长寿与夭亡;相信自然之理的,无所谓是与非;相信心灵的,无所谓困难与顺利;相信自然本性的,无所谓安全与危险。这就叫作都没有什么可相信的,都没有什么可不相信的。真实呀,诚信呀,去了哪里,又回到了哪里?悲哀什么,高兴什么?做什么,不做什么?《黄帝之书》说:‘德性最高的人坐下来像死了一样,动起来像机械一样。’也不知道为什么坐,也不知道为什么不坐;也不知道为什么动,也不知道为什么不动。也不因为大家都来规劝而改变情态与形貌,也不因为大家都不来规劝而不改变他的情态与形貌。独自去,独自来,独自出,独自入,谁能阻碍他?”

## 注释

1 张湛注:"杨朱弟也。"

2 **言**:或作"訾",訾程,资历。俞樾:"'言'字无义,当从《释文》作'訾'。《管子·君臣上》'吏啬夫尽有訾程事律',即此'訾'字之义。官秩贵贱必视'訾程'为准。'訾兄弟也',正与下文'贵贱父子也',相应。"

3 一作"亡所不信"。

4 **观**:一作"劝",似优,从之。

5 可参本书《黄帝》篇第四章:"至人潜行不空,蹈火不热,行乎万物之上而不栗。"张湛原注:"物往亦往,物来亦来。任物出入,故莫有碍。"

## 原文

6.9 墨尿[1]、单至[2]、啴咺[3]、憋懯[4]四人相与游于世,胥如志也[5];穷年不相知情,自以智之深也。巧佞[6]、愚直[7]、婩斫[8]、便辟[9]四人相与游于世,胥如志也;穷年而不相语术,自以巧之微也。狠㑋[10]、情露[11]、謇极[12]、凌谇[13]四人相与游于世,胥如志也;穷年不相晓悟,自以为才之得也。眠娗[14]、諈诿[15]、勇敢、怯疑四人相与游于世,胥如志也;穷年不相谪发,自以行无戾也。多偶[16]、自专、乘权[17]、支立[18]四人相与游于世,胥如志也;穷年不相顾眄,自以时之适也。此众态也,其貌不一,而咸之于道,命所归也。

## 译文

墨尿、单至、啴咺、憋懯四个人在世上互相交朋友,各随自己的意志,整年不互相通报情况,自以为智慧十分深湛。巧佞、愚直、婩斫、便辟四个人在世上互相交朋友,各随自己的意志,整年不互相告诉道术,自以为技巧十分精微。狠㑋、情露、謇极、凌谇四个人在世上互相交朋友,各随自己的意志,整年不互相启迪开悟,自以为一切本领获得了。眠娗、諈诿、勇敢、怯疑四个人在世上互相交朋友,各随自己的意志,整年不互相批评启发,自以为行为没有一点差错。多偶、自专、乘权、支立四个人在世上互相交朋友,各随自己的意志,整年不互相检查回顾,自以为一切都适合时宜。这许多情态,它们的表现虽然不一样,却都走向了自然之道,这是命运的归宿。

## 注释

1 **墨杘**(chì)：无赖，寓指人名。墨，张湛原注："音眉。"杘，张湛注："敕夷反。"卢重玄解："默诈佯愚之状。"《方言》第十："央亡、墨杘，姡狯也。江、淮之间或谓之无赖。凡小儿多诈而狯谓之央亡，或谓之墨杘。"

2 **单至**(Zhàndié)：轻率，寓指人名。张湛原注："单，音战；至，音咥……此皆默诈、轻发、迂缓、急速之貌。"卢重玄解："轻动之状。"

3 **嘽咺**(Chǎnxuǎn)：迂缓马虎，寓指人名。

4 **憋懯**(fū)：急性，寓指人名。张湛原注："急速之貌。"

5《释文》："胥，相也。如，随也。谓各从其志。"

6 **巧佞**：非常灵巧，善于拍马逢迎，寓指人名。

7 **愚直**：心直口快，毫无心机，寓指人名。

8 **婩斫**(Yànzhuó)：傻气，寓指人名。张湛注："婩斫，不解悟之貌。"殷敬顺《释文》："婩斫，容止峭巇也。"陶光疑为"婩婧"，"夺去'婧'字，又阑入异文也"。《方言》十："婩婧，鲜好也，南楚之外通语也。"

9 **便**(pián)**辟**：善辩，邪僻，寓指人名。

10 **缪伢**(Qiāoyà)：藏奸，寓指人名。陶光以为或如《方言》十郭注"恐伢多智也"，作"恐伢"，如当时北平语、俗书作"咬牙"。

11 **情露**：显摆，借指人名。卢重玄解："不隐之状也。"《释文》："情露，无所隐藏。"

12 **謇極**(Jiǎnjí)：口吃，寓指人名。謇，同"謇"，《方言》："謇极，吃也。楚语也。"極，疾也，急也。

13 **凌谇**(suì)：凌辱责骂，寓指人名。卢重玄解："寻间语责之状也。"《释文》："凌谇，谓好陵辱责骂人也。"

14 **眠娗**(tǐng)：昏默懒散，寓指人名。张湛注："不开通之貌。"卢重玄解："无精采之状也。"《方言》十："凡小儿多诈而狯谓之央亡，或谓之墨杘，或谓之姡。姡，娗也，或谓之猾。皆通语也。"

15 **諈诿**(Zhuìwěi)：烦重貌，寓指人名。《尔雅·释言》："諈诿，累也。"郭注："以事相属累为諈诿。"

16 卢重玄解："和同之状也。"《释文》云："多偶，谓多与人相和谐也。"

17《释文》:“乘权,谓乘用权势也。”

18《释文》:“支立,独孤自立。”

## 原文

6.10 佹佹[1]成者,俏[2]成也,初非成也。佹佹败者,俏败者也,初非败也。故迷生于俏,俏之际昧然。于俏而不昧然,则不骇外祸,不喜内福;[3]随时动,随时止,智不能知也。信命者,于彼我无二心。于彼我而有二心者,不若掩[4]目塞耳,背坂面隍[5],亦不坠仆也。故曰:死生自命也,贫穷自时也[6]。怨夭折者,不知命者也;怨贫穷者,不知时者也。当死不惧,在穷不戚,知命安时也。其使多智之人,量利害,料虚实,度人情,得亦中,亡亦中。其少智之人,不量利害,不料虚实,不度人情,得亦中,亡亦中。量与不量,料与不料,度与不度,奚以异?唯亡所量,亡所不量,则全而亡丧。亦非知全,亦非知

## 译文

几乎要成功了,那是好像要成功了,实际上并没有成功。几乎要失败了,那是好像要失败了,实际上并没有失败。所以迷惑发生在相似上,近似的时候最容易糊涂。在近似的时候而不糊涂,就不惧怕外来的灾祸,不庆幸内在的幸福;顺应时势而行动,顺应时势而停止,靠聪明才智是无法明白的。相信命运的人对于成功与失败没有不同的心情。对于成功与失败有不同心情的人,比不上捂住眼睛、塞住耳朵、背对着城墙、面朝城壕也不会坠落下来的人。所以说:死亡与生存来自命运,贫苦与穷困来自时势。埋怨短命的,是不懂得命运的人;埋怨贫穷的,是不懂得时势的人,碰上死亡不惧怕,身居贫穷不悲伤,这是懂得命运、安于时势的人。如果叫足智多谋的人计算利害,估量虚实,揣度人情,他所得到的有一半,失去的也有一半。那些缺智少谋的人不计算利害,不估量虚实,不揣度人情,他所得到的有一半,所失去的也有一半。这样看来,计算与不计算,估量与不估量,揣度与不揣度,有什么不同呢?只有无所计算,才是无所不计算,才能完全成功而没有丧失。并不是心中知道要

丧。自全也，自亡也，自丧也。

完全成功，也不是心中知道要丧失。一切都是自己完成，自己消亡，自己丧失。

## 注释

1 **佹(guǐ)佹**：几乎。

2 张湛原注："俏，音'肖'。俏，似也。"

3 张湛原注："祸福岂有内外？皆理之玄定者也。见其卒起，因谓外至；见其渐著，因谓内成也。"

4 **掩**：掩盖。

5 **坂**：坡，泽障。《释文》作"城"；城，城墙。**隍**：护城壕。

6 张湛原注："若其非时，则勤俭者必富，而奢惰者必贫。"

## 原文

6.11 齐景公游于牛山[1]，北临其国城而流涕曰："美哉国乎！郁郁芊芊，若何滴滴[2]去此国而死乎？使古无死者，寡人将去斯而之何？"史[3]孔、梁丘据皆从而泣曰："臣赖君之赐，疏食恶肉可得而食，驽马棱车[4]，可得而乘也，且犹不欲死，而况吾君乎？"晏子独笑于旁。

公雪[5]涕而顾晏子曰："寡人今日之游悲，孔与据皆从寡人而泣，子之独笑，何也？"晏子对曰：

## 译文

齐景公在牛山游玩，向北观望他的国都临淄城，不觉流着眼泪感叹说："真美啊，我的国都！草木浓密茂盛，我为什么还要随着时光的流逝离开这个国都而死亡呢？假使古代没有死亡的人，那我将离开此地到哪里去呢？"史孔和梁丘据都跟着垂泪说："我们做臣子的，依靠君主您的恩赐，一般的饭菜可以吃得到，一般的车马可以乘坐，尚且还不想死，又何况我的君主呢！"晏子一个人在旁边发笑。

景公擦干眼泪，转头对晏子说："我今天游玩，悲从中来，史孔和梁丘据都跟着我流泪，你却一个人发笑，为什么呢？"晏子回答说："假使贤明的君主能够长久地拥有自己的国家，那么太公、桓公就会长

“使贤者常守之，则太公、桓公将常守之矣；使有勇者而常守之，则庄公、灵公将常守之矣。数君者将守之，吾君方将被蓑笠而立乎畎亩之中，唯事之恤，行假[6]念死乎？则吾君又安得此位而立焉？以其迭处之，迭去之，至于君也，而独为之流涕，是不仁也。见不仁之君，见諂[7]谀之臣；臣见此二者，臣之所为独窃笑也。”

景公惭焉，举觞自罚；罚二臣者，各二觞焉。

久地拥有这个国家了；假使勇敢的君主能够长久地拥有自己的国家，那么庄公、灵公就会长久地拥有这个国家了。这么多君主都将拥有这个国家，那您现在就只能披着蓑衣，戴着斗笠，在田野里耕种，一心只考虑农活了，哪有闲暇想到死呢？您又怎么能得到国君的位置而成为君主呢？就是因为他们一个个成为国君，又一个个相继死去，才轮到了您，您却偏要为此而流泪，这是不仁义的。我看到了不仁不义的君主，又看到了阿谀奉承的大臣。因为看到了这两种人，所以我一个人独自暗笑。”

景公觉得惭愧，举起杯子，喝酒自罚；又罚史孔、梁丘据各饮两杯酒。

## 注释

1 本章故事，又见于《晏子春秋》卷一、《韩诗外传》卷十。牛山，在今山东淄博临淄境内。

2 **滴滴**：殷敬顺读如“滂滂”，释为“流荡貌”。陶光疑当作“堂堂”，犹言皇皇；盖“堂”形误为“旁”，又误改为“滂”，又据此误改与“旁”字古体形近之“啇”，再误为“滴”。

3 **史**：殷敬顺作“艾”。《晏子春秋》作“艾”。

4 **怒**：一作“驽”。**棱**：当作“栈”。栈车，竹木编成的普通车，为士与庶人所乘。

5 **雪**：擦拭。

6 **行假**：张湛以为当作“何暇”。王重民：“行假，《韩诗外传》作‘何暇’。”

7 **諂**：当作“谄”。

**原文**

6.12 魏人有东门吴者，其子死而不忧。[1] 其相室[2]曰："公之爱子，天下无有。今子死不忧，何也？"东门吴曰："吾常[3]无子，无子之时不忧。今子死，乃与向无子同，臣奚忧焉？"

**译文**

魏国有个叫东门吴的人，他儿子死了却不忧愁。他的管家说："您对儿子的怜爱程度，天下是找不到的。现在儿子死了却不忧愁，为什么呢？"东门吴说："我过去没有儿子，没有儿子的时候并不忧愁。现在儿子死了，就和过去没有儿子的时候一样，我有什么可忧愁的呢？"

**注释**

1 王叔岷："《御览》五一八、《记纂渊海》四八、五一，《事文类聚·后集》七，《合璧事类·前集》三二，引'者'下并有'年四十'三字。'其子死而不忧'，并作'有一子，丧之而不忧'。"

2 **相室**：相国，宰相。这里作"管家"。

3 **常**：通"尝"，曾经。

**原文**

6.13 农赴时，商趣利，工追术，仕逐势，势使然也。然农有水旱，商有得失，工有成败，仕有遇否，命使然也。

**译文**

农民趋向时令，商人趋求利润，工人讲究技术，仕人追逐权势，这是时势使他们这样的。但农民有水旱之灾，商人有得失之时，工人有成功与失败之别，仕人有顺利与挫折之殊，这是命运使他们这样的。

# 第七卷　杨朱

## 导读

本卷又名《达生》，共十七章，因首章开篇以“杨朱游于鲁”开头，故以“杨朱”为卷题。本卷主要谈杨朱的生平遭遇与思想主张，集中反映了《列子》的人生哲学。

本卷揭示了现实人生中的悖论，为了追求长寿、名声、地位、财货，人生都不得休息。然而，社会上悠悠大众“趋名不已”，“今有名则尊荣，亡名则卑辱”，而“尊荣则逸乐，卑辱则忧苦”，在丰屋、美服、厚味、姣色之外，还贪求无厌，追求忠义之名，这些“无厌之性”实乃“阴阳之蠹”。在忧苦与逸乐、“犯性”与“顺性”之间，正是“斯实之所系”。从名实关系看，如果“守名而累实”，则“将恤危亡之不救，岂徒逸乐忧苦之间哉”。

本卷直面了人生到底该追求什么的问题：“人之生也奚为哉？奚乐哉？”杨朱的思考，是在“美厚”与“声色”之间，考虑“美厚复不可常厌足，声色不可常玩闻”，加上“刑赏之所禁劝，名法之所进退”，在“重囚累梏”中“从心而动”，“不为名所劝”，“不为刑所及”，不要计较“名誉先后，年命多少”。人生有“相怜”“相捐”之道，人生中有贤愚、贵贱之分，“然而万物齐生齐死，齐贤齐愚，齐贵齐贱”，死后均为腐骨，所以在当下人生路径的取择上，就不如“且趣当生”。他们的“生死之道”，生时之欲望，当如文中管仲所言，当“肆之而已，勿壅勿阏”；而死后之安排，则如晏婴所说的“岂在我哉”。郑国宰相子产的兄弟，好酒好色，不为“性命之重”与“礼义之尊”所动。由于他们有“生之难遇，而死之易及”的生死观，所以其人生意义乃在于追求“尽一生之欢，穷当年之乐”，完全不顾惜“名声之丑”与“性命之危”。端木叔亦是利用祖上传下的万贯家业,“不治世故,放意所好”,“其生民之所欲为,人意之所欲玩者,无不为也,无不玩也”,最后散尽家财,“不为子孙留财”。他死后,受过施舍的人帮助了他和他的后人,他本人获得有德“达人”和辱祖“狂人”两个迥然不同的赞语。

杨朱并不赞成“贵生爱身,以蕲不死”,因为“理无不死”“理无久生”,生死都不应该过度追求什么,而应该“废而任之”。从主观动机与客观效果上看,即使一毛之微,天下之大,也不能任意施为。杨朱欣赏“损一毫利天下,不与也;悉天下奉一身,不取也”的“古之人”,主张“人人不损一毫,人人不利天下”,正是他“无不废,无不任”哲学观的内在延伸。杨朱所言“虽全生,不可有其身;虽不去物,不可有其物”,以及追求做“公天下之身,公天下之物”的“圣人”“至人”,也是“废而任之”哲学的内在要求。

总体上,杨朱追求享受当下人生,不宜矜惜“一时之毁誉”,因为它往往由“焦苦其神形”得来;不要计较“死后数百年中余名”,因为它对于当下人生既已没有了实际意义,也不能让“枯骨”复活。舜、鲧、武王、孔子四圣,“生无一日之欢,死有万世之名”;桀、纣二凶,“生有纵欲之欢,死被愚暴之名”。然而,不管是前者的美名苦实,还是后者的恶名乐实,都是现实生活中的名实分离。人们所求的是“伪名”,是为了生时富贵、死后尊荣及子孙乡党的福泽,并非为了廉让的“实名”,从而揭示了“实无名,名无实;名者,伪而已矣”的清楚的“实、伪之辩”。从伯夷“饿死”、展季“寡宗”上主要看到的是“清贞之误”,这是虚名之误。从原宪窭居“损生”、子贡货殖“累身”上看不到“乐生”“逸身”,这是不懂养生之误。

**原文**

7.1 杨朱游于鲁,舍于孟氏。

孟氏问曰:“人而已矣,奚以名为?”曰:“以名者为富。”

“既富矣,奚不已

**译文**

杨朱到鲁国游历,住在孟氏家里。

孟氏问他:“生而为人就应该满足了,为什么还要名声呢?”杨朱回答说:“因为名声可以使人富有。”

[孟氏又问:]“已经富有了,为什么还不停止呢?”[杨朱]说:“富有了还要显贵。”

焉？”曰：“为贵。”

“既贵矣，奚不已焉？”曰：“为死。”

“既死矣，奚为焉？”曰：“为子孙。”

“名奚益于子孙？”曰：“名乃苦其身，燋[1]其心。乘其名者，泽及宗族，利兼乡党，况子孙乎？”

［孟氏又问：］“已经富贵了，为什么还不停止呢？”［杨朱］说：“为了死后丧事的荣耀。”

［孟氏又问：］“人都已经死了，为什么还要呢？”［杨朱］说：“为了荣及子孙。”

［孟氏又问：］“名声对子孙有什么好处？”［杨朱］说：“名声乃是通过身体辛苦、心念焦虑得到的。伴随着名声而来的好处可以泽被宗族，利益可以遍施乡里，又何况是子孙呢？”

## 注释

1 **燋**：一作“憔”“焦”。

## 原文

“凡为名者必廉，廉斯贫；为名者必让，让斯贱。”

曰：“管仲之相齐也，君淫亦淫，君奢亦奢[1]，志合言从，道行国霸，死之后，管氏而已。田氏之相齐也，君盈则己降，君敛则己施[2]，民皆归之，因有齐国；子孙享之，至今不绝。”

## 译文

［孟氏说：］“凡是追求名声的人必须廉洁，廉洁就会贫穷；凡是追求名声的人必须谦让，谦让就会低贱。”

［杨朱］说：“管仲当齐国宰相的时候，国君淫乱，他也淫乱；国君奢靡，他也奢靡。其志与君心相合，言论被国君采纳，使治国之道顺利实行，于是齐国称霸于诸侯。然而，管仲死后，管仲的子孙不过做着大夫罢了。后来田氏当齐国宰相，齐君傲慢，他便谦卑；齐君聚敛，他便施舍。民心都归向他，他因而获得齐国，子孙世代享用，至今没有断绝。”

## 注释

1 张湛注:“言不专美恶于己。”

2 张湛注:“此推恶于君也。”

## 原文

“若实名贫,伪名富。”

曰:“实无名,名无实;名者,伪而已矣。昔者尧、舜伪以天下让许由、善卷,而不失天下,享祚百年。[1]伯夷、叔齐实以孤竹君[2]让,而终亡其国,饿死于首阳之山。实、伪之辩,如此其省也。”

## 译文

[孟氏说:]“这样说来,得到真实的名声便会贫穷,而虚假的名声则会富贵。”

[杨朱]说:“有实事的没有名声,有名声的没有实事。名声这东西,实际上就是虚伪啊!从前,尧虚伪地把天下让给许由、舜虚伪地把天下让给善卷,而尧、舜实际上并没有失去天下,他们各自坐享帝位达百年之久。伯夷、叔齐实心实意地让出孤竹国的君位,最终还是亡了国,饿死在首阳山上。真实与虚伪的区别,就像这样清楚啊!”

## 注释

1《庄子·逍遥游》有尧以天下让许由事,《庄子·让王》及《盗跖》二篇俱见舜让天下于善卷事。张湛原注:“伪实之迹因事而生。致伪者由尧舜之迹,而圣人无伪也。”

2 **孤竹君**:此处指孤竹国的君位。杨伯峻:“《御览》四二四、《类聚》二十一引并无‘君’字,是也。”

## 原文

7.2 杨朱曰:“百年,寿之大齐[1]。得百年者,千无一焉。设有一者,孩抱

## 译文

杨朱说:“一百岁,是寿命的极限。能活到一百岁的,一千人中难得一人。即使有一人活到百年,然而无知的婴孩期加上

以逮昏老，几居其半矣。夜眠之所弭，昼觉之所遗，又几居其半矣。痛疾哀苦，亡失忧惧，又几居其半矣。量十数年之中，逌然而自得，亡介焉之虑者，亦亡一时之中尔。则人之生也奚为哉？奚乐哉？为美厚尔，为声色尔。而美厚复不可常厌足，声色不可常玩闻。乃复为刑赏之所禁劝，名法之所进退；遑遑尔竞一时之虚誉，规死后之余荣；偊偊尔慎[2]耳目之观听，惜身意之是非；徒失当年之至乐，不能自肆于一时。重囚累梏，何以异哉？太古之人，知生之暂来，知死之暂往；故从心而动，不违自然所好；当身[3]之娱，非所去也，故不为名所劝[4]。从性而游，不逆万物所好，死后之名，非所取也，故不为刑所及。[5]名誉先后，年命多少，非所量也。”

糊涂的衰老期，几乎占去了他寿命的一半时间。夜间睡眠所耗，白天休息所逝，又几乎占去了一半。加上疾病痛苦、失意忧患，又几乎占去了一半。估计剩下的十多年中，能悠然自得，没有丝毫忧虑的时间，也并没有占到其中的一半。那么，人生在世又是为了什么呢？以什么为乐呢？不过是为了美食丰衣吧？不过是为了悦耳的音乐与悦目的女色吧？可是美食丰衣并不能经常得到满足，悦耳的音乐与悦目的女色也不能经常赏玩与听闻。再加上要被刑罚所禁止，被赏赐所规劝，被名誉所进退，被法网所阻遏，惶恐不安地去竞争一时的虚伪声誉，以图死后所留下的荣耀；小心谨慎地去选择耳朵可以听的东西与眼睛可以看的东西，为爱惜活着时的是非而战战兢兢；白白地丧失了当时最高的快乐，不能获得当下的自由自在。这与罪恶深重的囚犯被关押于层层牢笼，又有什么区别呢？上古的人，懂得出生是暂时的到来，懂得死亡是暂时的离去，因而随心所欲地行动，不违背自然的喜好，不减少今生的欢娱，所以不被名誉所规劝。顺从自然本性去游玩，不违背万物的喜好，不博取死后的荣誉，所以也不受刑罚所牵绊。这样一来，名誉的先后，寿命的长短，都是不值得计较的。”

## 注释

1 **齐**：定限。

2 **慎**：一作"顺"。

3 **当身**：或为"当生"。俞樾："'当身'乃'当生'之误。下云，'死后之名非所取也'，'当生'与'死后'正相对。下文云，'且趣当生，奚遑死后'，是其证。"

4 **劝**：一作"观"，二字繁体形近，常互误互假。张湛原注："为善不近名者。"

5 张湛原注："为恶不近刑者。"于鬯《香草续校书》："故不为刑所及，与上故不为名所劝为对文，是分承上文'乃复为刑赏之所禁劝'而言。不为刑所及者，即不为刑所禁也。不为刑所禁者，正谓刑虽及我，而我不以为患。张注'不为名所劝'云：'为善不近名者。'注此云：'为恶不近刑者。'分为善与恶，既非其旨，'不为名所劝'为'不近名'，固可说；'不为刑所及'为'不近刑'，义适相反矣。"

## 原文

7.3 杨朱曰："万物所异者生也，所同者死也。生则有贤愚、贵贱，是所异也；死则有臭腐、消灭，是所同也。虽然，贤愚、贵贱，非所能也，臭腐、消灭，亦非所能也。故生非所生，死非所死，贤非所贤，愚非所愚，贵非所贵，贱非所贱[1]。然而万物齐生齐死，齐贤齐愚，齐贵齐贱[2]。十年亦死，百年亦

## 译文

杨朱说："万物所不同的是生存，所相同的是死亡。生存就有贤愚、贵贱之别，这是不同的；死亡就都走向腐烂发臭、消失灭亡，这是相同的。即使是这样，贤愚与贵贱也不是人所能掌控的，腐臭、消灭也不是人所能决定的。所以生不是自己能生，死不是自己能死，贤不是自己能贤，愚不是自己能愚，贵不是自己能贵，贱也不是自己能贱。然而，万物的生与死、贤与愚、贵与贱都是一样的［同归于自然］。活十年死的，是死；活百年而死的，也是死。仁人圣人的死，是死；凶人愚人的死，

死，仁圣亦死，凶愚亦死。生则尧舜，死则腐骨；生则桀纣，死则腐骨。腐骨一矣，熟知其异？且趣当生，奚遑死后？[3]”

也是死。活着是尧、舜，死了便成腐骨；活着是桀、纣，死了也成腐骨。死了成为腐骨是一样的，谁知道它们的差异何在呢？姑且追求当下生存，哪有工夫顾及死后的事呢？”

## 注释

1 张湛注：“皆自然尔，非能之所为也。”杨伯峻：“‘故生非所生’诸‘所’字下疑皆脱‘能’字。此数语紧承‘贤愚贵贱非所能也，臭腐消灭亦非所能也’而言。细绎张注及下文卢解，似其所见本俱有‘能’字。”

2 张湛注：“皆同归于自然。”卢重玄解：“贤愚、贵贱、臭腐、消灭皆形所不自能也，不自能，则含生之质未尝不齐。”

3 张湛原注：“无恋当今者，德之至也。”其意与原文有异。

## 原文

7.4 杨朱曰：“伯夷非亡欲，矜清之邮[1]，以放饿死[2]。展季非亡情，矜贞之邮，以放寡宗[3]。清贞之误，善之若此。[4]”

## 译文

杨朱说：“伯夷并不是没有欲望，但过于矜持清高的名声，以至于饿死了。展季并不是没有人情，但过于矜持贞节的名声，以至于宗人稀少。清高与贞节的失误，竟然达到如此的结果。”

## 注释

1 **邮**：通“尤”，过也。一作“卸”。

2 **放**(fǎng)：至。《释文》云：“《公羊传》曰：‘放死不立。’刘兆注曰：‘放，至也。’”张湛原注：“守饿至死。”

3 **宗**：宗亲，宗族。

4 **若**：一作“在”。张湛原注：“此诬贤负实之言，然欲有所抑扬，不得不寄责于高胜者耳。”似不同意杨朱之言。

原文

7.5 杨朱曰："原宪窭于鲁[1]，子贡殖[2]于卫。原宪之窭损生，子贡之殖累身。"

"然则窭亦不可，殖亦不可，其可焉在？"

曰："可在乐生，可在逸身。故善乐生者不窭，善逸身者不殖。"

译文

杨朱说："原宪在鲁国十分贫穷，子贡在卫国经商挣钱。原宪的贫穷损害了生命，子贡的经商累坏了身体。"

［有人问：］"那么贫穷也不行，经商也不行，怎样才行呢？"

［杨朱］答："正确的做法在于使生活快乐，正确的做法在于使身体安逸。所以善于使生活快乐的人不会贫穷，善于使身体安逸的人不去经商。"

注释

1 **原宪**：字子思，又称原思，孔子弟子。**窭**(jù)：贫穷。

2 **殖**：货殖，经商。

原文

7.6 杨朱曰："古语有之：'生相怜，死相捐。'此语至矣。相怜之道，非唯情也。勤能使逸，饥能使饱，寒能使温，穷能使达也。相捐之道，非不相哀也。不含珠玉，不服文锦，不陈牺牲，不设明器[1]也。"

译文

杨朱说："古代有句话说：'活着的时候互相怜爱，死了便互相抛弃。'这句话说到底了。互相怜爱的方法，不仅仅在于感情，［也在于：］过于勤苦的，能使他安逸，饥饿了能使他吃饱，寒冷了能使他温暖，穷困了能使他顺利。互相抛弃的方法，并不是不互相悲哀，而是口中不含珍珠美玉，身上不穿文彩织锦，祭奠不设牺牲食品，埋葬不摆冥间器具。"

注释

1 **明器**：随葬器具，即冥器。

**原文**

7.7 晏平仲问养生于管夷吾[1]。管夷吾曰："肆之而已，勿壅勿阏[2]。"

晏平仲曰："其目奈何？"夷吾曰："恣耳之所欲听，恣目之所欲视，恣鼻之所欲向，恣口之所欲言，恣体之所欲安，恣意之所欲行。[3]夫耳之所欲闻者音声，而不得听，谓之阏聪；目之所欲见者美色，而不得视，谓之阏明；鼻之所欲向者椒兰，而不得嗅，谓之阏颤[4]；口之所欲道者是非，而不得言，谓之阏智；体之所欲安者美厚，而不得从，谓之阏适；意之所为者放逸，而不得行，谓之阏往。凡此诸阏，废虐[5]之主。去废虐之主，熙熙然以俟死，一日、一月，一年、十年，吾所谓养。拘此废虐之主，录而不舍，戚戚然以至久生，百年、千年、万年，非吾所谓养。"

管夷吾曰："吾既告子养生矣，送死奈何？"晏平

**译文**

晏婴向管仲询问养生之道。管仲说："放纵罢了，不要壅塞，不要阻挡。"

晏婴问："具体的做法有哪些？"管仲说："耳朵想听什么就听什么，眼睛想看什么就看什么，鼻子想闻什么就闻什么，嘴巴想说什么就说什么，身体想怎么舒服就怎么舒服，意念想干什么就干什么。耳朵所想听的是悦耳的音乐，却听不到，就叫阻塞耳聪；眼睛所想见的是漂亮的颜色，却看不到，就叫阻塞目明；鼻子所想闻的是花椒与兰草，却闻不到，就叫阻塞嗅觉；嘴巴所想说的是谁是谁非，却不能说，就叫阻塞智慧；身体所想舒服的是美食与丰衣，却不能享用到，就叫抑制舒适；意念所想做的是放纵安逸，却不能去做，就叫抑制本性。凡此种种阻塞，都是摧残生命的根源。清除摧残生命的根源，放纵情欲，欢乐到死，即使只有一天、一月、一年、十年，这就是我所说的养生之道。拘执这些摧残生命的根源，检束而不舍弃，忧惧烦恼一直到老甚至长生不死，即使有一百年、一千年、一万年，也不是我所说的养生之道。"

管仲又说："我已经告诉你怎样养

仲曰："送死略矣，将何以告焉？"

管夷吾曰："吾固欲闻之。"平仲曰："既死，岂在我哉？焚之亦可，沉之亦可，瘗[6]之亦可，露之亦可，衣薪而弃诸沟壑亦可，衮衣绣裳而纳诸石椁亦可，唯所遇焉。"

管夷吾顾谓鲍叔、黄子曰："生死之道，吾二人进[7]之矣。"

生了，那么，送死又该怎样呢？"晏婴说："送死就简单得多了，我该跟你说些什么呢？"

管仲说："我就是想听听。"晏婴说："既然已经死了，怎能由得自己呢？烧成灰也行，沉下水也行，埋入土中也行，暴尸于外也行，包上柴草扔到沟壑里也行，穿上礼服绣衣放入石棺里也行，这要看死者碰到什么样的情形了。"

管仲回头对鲍叔、黄子说："养生之道与送死之方，我们两人都已经说全了。"

## 注释

1 **晏平仲**：晏婴，字平仲。**管夷吾**：管仲，字夷吾。二人虽同为齐国名臣，却生不同时。据《史记·管晏列传》："仲卒，齐遵其政，后百余年有晏子焉。"关于管仲，《论语》言其有"三归""树塞门""设反坫"等违制之举，《礼记》言其有"镂簋朱纮，山粢藻棁"的越礼之事。

2 **阏**(è)：阻塞。

3 张湛原注："管仲，功名人耳，相齐致霸，动因威谋，任运之道既非所宜，且于事势不容此言。又上篇复能劝桓公适终北之国，恐此皆寓言也。"显系对管仲观点的指斥。

4 张湛注："鼻通曰颤。"

5 张湛注："废，大也。"《释文》："废虐，毁残也。"

6 **瘗**(yì)：埋葬。

7 **进**：通"尽"。

## 原文

7.8 子产相郑，专国之政，三年，善者服其化，恶者畏其禁，郑国以治，诸侯惮之。而有兄曰公孙朝，有弟曰公孙穆[1]；朝好酒，穆好色。

朝之室也，聚酒千钟，积曲[2]成封，望门百步，糟浆之气逆于人鼻。方其荒于酒也，不知世道之安危、人理之悔吝、室内之有亡、九族之亲疏、存亡之哀乐也。虽水火兵刃交于前，弗知也。

穆之后庭，比房数十，皆择稚齿婑媠[3]者以盈之。方其耽[4]于色也，屏亲昵，绝交游，逃于后庭，以昼足夜，三月一出。意犹未惬，乡有处子之娥姣[5]者，必贿而招之，媒而挑之，弗[6]获而后已。

子产日夜以为戚，密造邓析而谋之，曰："侨[7]闻：'治身以及家，治家以及国。'此言自于近至于

## 译文

子产任郑国的宰相，掌管一国的政事。三年下来，好人服从他的教化，坏人害怕他的禁令，郑国因此大治，致使各国诸侯都害怕郑国。他有个哥哥叫公孙朝，有个弟弟叫公孙穆；公孙朝嗜好饮酒，公孙穆嗜好女色。

公孙朝的家里，聚存的酒达一千坛，积蓄的酒曲堆成山，距离他家大门还有百步之远的地方，酒糟和酒浆的气味便扑鼻而来。在他沉迷于酒的荒废日子里，根本不知道时局的安危、人事的艰难、家业的有无、亲族的远近及生死的哀乐。纵然是水火兵刃齐加于前，他也毫无感觉。

公孙穆的后院，并列着几十个房间，里面住满了年轻貌美的女子。在他沉湎于女色的日子里，摒弃一切亲近的人，断绝所有的交游，躲到了后院里，夜以继日，三个月才出来一次。还觉得不惬意，只要发现乡间有美貌的处女，一定要用钱财把她弄来，托人做媒并引诱她，不搞到手绝不罢休。

子产日夜为他俩忧愁，悄悄地到邓析那里去商量解决的办法。他说："我听说：'修养好自身然后推及家庭，治理好家庭然后推及国家。'这就是说，从近处开始，然后推广到远处。我能把郑国治理好，而

远也。侨为国则治矣，而家则乱矣。其道逆邪？将奚方以救二子？子其诏之！”邓析曰：“吾怪之久矣！未敢先言。子奚不时其治也，喻以性命之重，诱以礼义之尊乎？”

家族却混乱不堪。是我的方法错了吗？能用什么办法挽救我这两个兄弟呢？你一定得指教我！”邓析说：“我对这个情况已经奇怪很久了！只是您不说，我也没敢先说出来。您为何不在他们清醒的时候，用性命的重要去晓谕他们，用礼义的尊贵去诱导他们呢？”

## 注释

1 子产的两个兄弟，未见于古籍。

2 **曲**：将麦子或白米蒸熟、发酵再晒干，可用以酿酒。

3 **婑媠**（wǒduò）：形容女子貌美。

4 **耽**：光绪世德堂本原作“聃”，误。

5 **娥姣**：形容女子面容姣好。

6 杨伯峻：“‘弗’字疑衍，或者为‘必’字之误。”

7 **侨**：一作“乔”。

## 原文

子产用邓析之言，因闲以谒其兄弟，而告之曰：“人之所以贵于禽兽者，智虑。智虑之所将者，礼义。礼义成，则名位至矣。若触情而动，耽于嗜欲，则性命危矣。子纳侨之言，则朝自悔而夕食禄矣。”

朝、穆曰：“吾知之久矣，择之亦久矣，岂待若

## 译文

子产采用了邓析的话，抽空去见他的两位兄弟，告诉他们说：“人之所以比禽兽尊贵，在于人有智慧，会思考。智慧思考所依据的是礼义。成就了礼义，那么名誉和地位也就来了。如果放纵情欲去做事，沉溺于嗜欲，那么性命就危险了。你们听我的话，早上悔改，晚上就会得到俸禄了。”

公孙朝和公孙穆说：“这些道理，我们早就懂得了，做这样的选择也已经很久了，哪里要等到你讲了以后我们才懂得

言而后识之哉？凡生之难遇，而死之易及；以难遇之生，俟易及之死，可孰念哉？而欲尊礼义以夸人，矫情性以招名，吾以此为弗若死矣。[1]为欲尽一生之欢[2]，穷当年之乐，唯患腹溢而不得恣口之饮，力惫而不得肆情于色，不遑忧名声之丑，性命之危也。且若以治国之能夸物，欲以说辞乱我之心，荣禄喜我之意，不亦鄙而可怜哉！我又欲与若别之。夫善治外者，物未必治，而身交苦；善治内者，物未必乱，而性交逸。以若之治外，其法可暂行于一国，未合于人心；以我之治内，可推之于天下，君臣之道息矣。吾常欲以此术而喻之，若反以彼术而教我哉？"子产忙[3]然无以应之。

他日，以告邓析。邓析曰："子与真人居而不知也，孰谓子智者乎？郑国之治偶耳，非子之功也。"[4]

呢？一切生命都是难得的，死亡却容易到来。以难得的生命去等待容易到来的死亡，还有什么可考虑的呢？你想尊重礼义以便向人夸耀，抑制情性以获得虚名，我以为这还不如死了好。为了要享尽一生的欢娱，受尽人生的乐趣，只怕肚子撑破了不能放肆地去喝酒，精力疲惫了不能放肆地去淫乐，没有工夫去担忧名声的丑恶和性命的危险。而且你以治理国家的才能向我们夸耀，想用漂亮的词句来扰乱我们的心念，用荣华富贵来讨好我们，不也鄙陋而可怜吗？现在，我们还要和你辨别一下。善于治理身外之物的，外物未必能治好，而因此使自身遭受苦楚；善于治理身内心性的，外物未必混乱，而心性却因此而极为逸乐。以你对身外之物的治理，那些方法可以暂时通行于一国，但未必合乎人本心的要求；以我们对身内心性的治理来处理事情，却可以推行天下而毫无阻碍，君臣之道也就用不着了。我们经常想用这种办法去开导你，没想到你却反而要用你那套方法来教训我们！"子产茫然无话可说。

有一天，他把这事告诉了邓析。邓析说："你同真人住在一起却不知道，谁说你是聪明人啊？郑国得到较好的治理，那不过是偶然的，并不是你的功劳啊！"

## 注释

1 张湛原注:“达哉此言！若夫刻意从俗,违性顺物,失当身之暂乐,怀长愁于一世;虽支体具存,实邻于死者。”

2 **欢**:光绪世德堂本原作“观”,疑形近之误。

3 **忙**:一作“茫”。

4 对于本章,张湛指责道:“此一篇辞义太径挺抑抗,不似君子之音气。”

## 原文

7.9 卫端木叔者,子贡之世[1]也。借其先赀,家累万金。不治世故,放意所好。其生民之所欲为,人意之所欲玩者,无不为也,无不玩也。墙屋台榭,园囿池沼,饮食车服,声乐嫔御,拟齐楚之君焉。至其情所欲好,耳所欲听,目所欲视,口所欲尝,虽殊方偏国,非齐土之所产育者,无不必致之,犹藩墙之物也。及其游也,虽山川阻险,涂径修远,无不必之,犹人之行咫步也。宾客在庭者日百住[2],庖厨之下,不绝烟火;堂庑[3]之上,不绝声乐。奉养之余,先散之宗族;宗族之余,次散之邑

## 译文

卫国的端木叔,是子贡的后代。他依靠祖先遗留下来的产业,家产达万金之多。但他不处理世俗杂务,放纵自己去追求享受。凡是人活着所想做的,所想玩的,他没有不设法去做的,没有不尽情去玩的。他家的高墙大院,歌台舞榭,花园兽囿,鱼池草沼,甘饮美食,华车丽服,美声妙乐,娇妻艳妾,可以与齐国和楚国的国君相比拟。至于他的情欲所喜好的,耳朵所想听的,眼睛所想看的,嘴巴所想尝的,即使在遥远的地方、偏僻的国家,不是中原所生产养育的,没有不想法搞到手,就像伸手拿自己院内的东西那样容易。至于出去游玩,即使有山川险阻,路途遥远,他也是无不想法游玩到,就像人走几步路就可到达那样容易。他每天在庭院中招待的宾客数以百计,厨房里烟火不断,厅堂里音乐不绝。自己挥霍之后剩下来的东西,先施舍给本宗族的人;施舍本宗族剩下来的东西,再施舍给本邑里的人;施

里；邑里之余，乃散之一国。行年六十，气干将衰，弃其家事，都散其库藏、珍宝、车服、妾媵[4]。一年之中尽焉，不为子孙留财。及其病也，无药石之储；及其死也，无瘗埋之资。一国之人，受其施者，相与赋[5]而藏[6]之，反其子孙之财焉。

舍本邑里剩下来的东西，就施舍给全国的人。他到了六十岁的时候，血气躯干都将衰弱了，于是放手不再管理家内杂事，把他的全部库藏及珍珠宝玉、车马衣物、侍婢姬妾，在一年之中全部散尽，没有给子孙留一点钱财。等到他生病的时候，家中连买药物的钱都不够；等到他死亡的时候，家中连埋葬用的钱财也没有。一国之中受过他施舍的人，共同出钱埋葬了他，并把接受的钱财都还给了他的子孙。

## 注释

1 **世**：后嗣，后代。

2 **住**：当作“数”。本书《黄帝》篇第十一章：“沤鸟之至者，百住而不止。”一作“往”。俞樾：“‘住’当为‘数’，声之误也。《黄帝》篇：‘沤鸟之至者百住而不止。’张注曰：‘住当作数。’是其证矣。”

3 **庑**(wǔ)：堂下周围的走廊、廊屋。

4 **媵**(yìng)：随嫁或随嫁的人。

5 **赋**：计口出钱。

6 **藏**：葬也。

## 原文

禽骨釐闻之，曰：“端木叔，狂人也，辱其祖矣。”

段干生闻之，曰：“端木叔，达人也，德过其祖矣。其所行也，其所为也，众[1]意所惊[2]，而诚理所取。

## 译文

禽骨釐听到了这件事，说：“端木叔是个疯狂的人啊！他的举动使他的祖先受辱了啊！”

段干生听到了这件事，却说：“端木叔是个达观的人，德行超过了他的祖先。他的所作所为，虽然让一般人惊讶，却合乎情理。卫国的统治者们，大多以礼教自我

卫之君子，多以礼教自持，固未足以得此人之心也。”

约束，本来就是不可理解端木叔这个人的本心啊！”

注释

1 **众**：一作“聚”。

2 **惊**：一作“经”。

原文

7.10 孟孙阳问杨朱曰：“有人于此，贵生爱身，以蕲[1]不死，可乎？”曰：“理无不死。”

“以蕲久生，可乎？”曰：“理无久生。生非贵之所能存，身非爱之所能厚。且久生奚为？五情[2]好恶，古犹今也；四体安危，古犹今也；世事苦乐，古犹今也；变易治乱，古犹今也。既闻之矣，既见之矣，既更[3]之矣，百年犹厌其多，况久生之苦也乎？[4]”

孟孙阳曰：“若然，速亡愈于久生；则践锋刃，入汤火，得所志矣。”杨子曰：“不然。既生，则废而任之，究其所欲，以俟于死。将死，则废而任之，究其所之，以放[5]于尽。无不废，

译文

孟孙阳问杨朱道：“要是有个人，他尊贵生命，爱惜身体，以求不死，可以吗？”［杨朱］说：“没有不死的道理。”

［孟孙阳又问：］“以求长生久视，可以吗？”［杨朱］说：“没有长生久视的道理。生命并不因为尊贵它就能长生，身体并不因为爱惜它就能康壮。再说，人长久地活着好干什么呢？人的情欲好恶，古代与现在一样；身体四肢的安危，古代与现在一样；人间杂事的苦乐，古代与现代一样；朝代的变迁治乱，古代与现在一样。已经听到了，已经看到了，已经经历了，活一百年还嫌太多，又何况长生久视要经受许多的苦恼呢？”

孟孙阳说：“如果是这样的话，早点死亡就比长久活着更好，那么踩着剑锋刀刃，跳进沸水大火，就该心满意足了。”杨朱说：“不是这样的。已经出生了，就应当听之任之，为所欲为，一直到死亡。将要死亡了，就应当听之任之，任由魂魄飘散，一直到消失。一切都放弃主观努

无不任，何遽迟速于其间乎？”

力，一切都听之任之，何必考虑人世间的早死与晚死呢？”

注释

1 蕲：通“祈”，祈求。

2 五情：五种情感。一作喜、怒、哀、乐、怨。

3 更：经历。

4 张湛原注：“故生弥久，而忧弥积也。”

5 放（fǎng）：至。

原文

7.11 杨朱曰：“伯成子高[1]不以一毫利物，舍国而隐[2]耕。大禹不以一身自利，一体偏枯[3]。古之人，损一毫利天下，不与也；悉天下奉一身，不取也。人人不损一毫，人人不利天下，天下治矣。”

禽子问杨朱曰：“去子体之一毛，以济一世，汝为之乎？”杨子曰：“世固非一毛之所济。”

禽子曰：“假济，为之乎？”杨子弗应。

禽子出，语孟孙阳。孟孙阳曰：“子不达夫子

译文

杨朱说：“伯成子高不会用一根毫毛去为他物谋利益，他舍弃了君位，隐居种田去了。大禹不会以自己的身体为自己谋利益，[他为天下谋利，]结果落得半身不遂。古时候的人，要损害一根毫毛去为天下谋利益，他不肯给；把天下的财物都用来奉养一己之身，他也不会接受。人人都不损害自己的一根毫毛，人人都不为天下人谋利益，天下就太平了。”

禽骨釐问杨朱说：“拔你身上一根汗毛，以救济人世间，你会做吗？”杨朱说：“人世间本来不是一根汗毛所能救济得了的。”

禽骨釐说：“假使能救济得了的话，你会做吗？”杨朱没有回应他。

禽骨釐出来，把这番话告诉了孟孙阳。孟孙阳说：“你不明白先生的用心，

之心，吾请言之。有侵若肌肤获万金者，若为之乎？”曰：“为之。”

孟孙阳曰：“有断若一节得一国，子为之乎？”禽子默然有间。

孟孙阳曰：“一毛微于肌肤，肌肤微于一节，省[4]矣。然则积一毛以成肌肤，积肌肤以成一节。一毛固一体万分中之一物，奈何轻之乎？”

禽子曰：“吾不能所以答子。然则以子之言问老聃、关尹，则子言当矣；[5]以吾言问大禹、墨翟，则吾言当矣。[6]”

孟孙阳因顾与其徒说他事。

请让我来说说吧。如果有人损害你的肌肉皮肤，让你得到一万金，你愿意做吗？”［禽骨釐］说：“愿意做。”

孟孙阳说：“如果有人砍断你的关节，让你得到一个国家，你还愿意做吗？”禽骨釐沉默了好一会儿。

孟孙阳说：“一根汗毛比肌肉皮肤微小，肌肉皮肤又比身体关节微小，这是十分清楚的。然而，把一根根汗毛积累起来便成为肌肉皮肤，把一块块肌肉皮肤积累起来便成为身体关节。一根汗毛本是整个身体的万分之一，为什么要轻视它呢？”

禽骨釐说：“我不知道该怎么回答你。但是拿你的话去问老聃、关尹，那你的话就是对的了；拿我的话去问大禹、墨翟，那我的话就是对的了。”

孟孙阳听罢，便回头同他的同伴说别的事情去了。

## 注释

1 **伯成子高**：亦称伯益，传说他于尧时立为诸侯，舜时为虞官，禹欲让天下给他，他不从而隐居耕种。

2 **隐**：一作“应”。

3 **偏枯**：半身不遂，喻劳累伤体。

4 **省**：省思，察识。

5 张湛注：“聃、尹之教，贵身而贱物也。”

6 张湛注：“禹、翟之教，忘已而济物也。”

## 原文

7.12 杨朱曰："天下之美归之舜、禹、周、孔，天下之恶归之桀、纣。然而舜耕于河阳，陶于雷泽[1]，四体不得暂安，口腹不得美厚；父母之所不爱，弟妹之所不亲。行年三十，不告而娶。及受尧之禅，年已长，智已衰。商钧[2]不才，禅位于禹，戚戚然以至于死：此天人[3]之穷毒者也。

"鲧[4]治水土，绩用不就，殛[5]诸羽山。禹纂[6]业事仇，惟荒土功，子产不字，过门不入；身体偏枯，手足胼胝。及受舜禅，卑宫室，美[7]绂冕[8]，戚戚然以至于死：此天人之忧苦者也。

"武王既终，成王幼弱，周公摄天子之政。邵[9]公不悦，四国流言。居东三年，诛兄放弟[10]，仅免其身，戚戚然以至于死：此天人之危惧者也。

## 译文

杨朱说："天下的美名都归于舜、禹、周公、孔子，天下的恶名都归于夏桀、商纣。然而当年舜在河阳耕田，在雷泽烧制陶器，四肢得不到片刻休息，口腹得不到美味食物，父母不喜欢他，弟妹不亲近他，年龄到了三十岁，才不先报告父母而娶妻。等到接受尧的禅让时，年龄已经太大了，智力也衰弱了。他的儿子商钧无能，就把帝位让给禹，忧戚地一直到死。这是天意所托之人中最穷困苦毒的人。

"鲧治理水土，没有取得成绩，被舜杀死在羽山。禹继承父业，给杀父仇人做事，只怕荒废了平治水土的事业，忙得没时间抚育儿子，路过家门也没空停留，劳累得身体偏瘫，手脚都生了茧子。等到他接受舜让给他的帝位时，就把宫室盖得十分简陋，却把祭祀的礼服做得很华丽，忧愁地一直到死。这是天意所托之人中最忧愁辛苦的人。

"周武王已经去世，成王还很年幼，周公摄政，代行天子之权。邵公［怀疑周公有篡权之心而］不高兴，全国各地散播周公篡权的谣言。周公到东都洛阳避居了三年，诛杀了叛乱的哥哥，流放了谋反的弟弟，自己才保住了生命，忧愁惶恐地一直到死。这是天意所托之人中最危险忧

“孔子明帝王之道，应时君之聘，伐树于宋，削迹于卫，穷于商、周，围于陈、蔡，受屈于季氏，见辱于阳虎，戚戚然以至于死：此天民之遑遽者也。

“凡彼四圣者，生无一日之欢，死有万世之名。名者，固非实之所取也。虽称之弗知，虽赏之不知，与株块无以异矣。

“桀借累世之资，居南面之尊，智足以距群下，威足以震海内；恣耳目之所娱，穷意虑之所为，熙熙然以至于死：此天民之逸荡者也。

“纣亦借累世之资，居南面之尊；威无不行，志无不从；肆情于倾宫[11]，纵欲于长夜；不以礼义自苦，熙熙然以至于诛：此天民之放纵者也。

“彼二凶也，生有

惧的人。

“孔子深明帝王治国之道，到处去接受各国国君的聘任，在宋国时曾休息过的大树被想害他的桓魋砍伐，在卫国做官时遭中伤而出走，在商、周地方被拘禁，在陈国与蔡国之间被包围而至绝粮，又被季氏轻贱，遭阳虎侮辱，恓惶地一直到死。这是天意所托之人中最惊恐惶惧的人。

“前面这四位圣人，活着的时候没有享受一天的欢乐，死后却有流传万代的名声。死后的名声，本来不是实际生活所需要的。即使称赞他，他自己也不知道；即使奖赏他，他本人也不知道。死后之人，与树桩、土块已经没有什么差别了。

“夏桀凭借历代祖先的基业，高居天子的尊位，智慧足以抗拒众臣，威势足以震动海内；纵享耳目所想要的欢娱，随心所欲，为所欲为，快活地一直到死。这是天意所托之人中最安逸放荡的人。

“商纣也凭借历代祖先的基业，高居天子的尊位，威势没有哪里行不通，意志没有谁人不服从，在巍峨的宫殿中肆意淫乱，整夜整夜地放纵情欲，不用礼义来拘束困苦自己，快活地一直到被杀。这是天意所托之人中最放肆纵欲的人。

“前面这两个极恶的人，活着时享受着放纵欲望的欢娱，死后才蒙上了愚顽暴虐

纵欲之欢，死被愚暴之名。实者，固非名之所与也，虽毁之不知，虽称之弗知，此与株块奚以异矣？[12]

“彼四圣虽美之所归，苦以至终，同归于死矣。彼二凶虽恶之所归，乐以至终，亦同归于死矣。”

的坏名声。实际生活，本来不是死后的名声所能赋予的。即使诋毁他，他本人也不知道；即使惩罚他，他本人也不知道。死后之人，这与树桩、土块有什么不同呢？

“那四位圣人虽然都得到了美名，但辛辛苦苦一直到最后，最后都不免归于死亡。那两个极恶的人虽然都得到了恶名，却到老都一生欢娱，也不过是以死亡结束罢了。”

## 注释

1 《史记·五帝本纪》：“舜耕历山，渔雷泽，陶河滨。”

2 **商钧**：又作“商均”，舜之子。

3 **天人**：天命所寄之人。疑本文几处“天人”，均与下文“天民”同，盖为避唐太宗李世民讳所改而不全者。

4 **鲧**：禹的父亲，曾因治水失败，被舜杀死在羽山。

5 **殛**(jí)：诛戮。

6 **纂**(zuǎn)：通“缵”，继承。

7 **美**：陶光疑当作“蔽”，假为“弊”，以与“卑”相应。

8 **绂冕**(fúmiǎn)：绂为祭服的蔽膝，冕为古代帝王的礼帽，借指祭服。

9 **邵**：一作“召”。

10 **诛兄放弟**：诛杀管叔，流放蔡叔。

11 **倾宫**：巍峨的宫殿。

12 俞樾：“上文言舜、禹、周、孔曰：‘虽称之弗知，虽赏之不知。’则此言桀、纣，宜云‘虽毁之不知，虽罚之弗知’。‘毁之’对‘称之’言，‘罚之’对‘赏之’言，方与下文‘彼四圣虽美之所归，彼二凶虽恶之所归’文义相应。‘称之赏之’是美之所归也，‘毁之罚之’是恶之所归也。今涉上文而亦作‘称之’，义不可通矣。”张湛原注：“尽骄奢之极，恣无厌之性，虽养以四海，未始惬其心。此乃忧苦穷年也。”此评与文中转述“乐以至终”的二凶，词旨不合。

## 原文

7.13 杨朱见梁王，言治天下如运诸掌。[1]梁王曰：“先生有一妻一妾而不能治，三亩之园而不能芸[2]，而言治天下如运诸掌，何也？”

对曰：“君见其牧羊者乎？[3]百羊而群[4]，使五尺童子荷棰[5]而随之，欲东而东，欲西而西。使尧牵一羊，舜荷棰而随之，则不能前矣。且臣闻之：‘吞舟之鱼，不游枝流；鸿鹄高飞，不集污池。’何则？其极远也。[6]黄钟大吕[7]，不可从烦[8]奏[9]之舞。何则？其音疏也。将治大者不治细，成大功者不成小，此之谓矣。”

## 译文

杨朱拜见梁王，扬言说治理天下，就如同在手掌上玩东西一样容易。梁王说：“先生有一妻一妾你都管不好，三亩大的菜园你都除不净草，却说治理天下就如同在手掌上玩东西一样容易，有什么说得通的道理吗？”

杨朱答道：“大王见到过那牧羊的人吗？成百只羊合为一群，让一个五尺高的小孩拿着鞭子跟着羊群，想叫羊向东羊就向东，想叫羊向西羊就向西。如果尧牵着一只羊，舜拿着鞭子跟着羊，羊就不容易往前走了。而且我听说过：‘能吞没船只的大鱼不到支流中游玩，鸿鹄在高空飞翔却不栖落在死水塘里。’为什么？因为它们的志向高远。黄钟大吕这样的乐器，不能给烦杂凑合起来的舞蹈伴奏。为什么？因为它们的韵律舒缓。准备做大事的人不着眼于细节，要成就大功的人不在意小节，说的就是这个道理。”

## 注释

1 本章故事，又见于《说苑·政理》。

2 **芸**：通“耘”，除草。

3 《说苑·政理》本句作：“君不见夫羊乎？”

4 王重民曰："《类聚》九十四引上'而'字作'为'，疑作'为'者是也。"王叔岷曰："《御览》八三三、《事文类聚·后集》二九、《中天记》五四引'而群'亦并作'为群'，王说是也。"

5 **棰**：鞭子。

6 王叔岷："《说苑·政理》篇、《金楼子·立言下》篇'其'下并有'志'字，当从之。下文'何则？其音疏也'，'志'与'音'对言。"

7 古代音律，有黄钟、大吕、太簇、夹钟、姑洗、仲吕、蕤宾、林钟、夷则、南吕、无射、应钟等十二律，此处以前二律即黄钟、大吕，指代十二律。

8 **烦**：繁多。

9 陶鸿庆云："'奏'当为'凑'。凑，会合也。"

**原文**

7.14 杨朱曰："太古之事灭矣，孰志之哉？三皇之事，若存若亡；五帝之事，若觉若梦；三王之事，或隐或显，亿不识一；当身之事，或闻或见，万不识一；目前之事，或存或废，千不识一。太古至于今日，年数固不可胜纪，但伏羲已[1]来三十余万岁，贤愚、好丑、成败、是非，无不消灭，但迟速之间耳。矜一时之毁誉，以焦苦其神形，要死后数百年

**译文**

杨朱说："太古之世发生的事情，早就湮灭了，谁还能记得它们呢？三皇的事迹，好像有，又好像没有；五帝的事迹，好像清楚明白，又好像梦幻呓语；三王的事迹，有的隐藏了，有的显示出来，一亿件事中未必知道一件；当世的事情，有的听说了，有的看见了，一万件中未必明了一件；眼前的事情，有的存记着，有的佚失了，一千件中未必明了一件。从太古直到今天，年数固然计算不清，但自伏羲以来三十多万年，其间人与事的贤愚、好丑、成败、是非，无不归于湮灭，只是有早晚快慢不同罢了。顾惜于一时的毁谤与赞誉，而使自己的精神焦灼、形体痛苦，以求得死后几百年间能留下的名声，难道名声能润泽枯

中余名，岂足润枯骨？何生之乐哉？”

槁的尸骨吗？这样活着，又有什么乐趣呢？”

注释

1 已：同“以”。

原文

7.15 杨朱曰：“人肖天地之类[1]，怀五常之性，有生之最灵者，人[2]也。人者，爪牙不足以供守卫，肌肤不足以自捍御，趋走[3]不足以从利逃害，无毛羽以御寒暑，必将资物以为养性[4]，任智而不恃力。故智之所贵，存我为贵；力之所贱，侵物为贱。然身非我有也，既生，不得不全之；物非我有也，既有，不得不[5]去之。身固生之主，物亦养之主。虽全生，不可有其身；虽不去物，不可有其物。有其物有其身，是横私天下之身，横私天下之物。[不横私天下之身，不横私天下物者，]其唯圣人乎！[6]

译文

杨朱说：“人，近似于天地之类，禀受了金、木、水、火、土五行的本性，是生物中最有灵性的了。但是人啊，他的指甲牙齿不能很好地守卫自己，肌肉皮肤不能很好地捍御自己，疾行奔跑不能很好地趋利而避害，没有羽毛来防寒避暑，必须利用外物来养护自己，运用智慧而不依仗气力。因此，智慧之所以可贵，就在于它能保存自己才可贵；气力之所以低贱，就在于它会侵害外物才低贱。然而身体不是我所有的，既然出生了，便不能不保全它；外物也不是我所有的，既然存在着，便不能抛弃它。身体固然是生命的主体因素，但外物也是保养身体的主要因素。虽然要保全生命，却不可以占有自己的身体；虽然不能抛弃外物，却不可以占有那些外物。占有那些外物，占有自己的身体，就是蛮横地把天下的身体归为己有，蛮横地把天下之物归为己有。不蛮横地把天下的身体归为己有，不蛮横地把天下之物归为己有的，

公天下之身，公天下之物，其唯至人矣！此之谓至至者也。”

大概只有圣人吧！把天下的身体归公共所有，把天下的外物归公共所有，大概只有至人吧！这就叫最崇高最伟大的人。”

## 注释

1 张湛注：“肖，似也。类同阴阳，性禀五行也。”

2 **人**：一本无“人”字。

3《释名》：“徐行曰步，疾行曰趋，疾趋曰走。”

4 **性**：敦煌本无此“性”字，杨伯峻据敦煌本删此字。

5 **不**：一作“而”。

6 此处“不横私天下之身，不横私天下物者”等字，原光绪世德堂本无，据文义补入。或不补，而将“其唯圣人乎”与下文连读。陶鸿庆以连下读之为“倒句”，是也。《集释》：“各本无此十四字，今从敦煌残卷增。”张湛原注：“知身不可私，物不可有者，唯圣人可也。”钱锺书不同意张湛注所示的连读结构：“《杨朱》：‘此唯圣人乎’《释文》：‘从此句下，“其唯至人矣”连为一段’，是也；张乃横截为二，是于本文之词气语脉都未了了也。诸如此类，足征本文虽嫁名于列御寇，而伪托者未必为作注之张湛。虽然，世事无奇不有。仇国敌军，诈降行间，有所谓‘苦肉计’，不惜灭亲割爱，乃至摧残肢体，以博受降者之深信大任。岂造作伪书，亦复如是，一意欺世，遂甘心出丑，自损其名欤？举似以待勇于擿奸发伏者。”

## 原文

7.16 杨朱曰：“生民之不得休息，为四事故：一为寿，二为名，三为位，四为货。有此四者，畏鬼，畏人，畏威，畏刑，此谓之遁民也。[1]可杀可活，

## 译文

杨朱说：“人们得不到休息，是为了下面的四件事：一是为了长寿，二是为了名声，三是为了地位，四是为了财货。有了这四件事，人们便畏惧鬼神，畏惧别人，畏惧威权，畏惧刑罚，这叫作逃避自然的人。这种人或死或活，都得听任外物的摆布。

制命在外。不逆命，何羡寿？不矜贵，何羡名？不要势，何羡位？不贪富，何羡货？此之谓顺民也。天下无对，制命在内，故语有之曰：'人不婚宦，情欲失半；人不衣食，君臣道息。'周谚曰：'田父可坐杀。'晨出夜入，自以性之恒；啜菽茹藿，自以味之极；肌肉粗厚，筋节䐴[2]急，一朝处以柔毛绨幕，荐以粱肉兰橘，心痟[3]体烦，内热生病矣。商、鲁之君与田父侔地，则亦不盈一时而惫矣。故野人之所安，野人之所美，谓天下无过者。

"昔者宋国有田夫，常衣缊黂[4]，仅以过冬。暨春东作[5]，自曝于日，不知天下之有广厦[6]隩[7]室，绵纩狐貉。顾谓其妻曰：'负日之暄[8]，人莫知者；以献吾君，将有重赏。'里之富室告之曰：'昔人有美戎菽、甘枲、茎芹、萍子者，

不违背天命，为什么要羡慕长寿？不矜惜贵显，为什么要羡慕名声？不求取权势，为什么要羡慕高位？不贪求富有，为什么要羡慕财货？这叫作顺应自然的人。这种人天下无敌，自己掌管自己的命运，所以俗话说：'人如果不结婚、不做官，情欲便减掉一半；人如果不穿衣、不吃饭，君臣之道的倡议便会歇止。'周朝时的谚语说：'农夫如果不劳动，无事坐着也会闲死。'早晨外出工作，夜晚回家休息，自以为这是正常的本性；喝豆粥、吃豆叶，自以为这是最好的饮食；肌肉粗糙厚实，筋骨强壮坚硬，一旦让他用上柔软的毛裘和绸绨的帷幕，吃上细粮鱼肉与香美的水果，就会心忧体烦，内热生病了。如果宋国和鲁国的国君像农夫一样种地，那不到一会儿他们就会疲惫不堪了。所以乡野之人觉得安逸的，乡野之人觉得香美的，他们便自认为天下没有比这更好的了。

"从前，宋国有个农夫，经常穿着破麻絮衣，也仅靠它挨过冬天。到了春天耕种的时候，自己在太阳下晒，不知道天下还有大厦温室、丝绵与狐貉皮裘也可以取暖。于是，回头对他的妻子说：'晒太阳的暖和，谁也不知道，如果我把它献给国君，一定会得到重赏。'乡里有个富人告诉他说：'过去有人把胡豆、甜麻秆、水芹与蒿苗当作美

对乡豪称之。乡豪取而尝之，蜇于口，惨于腹，众哂而怨之，其人大惭。子，此类也。’”

食，并对本乡富豪称赞它们。那本乡富豪拿来一尝，口里有刺痛感，肚子也绞痛起来。大家都讥笑并埋怨那个人，那人也大为惭愧。你呀，就是这样一类人啊！’”

## 注释

1 可参《庄子·天运》：“以富为是者，不能让禄；以显为是者，不能让名。亲权者，不能与人柄，操之则栗，舍之则悲，而一无所鉴，以窥其所不休者，是天之戮民也。”

2 **峌**(juàn)：“腃”的讹字。《字汇补》：“峌，筋急貌。”《林氏音义》：“作腃急。”《集韵》：“腃，筋节急也。”

3 **痛**(yuān)：生病。

4 **缊麖**(yùnfén)：旧麻絮衣。

5 **东作**：春天耕作。据古代五行说，东方为木，属春，“东”“春”可互释。

6 **厦**：一作“夏”，二字古通。

7 **隩**：通“燠”，暖和。

8 **暄**：温暖。一作“煊”。

## 原文

7.17 杨朱曰：“丰屋、美服、厚味、姣色，有此四者，何求于外？有此而求外者，无厌之性。无厌之性，阴阳之蠹也。忠不足以安君，适足以危身；义不足以利物，适足以害生。安上不由于忠，而忠名灭焉；利物不由于义，而义名绝

## 译文

杨朱说：“高广的房屋，华丽的衣服，甘美的食物，娇媚的女色，有了这四样东西，又何必再追求另外的东西？有了这些还要另外追求的，那就是贪得无厌的人性了。贪得无厌的人性，是妨害阴阳之道的蛀虫。忠并不能使君主安适，却恰恰能使他身遭险厄；义并不能使他人受益，却恰恰能使他人的生命遭到伤害。使君上安适不出于‘忠’的名义，那么忠的概念就消失了；使别人受益不出于‘义’的名义，那么义的

焉。君臣皆[1]安，物我兼利，古之道也。鬻子曰：'去名者，无忧。'老子曰：'名者，实之宾。'而悠悠者，趋名不已。名固不可去、名固不可宾邪？今有名则尊荣，亡名则卑辱；尊荣则逸乐，卑辱则忧苦。忧苦，犯性者也；逸乐，顺性者也，斯实之所系矣。名胡可去？名胡可宾？但恶夫守名而累实。守名而累实，将恤危亡之不救，岂徒逸乐忧苦之间哉？"

概念就泯绝了。君主与臣下都十分安适，别人与自己都受益，这才是古代的行为准则。鬻子说：'人要是不要名声，就没有忧愁。'老子说：'名声，那是实际的宾客。'但悠悠众生，总是追求名声而不曾停止。难道名声本来就不能不要、名声本来就不能作宾客吗？现在有名声的人就尊贵荣耀，没有名声的人就卑贱屈辱。尊贵荣耀便安逸快乐，卑贱屈辱便忧愁苦恼。忧愁苦恼是违反本性的，安逸快乐才是顺应本性的。这些与实际情形又是紧密相关的。名声怎么能不要？名声怎么能只被当作宾客？只是担心为了死守名声而损害了实际。死守名声而损害了实际，所担忧的将是挽救不了世间的危险与灭亡，难道仅仅是在逸乐与忧苦之间作出抉择吗？"

## 注释

1 **皆**：一作"兼"，文义均通。

# 第八卷　说符

## 导读

本卷共三十六章，首章甚至全卷均未出现“说符”字样，以《说符》为卷名，盖取之以与首卷《天瑞》首尾相应。“符”，有符信、符验之义，以天降之符瑞附会人事，正与常言“符应”之义相合。“说符”，即演说天道与人事间的符应关联。

关于本卷主旨，张湛以为是讲会通天人的道理，他说：“夫事故无方，倚伏相推，言而验之者，摄乎变通之会。”而卢重玄认为，“本篇去末明本，约形辩神。立事以显真，因名以求实；然后知徇情之失道，从(纵)欲以丧真。故知道者不失其自时，任能者不必远害”。“鲍子进言”章，以为上天生人、生物遵循着自然之道，“天地万物与我并生”，并无贵贱之分，“人取可食者而食之”，并非上天特意的安排。卷内借杨朱之口说出“贤者慎所出”“慎为善”，借心都子之口揭示“学者以多方丧生”而宜“归同反一”的道理。

论“道”当辨本末、先后。道家主张“不敢为天下先”，“后其身而身先”，壶丘子林授列子“持后”之道，以达到“持后而处先”。通过“身”与“影”之喻，而明白“名”与“身”之关系，知晓“度在身，稽在人”的道理。人应以“义”为贵，“欲人之尊己”必以道义为上，轻利而重道。历史上的桀、纣，就是因为“重利轻道”而亡。“詹何应对”章揭示了“治身”为“本”，“治国”为“末”的思想，近似于儒家“修身为本”的主张。“孙叔敖远怨”章，说明不自满的谦下思想。“孙叔敖戒子”章，说明了财富长保之道。虞氏被强盗灭家，也正缘于纵乐惹怨。

论“道”亦当辨析名相与实际的关系。“列子学射”中，所学之射是技艺，而知道为什么能射中才是“察其所以然”，才是较为重要的“道”。宋人路拾“遗契”而以为其富可待，那是因为没能分辨名实。“邻父骗薪”章，邻父言枯树不祥，邻居伐了枯树后又要来当柴烧，实际上是借机祥骗人。

论“道”当辨形神、言意。心志专一，影响并决定行动效果。“息驾河梁”中，精通泗水的男子，出于忠信之心而能在水中自由出入，孔子则由自然引向人事。“亡铁疑邻”，得铁而释疑，白公胜虑乱而忘策刺流血之痛，齐人攫金而“不见人，徒见金”，均出于“意之所属”。

对“道”的理解，不能“自贤”，“不班白语道”。若“知言”，则能正确处理“道”与“言”的关系，“不以言言”，“至言去言，至为无为”。第十章，赵文子主张举贤能实施教化，使民耻于为盗的弭盗之方。九方皋相马，其术精湛而近于道，得精遗粗，见内忘外，忘形而得神，遗末而得本。爰旌目拒食盗餐而死，也是死于“失名实”，不知“狐父之人则盗矣，而食非盗也”的道理。

不仅知“道”难，知“人”亦难。柱厉叔先以莒敖公不知己而离开，当莒敖公有难时反而回来效死救难，他打算以其效死之行，警醒后世人主要对他们的臣仆知人善任。“杨布怒狗”亦说明真知之难，往往由很直接而明显的原因所导致。“列子辞粟”，有道者不为物累，人与人之间的相知贵于真知。真正知人还是“以人之言”知人，列子深知二者之间的差别。“施氏学邻”中，说明“得时者昌，失时者亡”的道理，外人的“用与不用，无定是非也”。即使学有所成，“博如孔丘，术如吕尚”，但不懂得“投隙抵时，应事无方”，没有掌握“智”，也只能“焉往而不穷”而徒叹奈何了。

关于“道”与“术”之关系，本卷亦多所论及。“宋人雕叶”的故事，说明了以“术”而乱“道”的道理。宋人用玉雕成楮叶，以假乱真，但违背了自然之道，因为“圣人恃道化，而不恃智巧”。邯郸之民向简子献鸠而获赏，简子本想“放生”以“示恩”，却极有可能导致百姓“竞而捕之，死者众”“恩过不相补”的反向效果。“术”若不当，反以害“道”。

宋有兰子善于踩高跷抛刀，他因“技”获赐金帛；另一兰子善燕戏，却因“技”遭拘。前者因碰上宋元君“欢心”，后者却恰逢其“大怒”，此亦由说不清之偶然因素所致，也是近乎“命”。牛缺遇盗与燕人遇盗之事，也揭示了不同姿态对待强盗却遭遇了丧命的同样结局，人世间的一切教诫皆无定准，人生命运多由无常主宰。虞氏本已富厚高乐，却因无心激起强盗报复之心，招致灭顶之灾。爰旌目昏饿于道，本可以不死，却因恰遇狐父之盗的相助，“义不食子之食”而终于饿死。

有因“技”丢命的，也有因“术”丧命的。晋国郄雍有识盗之术，“察其眉睫之间而得其情”，能做到“千百无遗一焉”，最终逼急了群盗，而为群盗残害。第二十八章中谈到“不死之道”，然而生死事大，“理”无不死，自称通晓长生不死之术的人却死了，他的死并不能说明他的道术不灵，因为他极有可能是“有术不能行者”，其存在的合理性，正如“能行而无其术者”一样。“赵襄子攻翟”一章中，赵襄子“一朝而两城下”却不喜反忧，竟有积德方才有善报的思想。“宋人好仁”之事所言道理，正与“塞翁失马”相似；而两以黑牛所生白犊荐献上帝一节，似为福祸相因加上了果报色彩。

## 原文

8.1 子列子学于壶丘子林。壶丘子林曰：“子知持后，则可言持身矣。”列子曰：“愿闻持后。”曰：“顾若影，则知之。”

列子顾而观影：形枉则影曲，形直则影正。然则枉直随形而不在影，屈伸任物而不在我，此之谓持后而处先。[1]

## 译文

列子向壶丘子林学道。壶丘子林说：“你如果懂得怎样持守谦退，就可以和你谈怎样保养身心了。”列子说：“希望能听你说说怎样持守谦退。”壶丘子林说：“回头看看你的影子，就知道了。”

列子回头观察他的影子：身体弯曲，影子便弯曲；身体挺直，影子便挺直。由此可见，影子的弯曲与挺直是随身体而变化的，根源不在影子自身；处世时的收敛与伸张要根据外在境况，而不听凭主观臆断。这就叫持守谦退却能身处领先。

## 注释

1 “持后”等说，可参《淮南子·缪称训》：“老子学商容，见舌而知守柔矣；列子学壶子，观景柱而知持后矣。故圣人不为物先，而常制之，其类若积薪樵，后者在上。"《吕氏春秋·先己》："昔者先圣王，成其身而天下成，治其身而天下治。故善响者不于响于声，善影者不于影于形，为天下者不于天下于身。《诗》曰：'淑人君子，其仪不忒。其仪不忒，正是四国。'言正诸身也。故反其道而身善矣；行义则人善矣；乐备君道，而百官已治矣，万民已利矣。三者之成也，在于无为。"

**原文**

8.2 关尹谓子列子曰："言美则响美，言恶则响恶；身长则影长，身短则影短。名也者，响也；身[1]也者，影也。故曰：慎尔言，将有和[2]之；慎尔行，将有随之。是故圣人见出以知入，观往以知来，此其所以先知之理也。度在身，稽在人。人爱我，我必爱之；人恶我，我必恶之。汤武爱天下，故[3]王；桀纣恶天下，故亡，此所稽也。稽度皆明而不道也，譬之出不由门，行不从径[4]也。以是求利，不亦难乎？尝观之神农、有炎之德，稽之虞、夏、商、周之书，度诸法士贤人之言，所以存亡废兴而非由此道者，未之有也。"

**译文**

关尹对列子说："说话声音好听，回响也就好听；说话声音难听，回响也就难听。身体修长，影子就修长；身体短小，影子就短小。名声就像回响，行为就像影子。所以说：谨慎你的言语，就会有人附和；谨慎你的行为，就会有人跟随。所以，圣人看见外表就可以知道内里，观察过去就可以预知未来，这就是为什么能事先知道的原因。法度在于自身，稽考在于别人。别人爱我，我一定爱他；别人厌恶我，我一定厌恶他。商汤、周武王爱天下，所以统一了天下；夏桀、商纣王厌恶天下，所以身死国亡，这就是稽考的结果。稽考与法度都很明确，却不遵照着去做，就好比外出不通过大门，行走不沿着路走一样。用这种方法去追求利益，不是很困难吗？我曾经考察过神农、炎帝的德行，稽考过虞、夏、商、周的书籍，考究过许多礼法之士和贤能之人的言论，发现存亡废兴而不能由这个道理获得解释的，那是从来没有过的。"

## 注释

1 **身**:身体力行。陶鸿庆以为,此“身”字指“受报之身”,与上文“身长身短”意义不同。王叔岷以为,“身”当作“行”,与下文“慎尔行,将有随之”承应。

2 **和**:一作“知”。

3 **故**:一作“兹”。

4 **径**:一作“衢”“术”。

## 原文

8.3 严恢曰:“所为问道者为富,今得珠亦富矣,安用道?”

子列子曰:“桀、纣唯重利而轻道,是以亡。[1] 幸哉,余未汝语也!人而无义,唯食而已,是鸡狗也。强食靡角[2],胜者为制[3],是禽兽也。为鸡狗禽兽矣,而欲人之尊己,不可得也。人不尊己,则危辱及之矣。”

## 译文

严恢说:“那些学道者的目的在于求取财富。现在得到了珠宝也算是富了,还要求道干什么呢?”

列子说:“夏桀、商纣就是由于只重视财利而轻视道义,才自取灭亡的。幸运啊!我没有告诉你。作为人,如果没有道义,只知道吃饭,就如同鸡狗一样。争抢食物,以角相斗,胜者为王,就如同禽兽一般。已经做了鸡狗、禽兽一样的事儿,却希望别人尊敬自己,这是不可能办到的。一旦别人不再尊敬自己,那危险侮辱就会降临自身了。”

## 注释

1 陶光《校释》按:“此一节与《杨朱》篇首之语未符。”

2 **靡角**:相斗。靡,磨。据陶光《校释》,《庄子·马蹄》:“喜则交颈相靡。”释文引李注:“靡,摩也。”《荀子·性恶》:“靡使然也。”杨注:“靡,磨切也。”角,一作“用”。

3 **胜者为制**:《御览》四百二十一引作“胜者为利”。

**原文**

8.4 列子学射[1]，中矣，请于关尹子。尹子曰："子知子之所以中者乎？"对曰："弗知也。"关尹子曰："未可。"

退而习之。三年，又以报关尹子。尹子曰："子知子之所以中乎？"列子曰："知之矣。"关尹子曰："可矣！守而勿失也。"

非独射也，为国与身，亦皆如之。故圣人不察存亡[2]，而察其所以然。

**译文**

列子学习射箭，射中目标了，便向关尹子请教。关尹子问："你知道你为什么能射中吗？"列子回答说："不知道。"关尹子说："那你的箭术还不行。"

列子就回去继续练习。三年以后，回来把练习情况报告给了关尹子。关尹子问："你知道你为什么能射中吗？"列子说："知道了。"关尹子说："可以了！牢记其中的道理，不要忘掉它。"

不仅射箭如此，治理国家与修养身心也都是这样。所以圣人不考察存亡现象，而考察为什么存亡的原因。

**注释**

1 本章故事，又见于《吕氏春秋 · 审己》。学，《审己》作"常"，通"尝"。

2 **存亡**：《吕氏春秋》作"存亡、贤不肖"。

**原文**

8.5 列子曰："色盛者骄，力盛者奋，未可以语道也。故不班白语道，失，而况行之乎？[1]故自奋则人莫之告[2]。人莫之告，则孤而无辅矣。贤者任人，故年老而不衰，智尽而不乱。故治国之难，在于知贤，而不在自贤。"

**译文**

列子说："气色强盛的人容易骄傲，力量强盛的人容易逞强，都不可以同他论说道的真谛。所以头发没有花白就谈道，必然出毛病，又何况是去行道呢？所以自己逞强，便没有人来告诫他。没有人告诫他，他就会孤立无助。贤明的人任用别人，因而年纪老了也不衰弱，智力尽了也不昏乱。所以，治理国家的困难在于知贤任能，而不在于自恃贤能。"

## 注释

1 **班**:一作"斑",二字形近音同,可通。**失**:一作"夫"。张湛原注:"色力既衰,方欲言道,悟之已晚。言之犹未能得,而况行之乎?"俞樾:"上文曰:'色盛者骄,力盛者奋,未可以语道也。'然则色力方盛之人不可以语道,必待班白之人方可语之。若不班白而语道,未有不失者矣。所谓'不班白语道,失'也。张注云云,核之本文与上文,义皆不合。"

2 陶鸿庆:"'自奋'上夺'自骄'二字。'自骄自奋'承上'色盛者骄,力盛者奋'而言,张注云:'骄奋者虽告而不受',是其所见本不误。"

## 原文

8.6 宋人有为其君以玉为楮叶者[1],三年而成。锋[2]杀茎柯,毫芒繁泽[3],乱之楮叶中而不可别也。此人遂以巧食宋国。

子列子闻之,曰:"使天地之生物,三年而成一叶,则物之有叶者寡矣。故圣人恃道化,而不恃智巧。"

## 译文

宋国有个人给他的国君用玉来做楮树叶子,三年才做成。叶子的肥瘦、叶茎和树枝、毫毛与小刺、颜色与光泽,即使混放在真的楮树叶子中也分辨不出来。这个人于是凭着他的技巧在宋国生活。

列子听说了这事,就说:"假使天地间生长的万物,三年才长成一片叶子,那长叶子的东西就太少了。所以圣人依靠的是自然生化,并不依靠智慧技巧。"

## 注释

1 本章故事,又见于《淮南子·泰族训》《韩非子·喻老》。陶光又引《广弘明集》卷二十二朱世卿《性法自然论》云:"墨子曰:'使造化三年成一叶,天下之叶少哉。'"而道:"是《墨子》亦载此事,今本佚之。"

2 **锋**:肥厚,通"丰"。陶光按:"'锋'读为'丰'。《韩非子》字作'丰',王先慎曰:'谓肥瘦也。'"杨伯峻:"'锋',《韩非子》作'丰'。王先慎云:'作丰是。丰杀谓肥瘦也。'"

3 **繁泽**:《淮南子·泰族训》作"颜泽"。

原文

8.7 子列子穷，容貌有饥色。[1]客有言之郑子阳[2]者，曰："列御寇盖有道之士也，居君之国而穷，君无乃为不好士乎？"郑子阳即令官遗之粟。子列子出，见使者，再拜而辞。使者去。

译文

列子穷困，容貌有饥饿之色。郑国宰相子阳有个门人对他说："列御寇称得上是个有道德学问的人，住在您的国家里却穷困，您难道不喜欢有道之士吗？"郑子阳立即命令官吏给列子送去粮食。列子出来接见使者，拜了又拜，谢绝接受，使者只好走了。

1 本章故事，又见于《庄子·让王》《吕氏春秋·知接》《新序·节士》。

2 **子阳**：郑国宰相。据《吕氏春秋·观世》高诱注："子阳，郑相也，一曰郑君。"马叙伦再据《韩非子·说疑》"郑子阳身杀，国分为三"、《史记·郑世家》裴骃《集解》引"徐广曰：'一本云"立幽公弟乙阳为君，是为康公"。'"认为子阳即郑康公乙阳；再据《庄子》，以为"子阳"当作"子驷"，与子产、列子同为壶丘子弟子。

原文

子列子入，其妻望[1]之而拊心曰："妾闻：为有道者之妻子，皆得佚乐[2]。今有饥色，君遇[3]而遗先生食，先生不受，岂不命也哉？"子列子笑谓之曰："君非自知我也。以人之言而遗我粟，至其罪我也，又且以人之言，此吾所以不受也。"

其卒，民果作难，而杀子阳。

译文

列子回屋后，他的妻子捶着胸口埋怨说："我听说，做有德君子的妻子都能得到安逸快乐。现在我们挨饿，君王派人来给你送粮食，你却不接受，难道不是我们的命吗？"列子笑着对她说："君王不是自己知道我的，而是根据别人的话才送给我粮食的；等到他要加罪于我时，又会根据别人的话去办，这就是我所以不接受的原因。"

后来，郑国的百姓果然作乱，并杀掉了子阳。

## 注释

1 **望**:责望,怨望,埋怨。

2 **佚乐**:纵情游乐。

3 **遇**:一作"过"。

## 原文

8.8 鲁施氏有二子,其一好学,其一好兵。好学者,以术干齐侯;齐侯纳之,以为诸公子之傅。好兵者,之楚,以法干楚王;王悦之,以为军正[1]。禄富其家,爵荣其亲。

## 译文

鲁国的施氏有两个儿子,一个爱好学问,一个爱好军事。爱好学问的,用学术去向齐侯求官,齐侯接纳了他,让他做各位公子的老师。爱好军事的,到了楚国,用作战方法去向楚王求官,楚王很高兴,任用他做了军正。二人的俸禄使全家富裕起来,二人的爵位使亲人荣耀起来。

## 注释

1 **军正**:古代军队中的执法官。

## 原文

施氏之邻人孟氏,同有二子,所业亦同,而窘于贫。羡施氏之有,因从请[1]进趋之方。二子以实告孟氏。

孟氏之一子之秦,以术干秦王。秦王曰:"当今诸侯力争,所务兵食而已。若用仁义治吾国,是灭亡之道。"遂宫而放之。

## 译文

施氏的邻居孟氏,同样有两个儿子,所学的东西也相同,却处于贫困之中。因羡慕施氏的富有,便去请教谋取功名富贵的方法。施氏二子把真实情况告诉了孟氏。

于是孟氏的一个儿子到了秦国,凭借所学的道德学术,向秦王求官。秦王说:"现在各国诸侯用武力竞争,所做的不过是军事与经济罢了。如果用仁义来治理我的国家,那就会走向灭亡的道路。"于是

其一子之卫，以法干卫侯。卫侯曰：“吾弱国也，而摄乎大国之间。大国吾事之，小国吾抚之，是求安之道。若赖兵权，灭亡可待矣。若全而归之，适于他国，为吾之患不轻矣。”遂刖[2]之，而还诸鲁。

对他施以宫刑，并将他逐出秦国。

孟氏另一个儿子到了卫国，凭借作战方法，向卫侯求官。卫侯说：“我们卫国是个弱小的国家，却夹在大国之中。对大国我顺服，对小国我安抚，这是求得平安的方法。如果依靠军事谋略，很快也就灭亡了。假使让你全身而去，到了别的国家受重用，就会成为我国的不轻的祸患。”于是砍断他的脚，将他遣返回了鲁国。

## 注释

1 **请**：一作“谓”。

2 **刖**(yuè)：古代一种砍脚的酷刑。

## 原文

既反，孟氏之父子叩胸而让[1]施氏。施氏曰：“凡得时者昌，失时者亡。子道与吾同，而功与吾异，失时者也，非行之谬也。且天下理无常是，事无常非。先日所用，今或弃之；今之所弃，后或用之。此用与不用，无定是非也。投隙抵时，应事无方，属乎智。智苟不足，使君[2]博如孔丘，术如吕尚，焉往而不穷哉？”

## 译文

回到家后，孟氏父子捶胸顿足责怪施氏。施氏说：“凡是能把握时宜的人，便会昌盛；违背时宜的人，便遭灭亡。你们家所学与我们家相同，而成就却与我们不同，那是违背时宜的缘故，不是做法的错误。再说，天下的道理没有永远是对的，事情也不会永远是错的。以前所用的方法，今天有可能废弃；今天所废弃的方法，以后有可能还会使用。这种用与不用，并没有固定的是非标准。抓住先机，适应时宜，处理事情的方法不要太死板，这要看各人能否随机应变了。如果不够机智，即使博学像孔丘，计谋如吕尚，到哪里求官

孟氏父子舍然无愠容，曰："吾知之矣，子勿重言！"

不会碰壁呢？"

孟氏父子听后，满脸怒色顿时消除了，便说："我们知道了，您不必再说了！"

**注释**

1 **让**：责备。

2 **君**：一作"若"，意同。

**原文**

8.9 晋文公出会，欲伐卫[1]。公子锄仰天而笑。公问何笑。曰："臣笑邻之人，有送其妻适私家者，道见桑妇，悦而与言。然顾视其妻，亦有招之者矣。臣窃笑此也。"

公寤[2]其言，乃止。引师而还，未至，而有伐其北鄙者矣。

**译文**

晋文公率兵外出，会盟诸侯，又临时准备攻打卫国。随行的公子锄仰天大笑。文公问他笑什么。他说："我笑我的邻居，他送他的妻子回娘家，路上见到一个采摘桑叶的妇人，便高兴地和她攀谈起来。可是，当他回头一看，看见了他的妻子正被别人所招引。我正暗自笑这件事呢！"

晋文公领悟了他话中的含意，于是放弃了伐卫计划。晋军就班师回国，还没到国都，就已经有人在攻伐晋国的北部边境了。

**注释**

1 据史载，鲁僖公二十八年，晋文公欲假道于卫而伐曹，卫国不同意。文公迂回渡河袭曹，转而伐卫，得五鹿。

2 **寤**：通"悟"。

**原文**

8.10 晋国苦盗。有郄雍者，能视盗之貌，察其眉睫之间而得其情。

**译文**

晋国苦于强盗之害。有一个叫郄雍的人，能辨识强盗的相貌，只要察看一下人们的眉目之间，就可以辨别出他们到底晋侯使视盗，千百无遗一焉。

晋侯大喜，告赵文子[1]曰：“吾得一人，而一国盗为尽矣，奚用多为？”文子曰：“吾君恃伺察而得盗，盗不尽矣，且郄雍必不得其死焉。”俄而，群盗谋曰：“吾所穷者[2]，郄雍也。”遂共盗而残[3]之。

是不是强盗。晋侯叫他去辨识强盗，千百人中没有一个漏网。

晋侯大为高兴，告诉赵文子说：“我得到一个人，全国的强盗都没有了，何必用那么多人呢？”文子说：“您依仗窥伺观察而抓到强盗，强盗不但清除不尽，而且郄雍一定不得好死。”

不久，一群强盗商量说：“我们所以无法躲藏的原因，就是由于有这个郄雍。”于是共同劫夺了他，并将他残杀了。

## 注释

1 **赵文子**：春秋时晋国大夫赵武，又称赵孟。

2 王重民：“《御览》四百九十九引‘所’下有‘以’字，是也。”

3 **残**：一作“戕”，二字形近，义同。张湛注：“残，贼杀之。”

## 原文

晋侯闻而大骇，立召文子而告之曰：“果如子言，郄雍死矣！然取盗何方？”

文子曰：“周谚有言：‘察见渊鱼者，不祥；智料隐匿者，有殃。’[1]且君欲无盗，莫若举贤而任之；使教明于上，化行于下，民有耻心，则何盗之为？”

## 译文

晋侯听说后大为惊骇，立刻召见赵文子，告诉他说：“果然像你所说的那样，郄雍死了！但收拾强盗究竟该用什么方法呢？”

赵文子说：“周时有俗话说：‘眼睛能看到深渊中游鱼的人不吉祥，心灵能估料到隐藏着的东西的人有灾殃。’况且您要想国无强盗，最好的办法就是选拔贤能的人并重用他们。如果上面的政教清明，下面的好风气流行，老百姓有羞耻之心，那还有谁去做什么强盗呢？”

于是用随会知政，而群盗奔秦焉。[2]

于是，晋侯任用随会主持政事，而所有的强盗都逃到秦国去了。

**注释**

1 《韩非子·说林上》云：“古者有谚曰：‘知渊中之鱼者不祥。’”

2 张湛原注：“用聪明以察是非者，群诈之所逃；用先识以擿奸伏者，众恶之所疾。智之为患，岂虚言哉？”

**原文**

8.11 孔子自卫反鲁，息驾乎河梁而观焉[1]。有悬水三十仞，圜流[2]九十里，鱼鳖弗能游，鼋鼍弗能居，有一丈夫方将厉[3]之。

孔子使人并[4]涯止之，曰：“此悬水三十仞，圜流九十里，鱼鳖弗能游，鼋鼍弗能居也。意者难可以济乎？”丈夫不以错意，遂度而出。

孔子问之曰：“巧乎？有道术乎？所以能入而出者，何也？”丈夫对曰：“始吾之入也，先以忠信；及吾之出也，又从以忠信。忠信错吾躯于波流，而吾不敢用私，所以能入而复出者，以此也。”

**译文**

孔子从卫国到鲁国去，在河堤上停住马车观赏。只见那里的瀑布高达三十仞，漩涡急流达九十里远，鱼鳖不能游渡，鼋鼍不能停留，却有一个男子正准备渡过去。

孔子派人沿着水边过去制止他，说：“这里的瀑布高达三十仞，漩涡急流达九十里远，鱼鳖不能游动，鼋鼍不能居住。想来很难渡过去吧？”那男人毫不介意，于是渡过河去，从水中钻了出来。

孔子问他说：“这是妙法吗？有道术吗？所以能钻入水中又能钻出来，凭的是什么呢？”那男子回答说：“我开始进入水中时，事先具有忠信之心；到我钻出水面的时候，又跟着使用忠信之心。忠信把我的身躯安放在波涛激流中，我不敢有一点私心，我所以能钻进去又钻出来的原因，就是这个呀。”

孔子谓弟子曰:“二三子识之!水且犹可以忠信诚身亲之,而况人乎?”

孔子对弟子们说:“你们要记住!连水都可以凭借忠信之心而让身体来亲近它,又何况对于人呢!”

## 注释

1 参本书《黄帝》篇第九章,并参《庄子·达生》《说苑·杂言》《孔子家语·致思》。

2 **圜流**:漩涡急流。

3 **厉**:涉水而过。

4 **并**:通“傍”。

## 原文

8.12 白公问孔子曰:“人可与微言乎?”孔子不应。[1]

白公问曰:“若以石投水,何如?”孔子曰:“吴之善没者能取之。”

曰:“若以水投水何如?”孔子曰:“淄、渑之合,易牙尝而知之。”

白公曰:“人故不可与微言乎?”孔子曰:“何为不可?唯知言之谓者乎!夫知言之谓者,不以言言也。争鱼者濡,逐兽者趋,非乐之也。故至言去言,至为无为。夫浅知

## 译文

白公问孔子说:“人可以和别人一起密谋吗?”孔子不回答。

白公又问道:“如果拿石块投入水中,怎么样?”孔子说:“吴国善于潜水的人能把它从水中取出来。”

白公又问:“如果把水倒入水中,怎么样?”孔子说:“淄水与渑水合在一起,易牙尝一尝就能分辨出来。”

白公说:“那么,人本来就不可以和别人密谋吗?”孔子说:“为什么不可以?但只有懂得语言旨趣的人才能这样啊!所谓懂得语言旨趣的人,是指不用语言来表达意思的人。争捞鱼虾的水沾身,追捕野兽的腿跑痛,并不是乐意才这样干的。所以最高的语言是不用言辞,最高的行为是无所动作。那些知识浅薄的人所争论的

之所争者,末矣。”[2]

白公不得已,遂死于浴室[3]。

都是些细枝末节啊。”

白公不能阻止自己叛乱的念头,终于死在浴室中。

## 注释

1 **白公**:楚平王孙,名胜。张湛注:“白公,楚平王之孙,太子建之子也。其父为费无极所谮,出奔郑,郑人杀之。胜欲令尹子西、司马子期伐郑。许而未行,晋伐郑,子西、子期将救郑。胜怒曰:‘郑人在此,仇不远矣!’欲杀子西、子期,故问孔子。孔子知之,故不应。微言,犹密谋也。”卢重玄解:“微言者,密言也,令人不能知也。”

2 **至言去言,至为无为**:参本书《黄帝》篇第十一章,《仲尼》第五章云:“得意者无言,进知者亦无言。用无言为言,亦言;无知为知,亦知。无言与不言,无知与不知,亦言亦知。亦无所不言,亦无所不知;亦无所言,亦无所知。”此段孔子所言,又见于《文子·微明》中老子所言。

3 陶光《校释》按:“《吕氏春秋》‘浴’作‘法’,疑是。《左》哀十六年传,第言白公奔山而缢。然《淮南》后一节言十有九日而擒白公,则以为罹于法也。盖所传不同,若作‘浴室’,不当无说。‘法’‘浴’形近而误也。《淮南》此节字作‘浴’。《列子》此一节前半与《吕览》同,后半与《淮南》同,并合之迹,灼然可见。‘浴’字盖亦承《淮南》之误也。”

## 原文

8.13 赵襄子使新稺穆子攻翟[1],胜之,取左人[2]、中人[3];使遽人谒之[4]。

襄子方食,而有忧色。左右曰:“一朝而两城下,此人之所喜也;今君有忧色,何也?”襄子曰:“夫江河之大也,不过

## 译文

赵襄子派新稺穆子攻打翟人,打败了他们,夺取了左人、中人两座城邑;新稺穆子派信使回来报捷。

襄子正在吃饭,听到后不禁面带愁容。身边陪侍的人问:“一下子就攻下了两座城邑,这是大家都高兴的事。现在您却有愁容,这是为什么呢?”襄子说:“江河涨潮,水再大也不过三天便退了;暴风

三日；飘风暴雨不终朝，日中不须臾。今赵氏之德行，无所施于积，一朝而两城下，亡其及我哉！”

骤雨不到一个早晨便停，太阳正中不一会儿便西斜。如今我赵家的德行，没有积累下多少恩泽，一下子就夺下两座城邑，败亡大概就要降临到我的头上了吧！”

## 注释

1 **稺**：同“稚”。张湛注：“穆子，襄子家臣新稺狗也。翟，鲜虞也。”本章故事，又见于《国语·晋语》《淮南子·道应训》《吕氏春秋·慎大》。

2 **左人**：《淮南子》作“尤人”，《吕氏春秋》作“老人”。

3 张湛注：“左人、中人，鲜虞二邑名。”

4 张湛注：“遽，传也。谒，告也。”“谒”字前，一本有“来”字，意同。

## 原文

孔子闻之曰：“赵氏其昌乎！夫忧者所以为昌也，喜者所以为亡也。胜非其难者也；持之，其难者也。贤主以此持胜，故其福及后世。齐、楚、吴、越，皆尝[1]胜矣，然卒取亡焉，不达乎持胜也。唯有道之主，为能持胜。”

孔子之劲，能拓国门之关，而不肯以力闻。[2]墨子为守攻，公输般服，而不肯以兵知。[3]故善持胜者，以强为弱。

## 译文

孔子听到后说：“赵家大概要昌盛了吧！忧患会带来昌盛，高兴会招致败亡。胜利并不是艰难的事情，保持胜利才是艰难的事情。贤明的君主以忧愁来保持胜利，因而他的幸福能够延及后代。齐、楚、吴、越都曾取得过胜利，但最终却灭亡了，就是因为不懂得保持胜利的缘故。只有懂得忧患之道的君主才能保持胜利。”

孔子的力气，能够举起国都城门的门闩，却不愿意靠力气出名。墨子进行防守与进攻，连公输般都佩服，却不愿意以懂得用兵出名。所以善于保持胜利的人，总是将自己的强大表现为弱小。

## 注释

1 **尝**：一作"常"，本书诸本二字常混。

2 **拓**：一作"招"，举。《淮南子·主术训》："孔子之通，智过于苌弘，勇服于孟贲，足蹑郊菟，力招城关，能亦多矣。然而勇力不闻，伎巧不知，专行教道，以成素王，事亦鲜矣。"张湛注："劲，力也。拓，举也。孔力能举门关而力名不闻者，不用其力也。"

3 张湛注："公输般善为攻器，墨子设守能却之，为般所服。而不称知兵者，不有其能也。"

## 原文

8.14 宋人有好行仁义者，三世不懈。[1] 家无故黑牛生白犊，以问孔子。孔子曰："此吉祥也，以荐[2]上帝。"

居一年，其父无故而盲，其牛又复生白犊。其父又复令其子问孔子。其子曰："前问之而失明，又何问乎？"父曰："圣人之言，先迕后合。其事未究，姑复问之。"其子又复问孔子。孔子曰："吉祥也。"复教以祭。其子归致命。其父曰："行孔子之言也。"

## 译文

宋国有个好行仁义的人家，三代都践行仁义而从不懈怠。有一天，他家的黑牛无缘无故地生下了头白牛犊，便去询问孔子其中的缘故。孔子说："这是吉祥的事呀！可以用它来献祭天帝。"

过了一年，那家的父亲却无缘无故地失明了，家中的黑牛再次生下了白牛犊。那父亲又叫他儿子去请教孔子。那儿子说："上次问了他这事以后你的眼睛就失明了，何故再去询问他呢？"那父亲说："圣人的话，总是先相反后吻合的。反正这事还没有最后结果，不妨再去问问他。"那儿子只好再去询问孔子。孔子说："这也是吉祥的事呀！"又叫他用那头牛犊献祭天帝。儿子回家将孔子的话告诉了父亲，父亲说："就按孔子的话去做吧！"

## 注释

1 本章故事,亦见于《淮南子·人间训》《论衡·福虚》。

2 **荐**:献祭。

## 原文

居一年,其子又无故而盲。

其后楚攻宋[1],围其城;民易子而食之,析[2]骸而炊之;丁壮者皆乘城而战,死者大[3]半。此人以父子有疾,皆免。及围解,而疾俱复。[4]

## 译文

又过了一年,那儿子也无缘无故地失明了。

再后来,楚国攻打宋国,包围了宋国的都城;城里的百姓,相互交换子女,杀了当饭吃,劈开骨头当柴烧;青壮年都登上城墙作战,死亡的人超过了一半。但是,这家人因为父子两人都有残疾,不能登城参战,因而免遭生命危险。等到围困解除后,他们的眼病又都好了。

## 注释

1 据史载,鲁宣公十四年(前595),楚国围攻宋都商丘,事比孔子出生早44年。

2 **析**:一作“拆”。

3 **大**:一作“太”,二字古通。“大半”与“太半”义同。

4 本故事又见于《淮南子·人间训》《论衡·祸虚》诸篇。

## 原文

8.15 宋有兰子[1]者,以技干宋元。宋元召而使见其技。以双枝长倍其身,属其胫,并趋并驰,弄七剑,迭而跃之,五剑常在空中。元君大惊,

## 译文

宋国有个会杂耍技艺的江湖艺人,想用杂技求见宋元君。宋元君召见了他,并让他表演杂技。只见他用比自己身体长一倍的两根木棍捆绑在小腿上,一面快走或奔跑,一面用手将七把剑迭相抛出,有五把剑同时在空中翻飞。元君看得惊喜万分,立即赏赐给他金银布帛。

立赐金帛。

又有兰子又能燕戏[2]者，闻之，复以干元君。元君大怒曰："昔有异技干寡人者，技无庸[3]，适值寡人有欢心，故赐金帛。彼必闻此而进，复望吾赏。"拘而拟戮之，经月乃放。

又有一个会杂耍技艺的江湖艺人，他能够像燕子一样轻捷如飞，听说了［表演可得赏赐］这件事后，也想用他的技艺来求见宋元君。宋元君大怒说："前不久有个用奇异的技艺来求见我的人，他那技艺毫无用处，只是恰好碰上我心情好，所以赏赐给他金银布帛。这个人一定是听说了这件事以后来的，也希望得到我的赏赐。"于是把这个人抓起来准备杀掉，关了几个月后才把他放了。

**注释**

1 **兰子**：游手好闲之人。张湛原注："凡人物不知生出主，谓之兰也。"钱锺书："按苏时学《爻山笔话》谓'今世俗谓无赖子为烂仔，其义疑本于此'。窃意苏说近是，'兰子'即后世之'赖子'；李治《敬斋古今黈》卷二《富岁子弟多赖》条、翟灏《通俗编》卷一一《赖子》条皆引《五代史·南平世家》，谓'犹言无赖'，惜未上溯《列子》之'兰子'。宋祁《景文集》卷四八《舞熊说》：'晋有兰子者'云云，正用《列子》之字以指《五代史》所言之人。《儒林外史》第四二回：'被几个喇子讹着'，《红楼梦》第三回：'泼辣货，南京所谓辣子'，皆一音之转。"《释文》："《史记》注云：'无符传出入为阑。'应劭曰：'阑，妄也。'此所谓'阑子'者，是以技妄游者也，疑'兰'字与'阑'同。"任大椿："'兰''阑'古多通用。"

2 **燕戏**：轻功表演之术。

3 **庸**：用。

**原文**

8.16 秦穆公谓伯乐曰[1]："子之年长矣，子姓[2]有可使求马者乎？"伯乐对曰："良马，可形容筋骨相也[3]。

**译文**

秦穆公对伯乐说："你的年纪大了，你们家族中可有能去物色良马的人吗？"伯乐回答说："良马，可以从形状、容貌、筋骨看出来。至于天下之马，那

天下之马者，若灭若没，若亡若失，若此者绝尘弭辙。臣之子皆下才也，可告以良马，不可告以天下之马也。臣有所与共担缠[4]薪菜者，有九方皋，此其于马，非臣之下也，请见之。”穆公见之，使行求马。

是若隐若没，若有若无，如此这般的超凡脱俗，不着痕迹。我的儿子都是庸碌之辈，可以教给他们怎样相良马，却不可以教给他们怎样相天下之马。我曾有一个一道挑担拾柴的伙伴，叫九方皋，这个人的相马本领，不在我之下，请您接见他。”穆公接见了他，派他去物色好马。

## 注释

1 **伯乐**：姓孙，名阳，善相马，以天上掌管天马的星辰“伯乐”名世。本章故事，又见于《淮南子·道应训》。

2 **子姓**：子孙，后辈。《礼记·丧大记》：“卿大夫父兄子姓立于东方。”郑玄注：“子姓，谓众子孙也。”《国语·楚语》：“帅其子姓。”韦昭注云：“众子姓，同姓也。”

3 王重民：“《类聚》九十三引‘可’下有‘以’字，是也。《淮南·道应篇》同。”

4 **缠**：一作“纆”。疑“缠”为“纆”形近之误，当作“纆”。纆，绳索。

## 原文

三月而反，报曰：“已得之矣，在沙丘。”穆公曰：“何马也？”对曰：“牝而黄。”使人往取之，牡而骊。穆公不说[1]，召伯乐而谓之曰：“败矣！子所使求马者[2]，色物、牝牡尚弗能知，又何马之能知也？”

## 译文

三个月后，九方皋回来报告说：“已经找到了，在沙丘那儿。”穆公问：“什么样的马？”九方皋回答道：“母马，黄色的。”穆公派人去取这匹马，却是一匹公马，纯黑色的。穆公不高兴，召见伯乐并对他说：“坏事了！你推荐的相马人，连马的颜色、公母都不能分辨，又怎么能分辨马的好坏呢？”

伯乐长叹了一口气，说：“九方皋相马

伯乐喟然太息曰：“一至于此乎！是乃其所以千万臣而无数者也[3]。若皋之所观，天机也，得其精而忘其粗，在[4]其内而忘其外；见其所见，不见其所不见；视其所视，而遗其所不视。若皋之相马[5]，乃有贵乎马者也[6]。”

马至，果天下之马也。

竟然专一到了这种程度啊！这就是他比我强千万乃至无数倍的原因啊！像九方皋所观察的，是马的天机，得到了马的精华而忘掉了马的粗相，察识了马的内核而忘掉了马的外表；只见到了他所要见的，看不见他不必见的；只注意了他该注意的，忽视了他不该注意的。像九方皋这样的相马造诣，含有比相马还要宝贵的东西啊！”

那匹马牵回来了，果然是一匹天下少有的好马。

## 注释

1 **说**：通“悦”。

2 王叔岷：“《艺文类聚》九三、《事类赋》二一、《御览》八九六、《记纂渊海》九八、《事文类聚·后集》三八引‘子’下并有‘之’字，《淮南·道应篇》同，当从之。”

3 张湛注：“言其相马之妙乃如此也，是以胜臣千万而不可量。”卢重玄解：“皋之相马，相其神，不相其形也。”

4 **在**：观察。

5 **马**：一作“者”，句意同。

6 张湛注：“言皋之此术岂止于相马而已，神明所得，必有贵于相马者，言其妙也。”

## 原文

8.17 楚庄王问詹何曰[1]：“治国奈何？”詹何对曰：“臣明于治身，而不明于治国也。”

## 译文

楚庄王问詹何说：“应该怎样治理国家？”詹何回答说：“我知道修养身心，不知道治理国家。”

楚庄王说：“我能成为奉祀宗庙

楚庄王曰："寡人得奉宗庙社稷，愿学所以守之。"詹何对曰："臣未尝闻身治而国乱者也，又未尝闻身乱而国治者也。故本在身，不敢对以末。"[2] 楚王曰："善。"

掌管社稷的人，希望能学些守业的办法。"詹何回答说："我没有听说过身心修养好了国家反而混乱的事，也没有听说过身心烦乱而能把国家治理好的事。所以根本在于自身，不敢用末节来答复。"楚王说："说得好。"

## 注释

1 本章故事，亦见于《淮南子·道应训》《吕氏春秋·执一》。张湛注："詹何，盖隐者也。"

2 本句讲述了修己治人的思想，与儒家学说很接近。《论语·子路》篇云："其身正，不令而行；其身不正，虽令不从。"

## 原文

8.18 狐丘丈人谓孙叔敖[1]曰："人有三怨，子知之乎？"孙叔敖曰："何谓也？"对曰："爵高者，人妒之；官大者，主恶之；禄厚者，怨逮[2]之。"

孙叔敖曰："吾爵益高，吾志益下；吾官益大，吾心益小；吾禄益厚，吾施益博。以是免于三怨，可乎？[3]"

## 译文

狐丘丈人对孙叔敖说："世人有三种容易招怨的事，您知道吗？"孙叔敖问："那说的是什么呢？"狐丘丈人回答说："爵位高的人，别人嫉妒他；官职大的人，君主嫌恶他；俸禄厚的人，仇怨围着他。"

孙叔敖说："我的爵位越高，我的志向就越低；我的官职越大，我的雄心就越小；我的俸禄越厚，我施舍得就越广。用这种方法来避免三种怨恨，可以吗？"

## 注释

1 **孙叔敖**：春秋时楚国大夫，曾为楚庄王宰相三个月。本章故事，亦见于《淮南子·道应训》、《韩诗外传》卷七。"人有三怨"之表述，详见于《文子·符言》。张湛注："狐丘，邑名。丈人，长老者。"

2 **逮**：一作"远"。或可作"处"。俞樾曰："《淮南子·道应篇》作'禄厚者怨处之'，是也。'怨处之'谓怨仇之所处也，犹曰为怨府也。'处'与'妒''恶'为韵。若作'逮'，则失其韵矣。"王重民："俞说是也。《御览》四百五十九引'逮'正作'处'。北宋本作'远'，误。"

3 王叔岷："此处叙事未毕，疑有挩(脱)文。《韩诗外传》七此下更有'狐丘丈人曰'善哉言乎！尧舜其犹病诸'十五字，疑当从之。"

## 原文

8.19 孙叔敖疾，将死，戒其子曰："王亟[1]封我矣，吾不受也；为[2]我死，王则封汝。汝必无受利地！楚、越之间有寝丘[3]者，此地不利而名甚恶。楚人鬼而越人禨[4]，可长有者唯此也。"

孙叔敖死，王果以美地封其子。子辞而不受，请寝丘。与之，至今不失。[5]

## 译文

孙叔敖病重了，临终时，告诫他儿子说："楚王屡次要封我食邑，我都没有接受。如果我死了，大王就会转封给你。你一定不要接受好地方！楚国和越国之间有个叫寝丘的地方，那里土地不肥沃，'寝丘'这个地名也很不好。楚人相信鬼神，越人相信祈祷，[都有所禁忌而看不上这块地，因此你]可以永保的封地就只有这个地方了。"

孙叔敖去世后，楚王果然用好地方封他儿子。他儿子推辞不敢接受，却请求改封到寝丘。楚王给了他，一直传到现在也没有失去这个地方。

## 注释

1 **亟**(qì)：多次。张湛原注为"急也"，俞樾释为"数也"。《吕氏春秋·异宝》作"数"。

2 **为**：如果。王念孙曰："为，犹如也。言如我死而王封汝，汝必无受利地也。古或谓'如'曰'为'。"

3 **寝丘**：地名，在今河南沈丘附近，字面义与"坟堆"相似。

4 **禨**(jī)：妖祟。一作"机"。张湛注："信鬼神与禨祥。"

5 楚王封赏孙叔敖事，又见于《淮南子·人间训》《吕氏春秋·异宝》《韩非子·喻老》《史记·滑稽列传》等。

原文

8.20 牛缺[1]者，上地之大儒也，下之邯郸，遇盗于耦沙之中，尽取其衣装车。牛步而去，视之，欢然无忧恡[2]之色。

盗追而问其故。曰："君子不以所养[3]害其所[4]养。"盗曰："嘻！贤矣夫！"既而相谓曰："以彼之贤，往见赵君，使以我为[5]，必困我。不如杀之。"乃相与追而杀之。

译文

牛缺是上地的一位大儒，要东下到邯郸去，在耦沙遇到了强盗，他的衣服、行李、车马全被抢光了。牛缺步行而去，看上去还是高高兴兴的样子，没有一点忧愁吝惜的表情。

强盗追上去问他是什么缘故。他说："君子不会让那些养身的财物伤害了自己的身体。"强盗说："唉！真是贤明啊！"过了一会儿强盗们又互相议论说："以这个人的贤明，前去晋见赵君，假使说了我们抢劫的事，一定要来围困我们，不如杀了他。"于是一道追上去杀了他。

注释

1 **牛缺**：人名。《吕氏春秋·必己》高诱注："牛，姓也，缺，其名。秦人也。秦在西方，故称下之邯郸。"《淮南子·人间训》作"秦牛缺"。

2 **恡**：同"吝"，吝惜。

3 **所养**：王重民疑有脱字，当作"所以养"，从之。

4 陶鸿庆疑此"所"字为衍文，本句应为"君子不以所养害其养"。

5 陶鸿庆："'使以我为'下脱'事'字。《淮南子·人间训》云：'以此而见王者，必且以我为事也。'可据补。"

原文

燕人闻之，聚族相戒，曰："遇盗，莫如上

译文

有个燕国人听到这事后，集合族人互相告诫说："碰到了强盗，绝不能再像上地的牛

地之牛缺也！”皆受教。

缺那样了！”大家都领受了教训。

俄而，其弟适秦，至关下[1]，果遇盗；忆其兄之戒，因与盗力争；既而不如[2]，又追而以卑辞请物。盗怒曰：“吾活汝弘矣，而追吾不已，迹将著[3]焉。既为盗矣，仁将焉在？”遂杀之，又傍害其党四五人焉。

不久，这个燕国人的弟弟到秦国去，到了函谷关下，果然又遇上了强盗；他想起了哥哥的告诫，便和强盗奋力争夺。但是寡不敌众，[行李财物还是被抢走了，]他又追上去，低声下气地请求还他财物。强盗大怒道：“我们饶过了你们性命，已经够宽宏大量的了，你们还要穷追不舍，这会败露我们的形迹。既然做了强盗，哪里还有什么仁义可讲！”于是杀了他，又牵连着杀害了他的同伴四五个人。

## 注释

1 **关下**：一作“关中”。关，函谷关。

2 杨伯峻：“‘如’，当作‘与’。”

3 **著**：一作“箸”，二字形近常混，可通。

## 原文

8.21 虞氏者，梁之富人[1]也，家充殷盛，钱帛无量，财货无訾[2]。登高楼，临大路，设乐陈酒，击博楼上[3]。

侠客相随而行，楼上博者[4]，射明琼张中[5]，反两㯺鱼[6]而笑。飞鸢适坠其腐鼠而中之。

侠客相与言曰：“虞

## 译文

虞氏是梁国的富人，家产充盈丰盛，金钱布帛多得无法计算，钱财货物多得无法估量。他与朋友登上高楼，俯临大路，陈设乐队，摆设酒席，在楼上赌博。

一帮侠客相随从楼下走过，正值楼上赌博的人在投骰子，骰子掷出五个白眼，于是翻了两条鱼，众人一时哄笑起来。这时天上飞过的老鹰恰好惊掉了嘴里衔着的死老鼠，落鼠打中了正从楼下路过的侠客。

侠客便共同议论说：“姓虞的富足快乐

氏富乐之日久矣，而常有轻易人之志。吾不侵犯之，而乃辱我以腐鼠。此而不报，无以立慬[7]于天下。请与若等戮力一志，率徒属，必灭其家为等伦。”皆许诺。至期日之夜，聚众积兵，以攻虞氏，大灭其家。[8]

的日子过得太久了！经常有看不起人的意思。我们现在没有侵犯他，他却用死老鼠来侮辱我们。对这样的事还不报复的话，那便无法在天下树立我们的勇武之名。就让我们大家同心协力，率领手下，一定消灭他全家，才算是我们的同伍之谊。”大家都表示同意。到了约定的那天夜里，聚集了众人，会拢了武器，攻打虞氏，把虞家人全部杀光。

## 注释

1 **富人**：陶光认为当作“富民”，避唐太宗讳而改之。其所据，即《艺文类聚》卷三三引“人”作“民”。

2 **訾**：估量。

3《释文》：“击，打也，如今双陆棋也。韦昭《博弈论》云设木而击之是也。《古博经》曰：博法，二人相对，坐向局，分为十二道，两头当中名为水，用棋十二枚，六白六黑，又用鱼二枚置于水中。其掷采以琼为之。琼畟方寸三分，长寸五分，锐其头，钻刻琼四面为眼，亦名为齿。二人互掷采行棋。棋行到处即竖之，名为骁棋，即入水食鱼，亦名牵鱼。每牵一鱼获二筹，翻一鱼获三筹。若已牵两鱼而不胜者，名曰被翻双鱼。彼家获六筹为大胜也。”

4 本段中“楼上”，王重民、陶光疑作“楼下”。陶光据《淮南子》作“游侠相随而行楼下”，遂疑“侠客”当作“游侠”。王重民曰：“‘楼上’当作‘楼下’。此谓虞氏于高楼设乐陈酒、击博赌胜之时，侠客相随行经楼下，适有飞鸢坠腐鼠而中之，因疑虞氏在楼上所故为而以为辱也。若侠客已行至楼上，则不得有此误会矣。此盖因上文‘击博楼上’句而误。《类聚》九十五引作‘游侠相随行楼下，博者射中而笑’，文虽简略，而‘楼下’字固不误矣。”

5 **明琼**：琼，类似骰子的博具，投琼得五白为“明琼”。张湛原注：“明琼，齿五白也。”齿，琼四面所刻之眼。明人郎瑛《七修类稿·事物六·窑烧骰子及名》：“明琼、六赤，皆骰子古名。”明琼张中，即中了明琼的博彩。

6 **橯**：同“榻”，棋盘。**鱼**：置棋盘于上水中的两枚鱼。用琼掷采，走棋，然后竖起来，即入水食鱼，名牵鱼。每牵一鱼获二筹，翻一鱼则获三筹。反，翻也。反两橯鱼，则获六筹，为大胜。

7 **慬**(qín)：勇气。

8 本章故事，亦见于《淮南子·人间训》。

## 原文

8.22 东方有人焉，曰爰旌目，将有适也，而饿于道。狐父之盗曰丘，见而下，壶餐以餔[1]之。

爰旌目三餔而后能视，曰：“子何为者也？”曰：“我狐父之人丘也。”

爰旌目曰：“嘻！汝非盗耶？胡为而食[2]我？吾义不食子之食也！”两手据地而欧[3]之，不出，喀喀[4]然遂伏而死[5]。

狐父之人则盗矣，而食非盗也。以人之盗，因谓食为盗而不敢食，是失名实者也。[6]

## 译文

东方有个人，名叫爰旌目，准备到外地去，却因故饿倒在道路上。狐父城来的强盗，名字叫丘，见他饿倒，便下马，倒出壶里的饭来喂他。

爰族目吃了三口以后，才能睁眼观瞧，便问：“您是干什么的？”强盗说：“我是狐父城的人，名字叫丘。”

爰旌目说：“呀！你不就是那个强盗吗？为什么要喂我饭呢？为了道义，我宁死也不能吃你的饭！”于是两只手按在地上，想呕出刚吃下去的饭来，一时呕吐不出，便胸口喀喀作响，最后趴在地上死了。

狐父城的那个人虽然是个强盗，但他的饭却不是强盗。如果认为人做了强盗，就说他的饭也是强盗非义而不敢吃，那是没有搞清楚名与实的区别啊。

## 注释

1 **餔**(bǔ):后作"哺"。

2 **食**:一作"餐"。

3 **欧**:一作"呕",二字可通。

4 **喀喀**:一作"客客"。

5 王叔岷:"《释文》本有'地'字,当从之。《吕氏春秋·介立篇》《新序·节士篇》《金楼子·杂记上篇》亦并有'地'字。"

6 本节义不食盗之食的故事,另见《吕氏春秋·介立》《新序·节士》《金楼子·杂记》。《后汉书·张衡传》亦高赞其义。

## 原文

8.23 柱厉叔事莒敖公[1],自为不知己者[2],居海上。夏日则食菱芰[3],冬日则食橡栗。莒敖公有难,柱厉叔辞其友而往死之。

其友曰:"子自以为不知己,故去。今往死之,是知与不知无辨也。"柱厉叔曰:"不然。自以为不知,故去。今死,是果不知我也。吾将死之,以丑后世之人主不知其臣者也。"

凡知则死之,不知则弗死,此直道而行者也。柱厉叔可谓怼[4]以忘其身者也。

## 译文

柱厉叔臣事莒敖公,自己认为莒敖公不了解自己,便离开了他,住到了海边。夏天吃菱角充饥,冬天则吃橡子板栗活命。后来,莒敖公有了危难,柱厉叔辞别他的朋友,要拼死为莒敖公效命。

他的朋友说:"你以前认为莒敖公不了解你,才因此离开他的。现在又要为他拼死效命,这样一来,别人了解你与不了解你,就没有分别了。"柱厉叔说:"不是这样说啊。我自己认为他不了解我,所以离开了他。现在为他拼死救难,就是要用事实去证明他确实是不了解我。我去为他死拼,是为了警示后世那些不了解自己臣下的君主[不要落下不知贤的丑名]。"

凡是能视为知己的便为他死拼,不能视为知己的便不为他死拼,这是直道而行的做法。柱厉叔可以称得上是因为怨恨自己的国君,就不顾自己性命的人啊!

## 注释

1 事亦见载籍《吕氏春秋·恃君》《说苑·立节》。

2 本句《吕氏春秋·恃君》作"自以为不知,而去"。陶鸿庆:"'自'下当有'以'字,'者'当作'去',以草书相似而误。"

3 **芰**:一作"芡"。《说文》:"芰,菱也。"《方言》第三:"芡,鸡头也。"《吕氏春秋·恃君览》高诱注:"菱,芰也。芡,鸡头也,一名雁头,生水中。"

4 **怼**(duì):怨恨。

## 原文

8.24 杨朱曰:"利出者实及[1],怨往者害来。发于此而应于外者,唯请[2]。是故贤者慎所出。"

## 译文

杨朱说:"给了别人好处,就会收获实惠;给了别人怨恨,就会招致祸害。从这里散发出去,在外面能得到响应的,只有人情。所以贤明的人,对于该做出什么样的言行举止都是十分谨慎的。"

## 注释

1 **及**:殷敬顺、俞樾等以为当作"反",陶光、严北溟等同之。

2 **请**:张湛注作"情",情感。殷敬顺释作"精",诚也。

## 原文

8.25 杨子之邻人亡羊,既率其党,又请杨子之竖[1]追之。

杨子曰:"嘻! 亡一羊,何追者之众?"邻人曰:"多歧路。"

既反,问:"获羊乎?"曰:"亡之矣。"

曰:"奚亡之?"曰:"歧

## 译文

杨朱的邻居走失了一只羊,邻居既率领他一家人去追寻,又请杨朱的仆人也去追寻。

杨朱说:"呀! 走失一只羊,为什么要那么多人去追呢?"邻居说:"岔路太多。"

追羊的人回来以后,杨朱问:"找到羊了吗?"回答说:"跑掉了。"

杨朱问:"为什么跑掉了?"回答说:

路之中又有歧焉。吾不知所之，所以反也。”

杨子戚然变容，不言者移时，不笑者竟日。

“岔路之中又有岔路，我们不知道往哪条道跑了，所以就回来了。”

杨朱的脸色变得很忧伤，好久不说话，整天都没笑容。

## 注释

1 竖：童仆。

## 原文

门人怪之，请曰：“羊，贱畜，又非夫子之有，而损言笑者，何哉？”杨子不答。门人不获所命。弟子孟孙阳出，以告心都子。

心都子他日与孟孙阳偕入，而问曰：“昔有昆弟三人，游齐鲁之间，同师而学，进仁义之道而归。其父曰：‘仁义之道若何？’伯曰：‘仁义使我爱身而后名。’仲曰：‘仁义使我杀身以成名。’叔曰：‘仁义使我身名并全。’彼三术相反，而同出于儒。孰是孰非邪？”

杨子曰：“人有滨河而居者，习于水，勇于泅，

## 译文

有个门人觉得很奇怪，请问他说：“羊，那是不值钱的牲畜，又不是先生所有，您却不言不笑，这到底是为什么呢？”杨朱不回答，门人没有领会他的意思。一个叫孟孙阳的弟子，出来将此情景告诉了心都子。

又有一天，心都子与孟孙阳一道进去，问杨朱道：“从前有兄弟三人，在齐国与鲁国之间游历，同向一位老师求学，学得了仁义之道后，就回家了。他们的父亲问：‘仁义之道是什么？’老大说：‘仁义之道教我先爱惜身体，然后才去获取功名。’老二说：‘仁义之道教我不顾惜性命去获取功名。’老三说：‘仁义之道教我争取身体与名誉两全其美。’他们三个人所说的仁义之道恰恰相反，但都是从儒学中来的，到底哪一个对，哪一个错呢？”

杨朱说：“有个住在河边的人，熟习水性，勇于泅渡，划船摆渡，获利可以供养百

操舟鬻渡，利供百口。裹粮就学者成徒，而溺死者几半。本学泅，不学溺，而利害如此。若以为孰是孰非？”心都子嘿[1]然而出。

人。背着粮食前来学习的人成群结队，然而几乎一半人都被水淹死了。他们本来是学习泅水的，而不是学习淹死的，却造成这样的有害结果。你认为哪一种对，哪一种错呢？”心都子听了，默不作声地走了出来。

**注释**

1 **嘿**：一作“默”。二字古通。

**原文**

孟孙阳让之曰：“何吾子问之迂，夫子答之僻[1]？吾惑愈甚。”心都子曰：“大道以多歧亡羊，学者以多方丧生。学非本不同，非本不一，而末异若是。唯归同反一，为亡得丧。子长先生之门，习先生之道，而不达先生之况也，哀哉！”

**译文**

孟孙阳责备他说：“为什么您问得那么迂回，先生又回答得那么隐秘？我迷惑得更厉害了。”心都子说：“大路因为岔道多而走失了羊，学习的人因为方法多而迷失了自我。学习并不是根源不同，不是根源不一样，但是结果却有这么大的差异。只有回归到相同，返回到一致，才不会迷失自我。你在先生的弟子中是位长者，学习先生的学说，却不懂得先生的譬喻，多么可悲啊！”

**注释**

1 **僻**：一作“辟”。二字古通。

**原文**

8.26 杨朱之弟曰布，衣素衣而出。天雨，解素衣，衣缁衣而反。其狗不

**译文**

杨朱的弟弟叫杨布，他穿着白色衣服外出。天下雨了，他就脱下白色衣服，换上黑色衣服回家。他的狗不知道[主人换

知，迎而吠之。杨布怒，将扑之。杨朱曰："子无扑矣！子亦犹是也。向者使汝狗白而往，黑而来，岂能无怪哉？"[1]

了衣服]，迎着他狂叫。杨布很恼火，就准备打它。杨朱说："你不要打了！你也会像它一样的。像刚才那样，如果你的狗出门时是白颜色，回来时变成黑颜色，你难道不奇怪吗？"

## 注释

1 本章故事，又见于《韩非子·说林下》。

## 原文

8.27 杨朱曰："行善不以为名，而名从之；名不与利期，而利归之；利不与争期，而争及之。故君子必慎为善。"

## 译文

杨朱说："做好事不是为了名声，而名声却跟着来了；有了名声不是期望获得利益，而利益也就跟着来了；有利益并不希望同别人争夺，而争夺也会跟随而来。所以君子对于做好事必须谨慎。"

## 原文

8.28 昔人言有[1]知不死之道者，燕君使人受之，不捷，而言者死。燕君甚怒其使者，将加诛焉。

幸臣谏曰："人所忧者，莫急乎死；己所重者，莫过乎生。彼自丧其生，安能令君不死也？"乃不诛。

## 译文

从前，有个自称精通长生不死之道的人，燕国国君派人前去受教，还没学成，而那个自称精通长生不死之道的人就死了。燕国国君很恼火那个使者，要把他给杀掉。

燕君的宠臣劝他说："人们所忧虑的没有比死亡更着急的了，自己所重视的没有比生存更重要的了。他自己都丧失了生命，又怎么能叫您长生不死呢？"[燕君听罢，]便不再杀那使者。

## 注释

1 陶鸿庆："'言有'二字误倒。"

原文

有齐子亦欲学其道，闻言者之死，乃抚膺而恨。富子闻而笑之曰：“夫所欲学不死，其人已死而犹恨之，是不知所以为学。”

胡子曰：“富子之言，非也。凡人有术不能行者，有矣；能行而无其术者，亦有矣。卫人有善数者，临死，以诀[1]喻其子。其子志其言，而不能行也。他人问之，以其父所言告之。问者用其言而行其术，与其父无差焉。若然，死者奚为不能言生术哉？”

译文

有一个叫齐子的人也想学那人的长生不死之道，听说那个自称精通长生不死之道的人死了，于是捶着胸脯悔恨不已。一个叫富子的人听说后，就笑话他说：“想要学的是长生不死的方法，可是那人已经死了，还要悔恨不已，真是不明白为什么要学。”

一个叫胡子的人说：“富子的话不对。凡是懂得道术而自己不能实行的人是有的，能够去实行而不知道有那些道术的人也是有的。卫国有个懂得术数的人，临死的时候，把口诀告诉了他儿子。他儿子写下他的话，却不能实行。别人问他，他便把他父亲所说的话告诉了他。问话的人用他的话照着去做，和他父亲简直没有差别。如此说来，那个死去的人为什么就不能讲长生的方法呢？”

注释

1 **诀**：一作“决”，或为形近之误。二字可通。

原文

8.29 邯郸之民，以正月之旦献鸠[1]于简子[2]。简子大悦，厚赏之。客问其故，简子曰：“正旦放生，示有恩也。”

译文

邯郸的百姓，在正月初一向赵简子敬献斑鸠。简子十分高兴，重重地奖赏了他们。门客问他什么缘故，简子说：“大年初一放生，表示我有恩德。”

门客说：“老百姓知道您要放生，因

客曰："民知君之欲放之，竞[3]而捕之，死者众矣。君如欲生之，不若禁民勿捕。捕而放之，恩过不相补矣。"简子曰："然。"

而争先恐后地去捕捉它们，那被杀死的斑鸠可就多了！您如果想要它们活命，不如禁止百姓捕捉，像这样捉了又放，您的恩惠还抵偿不了您的罪过啊。"简子说："是这样的。"

注释

1 **献鸠**：《周礼》卷三十："献鸠以养国老。"

2 **简子**：赵简子，姓嬴，名鞅，又名赵鞅，任赵国正卿。

3 **竞**：一本"竞"字前有"故"字，意同。

原文

8.30 齐田氏祖[1]于庭，食客千人。中坐有献鱼、雁者，田氏视之，乃叹曰："天之于民厚矣！殖五谷，生鱼、鸟，以为之用。"众客和之如响。

鲍氏之子年十二，预于次，进曰："不如君言。天地万物与我并生，类也。类无贵贱，徒以小、大、智、力而相制，迭相食；非相为而生之。人取可食者而食之，岂天本为人生之？且蚊蚋嗜[2]肤，虎狼食肉，非[3]天

译文

齐国的田氏，在厅堂中举行祭祖仪式，前来赴宴的客人有上千人。座中有人献上鱼和雁，田氏看了，便叹道："上天对人真是太厚爱了！上天繁殖五谷，又生育鱼类和鸟类，以便供人食用。"客人们听了，齐声附和。

鲍氏的儿子只有十二岁，也在座中，见状，就走上前说："事实并不像您所说的那样。天地万物与人共同生存，都是同类的。既然同属一类，那就没有贵贱之分，仅仅因为身体大小、智慧和力量而互相宰制，彼此弱肉强食，并不是谁为谁而生存。人类选取可以吃的东西而去吃它，哪里是上天特意为人才让它产生的？况且，蚊子、蚋虫[生来要]叮咬[皮肤舐血活命]，老虎、豺狼[生来要]啃食骨肉，并非是上天特意因

本为蚊蚋生人、虎狼生肉者哉！”

为蚊子、蚋虫而产生人[的肌肤血液]、为老虎、豺狼而产生骨肉呀！”

## 注释

1 **祖**：祭祖；或出行时祭路神，引申为送行。

2 **嗜**：同“噆”(cǎn)。噆，叮咬。

3 卢文弨：“‘非’疑当作‘岂’。”

## 原文

8.31 齐有贫者，常乞于城市。城市患其亟也，众莫之与。遂适田氏之厩，从马医[1]作役，而假食。

郭中人戏之曰：“从马医而食，不以辱乎？”乞儿曰：“天下之辱，莫过于乞。乞犹不辱，岂辱马医哉？”

## 译文

齐国有个穷人，经常在城中集市上讨饭。集市上的人讨厌他经常来讨，大家都不再施舍给他了。于是他就来到田氏的马厩，跟着马医干活而得到一些食物。

城外的人戏弄他说：“跟着马医吃饭，不觉得耻辱吗？”讨饭的人说：“天下的耻辱没有比讨饭更大的了。我讨饭还不觉得耻辱，难道跟着马医吃饭就会觉得耻辱吗？”

## 注释

1 **马医**：贱役。本书《黄帝》篇第六章：“自此之后，范氏门徒路遇乞儿马医，弗敢辱也，必下车而揖之。”

## 原文

8.32 宋人有游于道，得人遗契者，归而藏之，密数其齿[1]。告邻人曰：“吾富可待矣。”

## 译文

宋国有个人，在路上行走时，捡到了一个别人遗弃的契据，拿回家收藏了起来，背地里还数了数那契据上的齿痕。他告诉邻居说：“我发财的日子就要到了！”

注释

1 **齿**:契约两半相合处的齿状部分。

原文

8.33 人有枯梧树者[1],其邻父言枯梧之树不祥。其邻人遽[2]而伐之。邻人父因请以为薪。其人乃不悦,曰:"邻人之父徒欲为薪,而教吾伐之也。与我邻,若此其险,岂可哉?"

译文

有人家里的梧桐树枯死了,他邻家的父老说枯死了的梧桐树不吉祥,那个人慌忙把梧桐树给砍了。邻家的父老于是向他要这棵树当柴烧。那个人很不高兴,说:"邻家的父老原来仅仅是想要我这棵树当柴烧才叫我砍树的。他和我是邻居,却这样阴险,做人怎么可以这样啊?"

注释

1 本章故事,又见于《吕氏春秋·去宥》。
2 **遽**:惶恐。

原文

8.34 人有亡铁者[1],意其邻之子,视其行步,窃铁也;颜色,窃铁也;言语,窃铁也;作动[2]、态度,无为而不窃铁也。俄而,扣[3]其谷而得其铁。他日,复见其邻人之子,动作、态度,无似窃铁者。

译文

有个人丢失了一把斧子,怀疑是他邻居家的孩子偷了,看那个孩子走路,像偷斧子的;脸色,像偷斧子的;说话,像偷斧子的;动作态度无论干什么没有不像偷斧子的。不久他在山谷里掘地,找到了那把斧子。过了几天又见到他邻居家的孩子,动作态度便没有一点像偷斧子的人了。

## 注释

1 **铁**(fū):斫刀。张湛注:"铁,钺也。"《古今韵会举要》引《苍颉篇》:"铁,斧也。"《墨子·备穴》:"为铁铁。" "铁" "斧" 可通。本章故事,又见于《吕氏春秋·去尤》。

2 **作动**:一作"动作"。宜作"动作",下文作"动作"。

3 **扫**(hú):发掘。

## 原文

8.35 白公胜虑乱[1],罢朝而立,倒仗策,錣[2]上贯颐,血流至地而弗知也。

郑人闻之曰:"颐之忘,将何不忘哉?"

意之所属,著其行,足踬[3]株坎,头抵植木,而不自知也。

## 译文

白公胜思谋作乱,都散朝了,还站在原地不动,倒拄着马棰,棰针向上,从下巴穿面颊而出,血一直流到地上也不知道。

郑国人听到这事后,说:"连自己的面颊都能忘了,还会有什么不能忘掉的呢?"

意念对某事的专注,表现在走路上,就是脚被树桩或浅坑绊了,脑袋撞到了树干,自己也觉察不到呢。

## 注释

1 **白公胜**:楚国大夫。**虑乱**:思谋作乱。本章故事,又见于《淮南子·道应训》《韩非子·喻老》。

2 **錣**(zhuì):针,这里指马棰头上的铁刺。张湛原注:"錣,杖末锋。"

3 **踬**(zhì):被绊倒。

## 原文

8.36 昔齐人有欲金者[1],清旦衣冠而之市,适鬻金者之所,因攫其金而去。

吏捕得之,问曰:"人

## 译文

从前,齐国有个想得到金子的人,大清早穿上衣服、戴好帽子到集市上,走到了卖金子的地方,趁机抢了金子就跑。

官吏抓到他后,问他道:"人都在那

皆在焉，子攫人之金何[2]？”对曰：“取金之时，不见人，徒见金。”[3]

儿，你为什么还要抢别人的金子呢？”那人回答说：“我拿金子的时候，没有看见人，只看见了金子。”

## 注释

1 本章故事，又见于《淮南子·氾论训》《吕氏春秋·去宥》《刘子新论·利害》。王重民：“《意林》引‘欲’下有‘得’字，《吕氏春秋·去宥》篇同。”

2 **何**：殷敬顺疑其后少“故”字。王重民：“《类聚》八十三、《御览》八百一十引‘何’下并有‘故’字，《吕氏春秋》同。”王叔岷：“《六帖》八，《事类赋》九，《记纂渊海》一、五五，《事文类聚·续集》二五，《天中记》五十引亦皆有‘故’字，《淮南子·氾论篇》‘何故’作‘何也’。”

3 张湛原注：“嗜欲之乱人心，如此之甚也。故古人有言：察秋毫之末者，不见太山之形；调五音之和者，不闻雷霆之声。夫意万物所系迷著外物者，虽形声之大而有遗矣。况心乘于理，检情摄念，泊然凝定者，岂万物动之所能乱者乎？”此拔高之意，与张湛《列子序》“想念以著物自丧”义近。

# 古典名著普及文库

周易
尚书
诗经
礼记
左传
论语
大学·中庸
孟子
春秋繁露
国语
史记
汉书
吴越春秋
战国策
晏子春秋
贞观政要
资治通鉴
孔子家语
老子
庄子
列子
荀子
韩非子
鬼谷子
商君书
吕氏春秋
孙子兵法·孙膑兵法
山海经
黄帝内经
潜夫论
人物志
搜神记
世说新语
了凡四训
颜氏家训
近思录
传习录
明夷待访录
坛经·心经·金刚经
聊斋志异
阅微草堂笔记
子不语
浮生六记
幼学琼林
三字经·百家姓·千字文
增广贤文（附 弟子规·孝经）
楚辞
文选
文心雕龙
古文辞类纂
古文观止
千家诗
唐诗三百首
宋词三百首
元曲三百首
曹操集
嵇康集
阮籍集
陶渊明集
苏轼集
欧阳修集
柳宗元集
鸣原堂论文

**图书在版编目(CIP)数据**

列子/黄敦兵导读注译.—长沙:岳麓书社,2021.4
(古典名著普及文库)
ISBN 978-7-5538-1396-7

Ⅰ.①列… Ⅱ.①黄… Ⅲ.①道家②《列子》—注释③《列子》—译文 Ⅳ.①B223.2

中国版本图书馆 CIP 数据核字(2020)第 194619 号

LIEZI
**列子**
导读注译:黄敦兵
责任编辑:刘书乔
责任校对:舒　舍
封面设计:罗志义

岳麓书社出版发行
地址:湖南省长沙市爱民路 47 号
直销电话:0731-88804152　0731-88885616
邮编:410006

版次:2021 年 4 月第 1 版
印次:2021 年 4 月第 1 次印刷
开本:890mm×1240mm　1/32
印张:8.375
字数:233 千字
ISBN 978-7-5538-1396-7
定价:24.00 元

承印:长沙鸿和印务有限公司

如有印装质量问题,请与本社印务部联系
电话:0731-88884129